Heinz Schürmann

Ein Jahr der Jesusbegegnung

GERHARD NOWAK
* 13. 2. 1916 in Breslau
† 14. 5. 1996 in Erfurt

– 1958 bis 1984 Spiritual am Priesterseminar Erfurt
und bis zuletzt geistlicher Berater und Begleiter
vieler Theologen und Mitbrüder –

gewidmet
in dankbarer Erinnerung

Heinz Schürmann

Ein Jahr der Jesusbegegnung

Die Evangelien der liturgischen Leseordnung für Werktage ins Gebet genommen

Ein Werkbuch
für
Geistliche Schriftlesung
und
Inneres Gebet

herausgegeben
von
Paul Christian

BONIFATIUS
Druck · Buch · Verlag
PADERBORN

Imprimatur. Paderbornae, d. 12. m. Decembris 1996
Nr. A 58-21.00.2/437. Vicarius Generalis i. V. Dr. Schmitz

Die Deutsche Bibliothek – CIP-Einheitsaufnahme

Ein **Jahr der Jesusbegegnung** : die Evangelien der liturgischen Leseordnung für Werktage ins Gebet genommen ; ein Werkbuch für geistliche Schriftlesung und inneres Gebet / Heinz Schürmann. – Paderborn : Bonifatius, 1997
ISBN 3-87088-979-9

ISBN 3-87088-979-9

Gesamtherstellung:
Bonifatius GmbH Druck · Buch · Verlag Paderborn

Inhalt

Ein Brief des Autors
(anstelle eines Vorworts*)

Lieber Leser,

es sei mir erlaubt, diesem Büchlein einen Begleitbrief mit auf den Weg zu geben. In diesem möchte ich zu Papier bringen, was ich in den vergangenen fünfzig Jahren recht häufig einzelnen und auch Gruppen christlicher Schwestern und Brüder geraten habe.
Die obige Anrede macht gleich zu Beginn eine korrigierende Bemerkung notwendig: Sie ist nicht ganz sachgerecht, weil dieses Buch kein „Lese-", sondern ein *„Werkbuch"* sein möchte. Es ist zusammengestellt nicht für „Leser", sondern für solche, die etwas lernen und sich für etwas bereiten wollen – freilich nicht für irgend etwas, sondern in etwa schon für das Wichtigste: die eigene „Jesusbegegnung". Dafür bietet es einen einjährigen „Lehrgang" an.
Vor einigen Jahren war es üblich, daß junge Christen sich zu einem „Jahr für Gott" – im Dienst am Nächsten – entschieden. Dieses Werkbuch möchte Anleitung geben für ein *„Jahr*

---

* Mein *Dank* gerät hier ganz ungehörig in Fußnoten. – Ganz besonders muß gedankt werden allen Brüdern und Schwestern, die für die Evangelientexte (s. u. unter II.) Gebetssätze formulierten und mir ihre Niederschriften zur Verfügung stellten; s. u. S. 26 Anm. 19. – Dem langjährigen Spiritual im Erfurter Priesterseminar, Herrn Gerhard Nowak, bin ich dankbar für mancherlei Kritik und Verbesserungsvorschläge. – Die Evangelienlesungen für alle Werktage des Jahres (s. S. 27-377) hätten in der hier vorgeschlagenen Kurzfassung nicht vorgelegt werden können ohne die Hilfe von Herrn Vikar J. Schelhas, z. Zt. Frankfurt/M. Er erstellte eine „Synopse" zu den Tagesevangelien, die alle (nach Möglichkeit zu vermeidenden) synoptischen Parallelen und Varianten der Leseordnung sowie die (nicht wenigen) Dubletten vermerkte. – Bei der Arbeit, die Tagesevangelien zu kürzen und gekürzt in Form zu bringen, leistete Frau Theresia Ehrhardt gute Dienste. Ihr muß auch gedankt werden für die Erstellung einer druckfertigen Vorlage und das Korrekturlesen. – Für sorgfältige Schreibarbeiten gebührt Frau Maria Pohl, Erfurt, mein Dank. In besonderer Weise bin ich Herrn Verlagsleiter Dr. Michael Ernst zu Dank verpflichtet, dessen bibelkundliches Interesse und mutiges Engagement das Erscheinen des Buches im Bonifatius-Verlag Paderborn ermöglichte.

der Jesusbegegnung". Aber bitte keine Sorge: Eine berufliche Freistellung verlangt ein derartiges Jahr nicht, im Gegenteil setzt unser Lehrjahr „in der Schule Jesu" ein normales Leben mit voller Berufsarbeit voraus, ja es benötigt diese Normalität sogar als „Praktikum" – zur Einübung.

Ein „Jahr der Jesusbegegnung" – das möchte man eigentlich jedem Christen irgendwann im Leben einmal wünschen. Aber setzt diese „Schule" nicht eine gewisse Vorschule voraus? Das keineswegs, wohl aber eine gewisse *„Be-gabung":* Vorausgesetzt ist eine Gnade: ein Verlangen, eine Sehnsucht. Dieses Werkbuch ist nur für christliche Schwestern und Brüder gedacht, die sich bereits für Christus entschieden haben, mit oder vielleicht auch gegen die Tradition ihres Elternhauses und ihrer Umgebung, aufgrund einer eigenen Entscheidung. „Brüder, was sollen wir tun?" möchten wir mit den Juden (Apg 2,37f) fragen. Petrus antwortete auf diese Frage: „Bekehrt euch, und jeder von euch lasse sich taufen auf den Namen Jesu Christi zur Vergebung seiner Sünden." Das hier vorliegende Werkbuch sucht „Werkleute", die bereits *bekehrte* und *entschiedene* Christen sind, aber den Eindruck haben, es wäre eigentlich noch eine tiefere, die „zweite Bekehrung" notwendig: Angesprochen sind Christen, die Verlangen haben nach einem persönlichen „geistlichen Leben", nach einer vertieften Jesusgemeinschaft. Solchen Christen wünscht man ein „Jahr der Jesusbegegnung".

Worum geht es in einem „Jahr der Jesusbegegnung"? Nicht darum, über Jesus belehrt zu werden; vielmehr werden wir in der Schule Jesu von ihm selbst belehrt – *in täglicher betender Begegnung mit* ihm –, weil er DAS WORT GOTTES in Person ist, auch in der Heiligen Schrift, die als „Wort Gottes" über ihn berichtet.

In solchem Umgang mit ihm möchten wir die „Art" Jesu kennenlernen: was eigentlich „die Sache Jesu" ist. Noch mehr: Wir werden in der täglichen Jesusbegegnung *Gemeinschaft mit ihm* erfahren: Findet ihn doch ein jeder von uns in seinem eigenen Inneren als den „Inneren Lehrer" – der mir mehr zu sagen hat, als meine eigene innere Stimme mir sagt. Ohne Hören auf diesen „Inneren Lehrer", der mein „Du" ist, mein „erhöhtes Ich" (so Teilhard de Chardin), mein besseres „Selbst", findet mein Selbst nicht zu letzter Selbstverwirklichung.

Solche Jesusgemeinschaft ist das Gut aller Güter, dem nichts vorgezogen werden sollte. Wer diesen Schatz gefunden hat,

hat sein wahres Leben gefunden, sein wahres Selbst. In täglicher Jesusbegegnung können wir die Freundschaft Jesu erfahren: „Nicht mehr Knechte nenne ich euch …; vielmehr habe ich euch Freunde genannt“ (Joh 15,15).
Freundschaft lebt nun aber aus Begegnungen, und Begegnungen benötigen *Zeit.* Freunde müssen schon Zeit füreinander haben, eigentlich tagtäglich. Jesusbegegnung benötigt viel weniger Zeit, als ein durchschnittlicher Zeitgenosse täglich gedankenlos für die Zeitung und den Fernseher übrig hat. Ein Jahr der Jesusbegegnung erwächst aus einer überzeugenden Einsicht, verlangt dann einen einmaligen festen Entschluß, danach freilich tägliche Konsequenz und ein Durchhalten ein Jahr hindurch.
Gewiß bedarf es dazu noch einiger weiterer *Informationen,* um diesen Entschluß auch ausführen zu können. Was ist konkret verlangt, um zu der gewünschten „Jesusgemeinschaft“ zu kommen? – Jesus ist in Person DAS WORT GOTTES und die Liebe Gottes. Er begegnet darum von außen her besonders in seinem Wort: in der Heiligen Schrift; aber auch ganz persönlich im eigenen Inneren in liebendem Zwiegespräch: im Gebet, in dem er innerlich zu uns spricht und in dem wir antworten. Im Jahr der Begegnung benötigen wir konsequenterweise etwas Zeit für ihn: etwa am Abend einige Minuten für eine kurze *Schriftlesung* (s. S. 12-16) und – etwa am Morgen oder Mittag – eine Zeit für das *„Innere Gebet“* der Liebe (s. S. 17-20); zusätzlich den Tag über dann – bei der Arbeit und unterwegs und in der Freizeit – immer wieder kleine Kontaktaufnahmen, am besten mit Hilfe des *„Jesusgebetes“* (s. S. 10-12), das keine Zeit kostet und uns nichts von unserer vielzitierten „kostbaren Zeit“ nimmt. Das Jahr der Jesusbegegnung arbeitet also sympathischerweise mit „Kurzzeitübungen“ (s. Näheres u. unter I,1-3).
Die nachstehende *„Anleitung“* zeigt auf, was der täglich näherhin praktisch zu tun hat, der den einjährigen „Lehrgang“ in der Schule Jesu absolvieren, ein „Jahr der Jesusbegegnung“ leben möchte. Hinter den Weisungen stehen geistliche Erfahrungen von Betern, christlicher Schwestern und Brüder durch die Jahrhunderte. Man kann sich ihnen anvertrauen.
Am Ende bedarf es nun nur noch der Ermahnung, mutig und entschlossen auf die Jesusbegegnung zuzugehen: die Begegnung dessen zu suchen, der uns begegnen möchte. Unser Leben bietet dafür nicht wenige *einladende Anlässe!* Mit viel

Nutzen beginnen die damit, die vor einem neuen Lebensabschnitt stehen: reifere Jugendliche im letzten Schul- oder Lehrjahr etwa, auch Jugendliche beim Wehr- oder Wehrersatzdienst. Vielleicht würde ein derartiges Jahr der Jesusbegegnung auch einem Paar in der Vorbereitungszeit auf eine Ehe oder zu Beginn einer solchen guttun, auch irgendwann Eheleuten nach einem Neubeginn (um die silberne Hochzeit herum etwa). Mit Erfolg könnte ein Jahr der Jesusbegegnung in der „Mitte des Lebens" (um das 40. Lebensjahr) angesetzt werden. Auch ein Jungrentner könnte es damit noch wagen; es würde seinen alternden Tagen gewiß Richtung geben auf die endgültige Jesusbegegnung hin, die uns allen zugedacht ist. Mancher Schwester und manchem Bruder hat der Herr vielleicht ein „Sabbatjahr" der Krankheit, langsamer Genesung oder einer längeren Kur verordnet; hier wird die Jesusbegegnung besonders leicht werden. Priesteramtskandidaten, für die die Väter des II. Vatikanischen Konzils einen „Einführungskurs" wünschten, sollten unbedingt so ein Jahr der Jesusbegegnung absolvieren, auch Laientheologen und Mitarbeiter im kirchlichen Dienst. Ordensleuten und Mitgliedern von geistlichen Gemeinschaften wäre in ihrem ersten Noviziatsjahr ein Jahr der Jesusbegegnung abzufordern. Aber wie schon gesagt: Es kann jedem helfen und nützen, der sich selbst – sein „Selbst" – geistlich finden möchte und aus einer geistlichen Mitte heraus zu leben bestrebt ist.

Erfurt, 18. 1. 1997 *Heinz Schürmann*

I.

Anleitung für Schriftlesung und Inneres Gebet mit Hilfe des Jesusgebetes

Ein „Jahr der Jesusbegegnung" wird am Ende so viel wert gewesen sein, wie seine 365 Tage wert waren, von denen ein jeder ein „Tag der Jesusbegegnung" werden möchte. Die tägliche Jesusbegegnung aber lebt vor allem von drei Kontaktnahmen den Tag über: vom Jesusgebet den Tag über, das die Schriftlesung erschließt, von ihr lebt und das ins Innere Gebet führt. Zu diesen drei Übungen hier jeweils einige Angaben.

1. Das Jesusgebet den Tag über

Wir möchten Jesus als den Herrn unseres Lebens stets vor Augen haben und ihm dienen, möchten ihn als unseren „Inneren Lehrer" stets im Herzen halten und auf ihn hören. Das altehrwürdige Jesusgebet[1] kann uns dabei helfen. Das Katholische Gebet- und Gesangbuch „Gotteslob" stellt es uns (in Nr. 6,1) so vor:

> „Herr Jesus Christus, Sohn Gottes,
> erbarme dich meiner,

oder in kürzerer Form:

> Herr Jesus Christus,
> erbarme dich meiner.

... Die Anfänge dieser Gebetsform gehen zurück bis in die Zeit der Kirchenväter. Das Jesusgebet verbreitete sich vor allem in den Ostkirchen, ist aber heute auch in weiten Kreisen des Westens bekannt."

a) Dieses Gebet ist einfach und eindringlich, man kann es *immer und überall* beten – gleich morgens beim Aufstehen, daheim und auf der Straße, im Bus und in der Bahn, auf dem Weg zur Arbeit und bei der Arbeit, in Gesellschaft und im Kino, beim Einschlafen und in schlaflosen Nächten: „Herr Jesus Christus, erbarme dich meiner." Jesus kann durch das

Jesusgebet einem jeden helfen – jedem anders, in welcher „Gebetsweise" oder auf welcher „Gebetsstufe" er auch immer beten mag. Mit großer Anpassungsfähigkeit fügt es sich in alles Beten und gibt diesem, was es benötigt. Jeder kann in seiner Weise den Versuch damit machen.

b) Die Erfahrung der Jahrhunderte lehrt: Man kommt leichter zur Ruhe, und das Gebet wirkt tiefer ins Herz, wenn jeweils die erste Zeile einatmend, die zweite Zeile ausatmend gebetet wird.

c) Denen, die „arm sind im Geiste" (Mt 5,3) und im Geist der Seligpreisungen leben (Mt 5,2-12), hilft es am liebsten; diese können leicht und ohne viel Worte den *Erbarmensruf* beten: „Erbarme dich meiner." Man kann diesen aber auch *für andere* beten – für einen nicht glaubenden Kameraden an der Arbeitsstätte: „Erbarme dich seiner"; für eine Kollegin in Not oder in Sünde: „Erbarme dich ihrer"; für Familie, Gemeinschaft und Gemeinde: „Erbarme dich unser." Vielleicht verweilt jemand in der ersten Zeit oder dann und wann gern eindringlich bei dieser Fürbitte.

d) Immer mehr wird aber die *anbetende Anrede* wichtig werden. Diese kann ein jeder so formen, wie sie ihm besonders lieb ist: vgl. die obige Langform (vom Berge Athos) oder die Kurzform (so häufiger in Rußland) oder auch schlicht die Anrede „Jesus, Sohn Gottes" oder „guter Jesus" (wie in „Seele Christi"). Der „Jesus-Name" darf freilich nie fehlen, denn in diesem heilbringenden Namen gewährt der Herr seine Gegenwart besonders gnadenhaft. Vielleicht genügt dem Beter nach einiger Zeit gar die Jesus-Anrede, vielleicht diese auch ohne die Erbarmensbitte, die der Name „Jesus" ja schon beinhaltet. Einem liebenden Beter wird womöglich am Ende der Name „Jesus", anbetend und bittend gesprochen oder auch nur wortlos hingehalten, genügen.

e) Anfänger werden in ihren Anrufungen das Antlitz des Herrn auf dem himmlischen Thron suchen. Nach einiger Zeit werden Beter dann lieber in ihr eigenes Herz schauen, in dem der Heilige Geist ohne viel Worte das Jesusgebet verrichtet oder die Gegenwart Jesu bewahrt. Dann ist es zum *„Herzensgebet"* geworden; es möchte so zum „immerwährenden Gebet" werden. Das Jesusgebet wird zur Anbetung, zum Wandel in der Gegenwart Gottes, zu Frieden und Gelassenheit verhelfen. Es wird uns lehren,[2] Jesus stets *„vor Augen"* zu haben und immerdar *„im Herzen“* zu tragen. Das wird freilich nicht gelingen, wenn wir Jesus nicht auch allezeit *„in Händen“* halten. Was soll das heißen? Daß wir ihm unsere Hände leihen, so daß sie immer mehr die Hände Christi werden, der sein Werk durch sie tut. Das geschieht, wenn wir in jeder Stunde des Tages in selbstlosem und gehorsamem Dienst die kleinen Pflichten unseres Standes getreulich und liebevoll zu erfüllen suchen und uns dabei im Dienst Jesu wissen.

f) Der Fortschritt im Jesusgebet ist unerbittlich an diese *Voraussetzung* gebunden: Unsere Nächstenliebe muß im Großen entschiedener und im Kleinen feinfühliger werden – sosehr es wahr ist, daß das Jesusgebet auch unsere Nächstenliebe entschiedener und feinfühliger machen wird. Das „Gotteslob“ (Nr. 6,1) sagt: „Die Versenkung in Gott ... durch die ständige Anrufung des Namens Jesus [fördert] auch ... Frieden und Versöhnlichkeit gegenüber allen Menschen, das Zurücktreten der eigenen Interessen und die Gelassenheit. Das Jesusgebet wird von jenen, die es üben, als ein Weg zur inneren Freiheit bezeichnet.“

So wird aus unserem Wir-Raum und unserem Leistungs-Raum ein Jesus-Raum. Wir werden merken: Wir können Christus nicht mehr vor Augen haben und im Herzen tragen, wenn wir ihm nicht auch bei unserer Arbeit immerdar unsere Hände leihen. Andererseits wird unsere Arbeit nicht mehr mit den Händen Jesu getan, wenn wir ihn nicht stets vor Augen haben und im Herzen tragen. Das eine kann nicht gelingen ohne das andere. Unser Wir- und Leistungs-Raum will zu einem anbetenden Jesus-Raum werden.

Wer den Tag über mit dem Jesusgebet lebt, wird dann täglich auch schon Zeit finden für die *„Geistliche Schriftlesung“* und für das *„Innere Gebet“*. Das Jesusgebet wird bei beiden Übungen uns helfen: bei der Schriftlesung, vom „WORT GOTTES“ aus, das Jesus in Person ist, das „Wort Gottes“ in der Heiligen Schrift zu erkennen und zu verstehen und im Inneren Gebet Jesus liebend als unser „Du“ zu finden.

2. Die tägliche Schriftlesung

Die Wüstenväter der Alten Kirche und die Mönche aller Zeiten räumten der „Geistlichen Schriftlesung“ *(lectio divina)* viel Zeit ein. „Geistliche Schriftlesung“ und „Inneres Gebet“

sind von ihrem Ursprung her eine Einheit; ist ja doch die *„Geistliche Schriftlesung“*[3] nur zu verstehen als *betende* Schriftlesung.

a) Das respondierende *Jesusgebet* vermag „Geistliche Lesung“ und „Inneres Gebet“ wieder in Korrespondenz zu bringen. Das WORT GOTTES in Person ist Jesus als Sohn des Vaters.[4] Der Name „Jesus“ hat in seiner Tiefe die ganze Schrift in sich. Letztlich können wir darum das Wort Gottes in der Schrift[5] nur von Jesus als dem WORT des Vaters her verstehen.[6] So bietet sich das Jesusgebet *hermeneutisch* als Helfer an für das Schriftverständnis. Es kann entscheidend helfen bei der Schriftlesung: Wenn ein Text der Heiligen Schrift ins Jesusgebet genommen wird, erweist dieses sich als Schlüssel, der den Text aufzuschließen vermag und von der Mitte her zu verstehen lehrt. Das Jesusgebet eröffnet ein christologisches Verständnis der Heiligen Schrift, damit einen recht einfachen Zugang zum Text, der meist bei der Geistlichen Lesung nicht viel „Erläuterungen“ benötigt.

Das Jesusgebet bietet eine christologische Hermeneutik an, die dem Schrifttext kongenial ist. Dabei ist der entscheidende Dienst: Wer die Heilige Schrift ins Jesusgebet nimmt, dem wird sie wie von selbst zur Frohbotschaft, zum „Evangelium“. Selbst da, wo sie Forderungen an uns stellt, werden diese zum „leichten Joch“ (Mt 11,29f.), da Jesus es ist, der das Gesetz „erfüllt“ hat (Mt 5,17) „für uns“, die wir Sünder sind und ständig beten müssen: „Erbarme dich meiner.“ R. Faricy[7] sagt das so: „Das beste Buch für alles, was den Herrn betrifft, einschließlich der Gabe der Kontemplation, ist selbstverständlich die Bibel“(39). „Ein … Weg, um kontemplativ zu beten, ist der, das Evangelium zu gebrauchen. Ich kann zum Beispiel das Tagesevangelium nehmen … Ich lese nur ein paar Zeilen (fünf, sechs, zehn) und verwende sie nicht als Schriftstudium …, sondern ausdrücklich als einen Weg, mit Jesus in Beziehung zu treten … Dann kann er mir helfen, zu sehen, was dieser Text für unsere Beziehung bedeutet … Es geht darum, Jesus kennenzulernen und den Text als einen Weg zu benutzen, auf dem ich zu Jesus gehen kann … Vielleicht will Jesus mir … gerade klarmachen, was der Text in Bezug auf unsere Beziehungen aussagt“ (ebd. 22f.).

b) In unserem „Jahr der Jesusbegegnung“ werden wir gut daran tun, uns Jesus täglich neu „vor-zustellen“, und zwar so, wie er sich uns in der Heiligen Schrift selbst vor-stellt. In ihrer *liturgischen Werktags-Leseordnung* führt die Kirche uns Jesus in der Lesung der Evangelien in einem Einjahreszyklus an Hand der vier Evangelienschriften als Person, in seinem Geschick, handelnd und sprechend immer neu und anders vor Augen – in den liturgischen Festzeiten bevorzugt durch Lesungen aus dem Johannesevangelium, in den 34 Wochen im Kirchenjahr in „Bahnlesung" nach Markus (1.-9. Woche), Matthäus (10.-21. Woche) und Lukas (22.-34. Woche); siehe Näheres unter II,1 und II,3. Wird doch das liturgische „Kirchenjahr" gerade durch die Evangelienverkündigung zu einem „Herrenjahr", in dem wir Jesus recht vielfältig und doch zugleich ganzheitlich begegnen. Unser Vorschlag wäre also, daß wir uns im „Jahr der Jesusbegegnung" aus praktischen Gründen von dieser liturgischen Leseordnung[8] leiten lassen und das jeweilige Tagesevangelium an den Werktagen[9] als unsere geistliche Schriftlesung wählen.

Im vorliegenden Büchlein finden wir (unten in II.) alle Evangelien der liturgischen Werktags-Leseordnung auf je einer eigenen Seite abgedruckt.[10] Weil dieses oft überreiche Tagesevangelium dem Inneren Gebet helfen soll, legen wir es aber häufiger in *gekürzter Fassung* vor, um die Betrachtung des nächsten Tages auf eine „Gedankeneinheit", eine kontemplative Mitte hin, zu konzentrieren.

c) Wer seine Gebetszeit für den Morgen eingeplant hat, bereitet diese tunlichst am *Vorabend* in einer kurzen „Geistlichen Lesung" vor. In den Schlaf genommen, wird diese dem „Inneren Gebet" am Morgen schon gut vorarbeiten können. In Seminaren und Noviziatshäusern leisten diese Vorbereitungsarbeit oft „Punkta" des Spirituals oder Novizenmeisters: eine kurze Anleitung, die den „Stoff" für das meditierende Gebet am Morgen auf „Punkte" – meist auf 3 – konzentriert. – Der nachstehende Vorschlag, die tägliche Schriftlesung als Vorbereitung in Dienst zu nehmen, kann solche „Punkta" wohl gut und bestens ersetzen.

d) Für die abendliche Schriftlesung hat sich die *folgende Methode* bewährt: Wir schlagen den jeweiligen Text des Tagesevangeliums auf. Neben den Text legen wir einen Notizblock und einen Schreibstift (s. dazu u.).

(1.) In einer *Vorübung,* einem Aufblick zum erhöhten Herrn, im „Gebet liebender Aufmerksamkeit", lassen wir uns von seinem Licht bescheinen: „Im Anfang war das Wort ..., das wahre Licht, das jeden Menschen erleuchtet ..." (Joh 1,1.9). Aufblickend zu ihm beten wir vielleicht das Jesusgebet:

Herr Jesus Christus (Sohn Gottes),
erbarme dich meiner.
Du wahres Licht,
erbarme dich meiner.

Herr Jesus Christus,
erbarme dich meiner.
Du mein inneres Licht,
erbarme dich meiner.

Wir verweilen so lange in diesem Licht, bis es im eigenen Herzen zum „inneren Licht" geworden ist (Mt 6,22f.). In diesem Licht vermögen wir dann „die Herrlichkeit Gottes auf dem Antlitz Jesu Christi" zu sehen (2 Kor 3,18; 4,6).

(2.) Nach dieser betenden Vorübung *lesen* wir langsam das Tagesevangelium, mit großem Verlangen, Jesus kennenzulernen, auf seinem Antlitz die Lichtherrlichkeit Gottes zu sehen, ihn als „DAS WORT" des Vaters zu erkennen, in, unter und hinter all seinen Taten und Worten, hinter seinem Geschick und seinen Verhaltensweisen, von denen der Text erzählt – das zugleich aber immer im Aufblick zu Ihm, der „über" dem Text als erhöhter Herr in der Lichtherrlichkeit und der Liebe Gottes Licht wird für uns und in uns, der als DAS WORT uns hier und jetzt lebendig ansprechen will.

(3.) Wo Jesus uns – als unser „Innerer Meister" – einen „Ein-Blick" gewährt, einen „Ein-Druck" hinterläßt und evtl. damit eine lichtvolle Erkenntnis schenkt, will diese zu betender *Antwort* werden. Es ist dabei hilfreich, die Ant-Wort in einen anbetenden Satz zu gießen, der die erste Zeile des Jesusgebetes weiterführt und füllt, vielleicht auch in einen bittenden Satz, der die zweite Zeile mit der Bitte um Erbarmen aufnimmt. Als Beispiel möge hier helfend das Evangelium Joh 21,15-19[11] zu Wort kommen (vgl. unten S. 20 f.):

Herr Jesus Christus (Sohn Gottes),
erbarme dich meiner.
Herr, ich weiß, daß du mich liebst,
erbarme dich meiner.

Herr Jesus Christus,
erbarme dich meiner.
Herr, du weißt, daß ich dich liebe,
erbarme dich meiner.

Herr Jesus Christus,
erbarme dich meiner.
Herr, ich weiß, du bist die Liebe,
erbarme dich meiner.

e) Schon nach wenigen übenden Abenden wird es ein leichtes sein, (nach einigen flüchtigen Notizen im Rohentwurf) auf einem zweiten Blatt eine *Niederschrift* in Reinschrift (evtl. für ein sammelndes Ringbuch[12]) zu erstellen, vielleicht jeweils – wenn es sich ergibt – mit 5 Gebets-Sätzen (anbetenden Anrufungen oder Bitten). Dabei ist es nicht immer notwendig, die Gebetsanreden nach der Abfolge des Schrifttextes niederzuschreiben; oft ist es helfender, gleich die Mitte der Perikope anzuzielen und alles Beten um diese Mitte zu ordnen.[13] Es kann nach einiger Übung geschehen, daß es jemand genügt, statt 5 Gebetssätze nur 3 zu notieren für das „Innere Gebet" am nächsten Morgen, am Ende vielleicht gar nur einen. Denn je mehr sich das meditierende Beten „vereinfacht" und zu liebender Kontemplation wird, desto weniger Thematik bedarf es vom Wort Gottes her. Es genügt dem Beter die einfache Heilszusage Gottes, das „Du"-Sagen Gottes (s. dazu u. S. 19).

f) Am Ende unserer „Geistlichen Lesung mit Schreibstift und Papier" können wir uns fragen: Welche der 5 notierten Jesus-Anreden hat sich am *ein-dringlichsten* in meine Seele gegeben? Welche ist für mich die *„ge-wichtigste"* geworden, besonders *ein-drücklich?* Diese kann dann ins Jesusgebet genommen werden und mit diesem in den Schlaf der Nacht. Hier wird es das Seeleninnere, die Tiefen- und Höhenseele, reinigen und sich uns beim Aufwachen wieder friedvoll auf die Lippen legen.

Diese spielende „Übung" mit Schreibstift und Papier ist schon ein eindringlicher Meditationsvorgang, der dem „Inneren Gebet" am anderen Morgen viel Vorübungen erspart und leicht und unmittelbar in liebende Kontemplation führen kann.

3. Das Innere Gebet Tag für Tag

a) Das Dasein für den Herrn benötigt eine *festgelegte Zeit,* in der er uns anregen kann, wie er will. Vielleicht haben wir die Möglichkeit, uns die frühe Morgenstunde für das „Innere Gebet“[14] freizuhalten. Ort und Dauer dieser Gebetszeit sollten nicht inneren oder äußeren Zufällen überlassen werden und unabhängig sein von Schläfrigkeit, Unwohlsein, Zerstreutheit, Dunkelheiten. In kontemplativen Orden wird ein- oder auch zweimal täglich eine volle Stunde angesetzt; in ignatianischen Exerzitien wird täglich mehrmals eine Stunde angeraten; in den Seminaren für Theologen, dann auch für Priester eine halbe Stunde täglich. Die Zeit des Inneren Betens wird schwerlich unter einer Viertelstunde fruchtbar werden. Hier muß jeder sein Maß wissen, muß probieren – und dann durchhalten.

b) Warum ist es ratsam, das Innere Gebet immer *am gleichen Ort* zu üben? Die liebende Aufmerksamkeit, das einfache Da-Sein vor IHM und für IHN sind schon Gebet, eine innere Opferhaltung und damit schon mehr als Gebet. Dieses Da-Sein ist ein Leersein für IHN und damit eine Haltung der Armut vor Gott, die Haltung eines Bettlers, den Gott beschenken kann und gewiß auch wird. Gottes Gnaden sind nicht immer erfahrbar.

c) Die Gebetszeit wird oft so gut, wie die *Vorbereitung* für diese gesammelt war. Hier sind 3 *Vorübungen* – so oder anders – fast notwendig: (1.) Ich versetze mich *in die Gegenwart des Dreieinigen Gottes,* vielleicht mit der Bitte: „Die Gnade unseres Herrn Jesus Christus sei mit mir. – Die Liebe Gottes des Vaters sei mit mir. – Die Gemeinschaft des Heiligen Geistes sei mit mir.“ Danach wird es (2.) notwendig sein, alle Seelenkräfte anbetend und hingebend gänzlich *auf Gott auszurichten.* Der heilige Ignatius empfiehlt für seine Exerzitanden im Exerzitienbuch (= EB Nr. 46) immer die gleiche Vorbereitung: „Gott, unsern Herrn, um Gnade bitten, damit alle meine Absichten, Handlungen und Betätigungen rein auf den Dienst und Lobpreis seiner göttlichen Hoheit hingeordnet seien“. Vielleicht hilft schlicht ein „Ehre sei dem Vater … durch den Sohn … im Heiligen Geist“. (3.) Die Lehrer des Geistlichen Lebens raten, zu Beginn einer Gebetsstunde sich *rückzuerinnern,* was in der vorhergehenden Gebetszeit besonders „ein-drücklich“ war und in der Seele noch haftet. Dann soll die neue Gebetszeit dabei verweilen und betend keinen neuen „Stoff“ übernehmen, denn nicht „das Vielwissen sättigt die Seele“, sondern das „liebende Verkosten“, sagt ein vielzitierter Satz des heiligen Ignatius (EB Nr. 1,2). Ansonsten wird es vorbereitend helfend sein, den gewichtigsten Eindruck der abendlichen Schriftlesung ins Jesusgebet zu heben und dabei einige Zeit liebend zu verweilen.

d) Das Innere Gebet hat eine *Abfolge* (die der „Innere Meister“ freilich jederzeit spontan ändern kann): Es ist geraten, daß wir uns zu Beginn (1.) *lesend* vom Text des Tagesevangeliums noch einmal kurz ansprechen lassen (*lectio* = Lesung), besser: von IHM uns ansprechen lassen, der uns im Schrifttext als DAS WORT GOTTES begegnet. – (2.) Das *„Betrachten“* der Szenerie der Geschichte bzw. das Bedenken der Worte Jesu (*meditatio* = Betrachtung) hatten wir am Vorabend bereits mit der Schriftlesung verbunden. Solche „Meditation“ schlägt eine Brücke vom Lesen zum Beten, ist aber als bedächtiges Nach-Denken noch nicht eigentlich Gebet (wie das „Sprechen mit Gott“ oder gar „Erhebung der Seele zu Gott“). – (3.) Das Suchen nach 5 haftenden Gebetssätzen bei der Schriftlesung kann dem Inneren Gebet vielleicht besser helfen, als das die üblicherweise vorgelegten „Betrachtungspunkte“ tun, die den Text vorbereitend erschließen sollen. Wir haben schnell – weil bereits notiert und „beschlafen“ – präsent, was uns bei der meditierenden Lesung am Abend „gewichtig“ und „auf-dringlich“ wurde. Hier hat der Heilige Geist „Ein-Drücke“, mit „Licht“ oder „Trost“ gefüllt, hinterlassen. Dabei sollten wir nun im Gebet liebend verweilen, solange die Seele hier „Licht“ oder „Trost“ findet. – Vielleicht machen die „Ein-Drücke“, die wir als Gebetssätze formuliert haben, die Seele nun licht und beschwingt, so daß nunmehr in einem „affektiven“ Beten ein *„Zwiegespräch“* mit dem Herrn, von Du zu Du, möglich wird (*locutio* = Sprechen mit Gott). – (4.) Das Zwiegespräch wird einfacher, vereinfacht sich zu einem liebenden Du-Sagen. Am Ende haftet vielleicht in diesem Gebet nur noch ein einziger „Ein-Druck“ so sehr, daß er die Seele in schlichtem Hinschauen *„kontemplativ“* einbindet (*contemplatio* = liebende Beschauung). In diesem Fall heißt es immer, bei dem liebend zu verweilen, was sich so anbietet, sich gibt und geschenkt wird. – Jeder soll so beten, wie der „Innere Meister“ ihn lehrt: das gläubige verweilende Lesen, das besinnlich-bedenkende Meditieren, das affektiv-beschwingte Zwiegespräch, die liebend-schauende Kontemplation.

e) Vielleicht muß das noch verdeutlicht werden: Das Ich lebt ja immer erst vom Du her: Erst wenn jemand zu mir „du" sagt, kann ich sagen: „Ich bin ich." Es muß aber schon ein absolutes Du sein, das schöpferisch mein personales Ich-Bewußtsein wecken soll. Wenn nicht ein Mensch, sondern der in den Liebesraum des Vaters erhöhte Jesus liebend „du" zu mir sagt, verstummt das Gebetsgespräch; es wird *kontemplativ,* wird zu liebendem *„Herzensgebet"*. Darin „stirbt" das Ich. „Nachdem ich dich als den erkannt habe, der mein erhöhtes Ich ist ..., laß mich, Herr, verstehen, daß du es bist, der ... die Fasern meines Seins zur Seite schiebt, um bis zum Mark meines Wesens einzudringen und mich in dich hineinzuziehen" (so Teilhard de Chardin). Paulus konnte formulieren: „Ich ..., doch nicht ich, sondern Christus lebt in mir!", was im Kontext für ihn heißt: „Ich bin mit Christus ‚gekreuzigt' ... Soweit ich aber jetzt noch in dieser Welt lebe, lebe ich im Glauben an den Sohn Gottes, der mich geliebt und sich für mich hingegeben hat" (Gal 2,19b-20). Man benötigt nun auch nicht mehr den Notizblock und den Schreibstift der Anfänger, weil der Innere Meister die Führung übernommen hat.

f) Freilich bedarf es hier nunmehr noch eines weiteren helfenden Hinweises: Wenn das Innere Gebet so tiefer und reifer wird, pflegt es zeitweise meist *trocken, leer* und *dunkel* zu werden. Dann heißt es, im Dunkeln oder in der Wüste, mit Ruhe und Zu-Friedenheit beharrlich zu verbleiben, solange es dem Herrn gefällt. R. Faricy[15] beschreibt (S. 19f.) diese dunkle Kontemplation so: „Ich kann in der Kontemplation sein, wenn ‚die Lichter an sind', ich den Herrn erfahre und mich großartig fühle. Ich kann aber auch in einer dunklen Kontemplation sein. Der gleiche Mensch wird verschiedene Arten von Kontemplation in verschiedenen Phasen seines Lebens erfahren ... Auf jeden Fall ist das Wichtigste beim kontemplativen Gebet, daß unser Herr da ist und daß ich da bin. Ich brauche nicht viel zu sagen. Er tut die Arbeit. Der Herr führt ... Wie führt er mich? Indem er mir Leichtigkeit in der Beziehung zu ihm gibt und ein gewisses Gefühl von Richtigkeit und innerem Frieden in meiner Beziehung zu ihm." Hier ist es nun aber wichtig, eine Unterscheidung zu machen. Wir lesen (ebd. 37f.) bei R. Faricy: „Es gibt ... einen Unterschied zwischen Dunkelheit und Trostlosigkeit. Kontemplation kann sehr oft dunkel sein, trostlos über eine lange Zeit darf sie gewöhnlich nicht sein. Mit Geduld, Ausdauer und Liebe kann ich aus der

Phase der Trostlosigkeit herauskommen (hoffnungsvoll je eher desto besser) und hinein in Frieden und ein Gefühl der Richtigkeit in meiner Beziehung zum Herrn. Dann lasse ich ihn fortfahren mich zu reinigen, jedoch ohne so ein miserables Gefühl."

Eine Beifügung: Der „Rosenkranz der Liebe"

Anhangweise mag hier auf eine Gebetshilfe aufmerksam gemacht werden, die vielleicht besonders Anfängern im Inneren Gebet helfen kann, die schon in der Vorschule des Rosenkranzes (der auch ein Jesusgebet ist!) auf dasselbe vorbereitet sind: Vielleicht kann es dem einen oder anderen dann und wann mal helfen, wenn er seine Rosenkranzkette zur Hand nimmt, seine 5 „selbst erarbeiteten" (besser: geschenkten) Gebetssätze in das Jesusgebet flicht und jeweils durch 10malige Wiederholung der 5 Gebetssätze einen „Rosenkranz" mit 5 Ge-Sätzen betet. Wenn es ihn drängt, kann er auch bei einem Gebetssatz verweilen und dieses eine Ge-Sätz 50mal oder häufiger wiederholen. Vielleicht spricht der Beter am Ende dann lieber gar nur noch das Jesusgebet, und der eingeflochtene Anbetungssatz bleibt im Herzen. Vielleicht fällt ihm dabei die Rosenkranzkette aus der Hand, und er merkt, daß die immer wiederholte Anrufung des Namens „Jesus" seinem Herzen genügt. Der Beter entdeckt die Wahrheit, daß der Name „Jesus" das ganze Christusgeschehen und ganz das Christusgeheimnis in sich beschließt. Das Jesusgebet ist dann kontemplativ zum „immerwährenden Herzensgebet" geworden.

Ein Modell, wie jedes Evangelium und jeder Schrifttext ins Jesusgebet genommen und so existentiell angeeignet werden kann, bietet der *„Rosenkranz der Liebe"*[16] mit seinen 3 x 5 Gebetssätzen (nach Joh 21,15-19).

Den „Rosenkranz der Liebe" können wir so beten: einleitend (am Kreuz der Rosenkranzkette – statt *Glaubensbekenntnis):*

Komm, Heiliger Geist,
erfülle die Herzen deiner Gläubigen,
und entzünde in ihnen das Feuer deiner Liebe.
Send aus deinen Geist,
und alles wird neu geschaffen,

und du wirst das Antlitz der Erde erneuern.
Ehre sei dem Vater …

Danach (wie üblich) das *Vaterunser* und die *3 Ave* mit der Bitte um Glaube, Hoffnung und Liebe.
Vor jedem der 15 Gesätze (statt Vaterunser) das Gebet (s. Gotteslob Nr. 5,1):

Mein Herr und mein Gott,
nimm alles von mir, was mich hindert zu dir.
Mein Herr und mein Gott,
gib alles mir, was mich fördert zu dir.
Mein Herr und mein Gott,
nimm mich mir und gib mich ganz zu eigen dir.

Danach (statt der 10 Ave) jeweils das Jesusgebet (Gotteslob Nr. 6,1) mit 10mal eingefügtem Gebetssatz wie nachstehend:

Herr Jesus Christus (Sohn Gottes),
erbarme dich meiner.
Herr, ich weiß, daß du mich liebst,
erbarme dich meiner.

Abschließend nach dem Gesätz (wie üblich):

Ehre sei dem Vater …

Hier die 3x5 Gesätze des „Rosenkranzes der Liebe“:

I.
1. Herr, ich weiß, daß du mich liebst.
2. Herr, ich weiß, daß du mich trotzdem liebst.
3. Herr, ich weiß, daß du mich immer noch liebst.
4. Herr, ich weiß, daß du mich grundlos liebst.
5. Herr, ich weiß, daß du mich ohn’ Ende liebst.

II.
1. Herr, du weißt, daß ich dich liebe.
2. Herr, du weißt, daß ich dich trotzdem liebe.
3. Herr, du weißt, daß ich dich immer noch liebe.
4. Herr, du weißt, daß ich dich wieder liebe.
5. Herr, du weißt, daß ich dich unendlich ohn’ Ende lieben möchte.

III.
1. Herr, ich weiß, du bist die Liebe.
2. Herr, ich weiß, deine Liebe bindet mich.
3. Herr, ich weiß, deine Liebe führt mich.
4. Herr, ich will dir liebend folgen (auch auf dem Kreuzweg).
5. Herr, halte mich in deiner Liebe.

Anmerkungen zu I.

1 Vgl. die ausführlichere Anleitung in: *H. Schürmann,* Rosenkranz und Jesusgebet. Anleitung zum inneren Beten, Freiburg/Br. (1986) ²1989, darin: Erste Einführung in das „Jesusgebet", 47-64; vgl. den teilweisen Nachdruck von S. 46-145 jenes vergriffenen Buches nunmehr in der Münsterschwarzacher Kleinschrift 105: *H. Schürmann,* Das Jesusgebet im Kirchenjahr, Münsterschwarzach 1997. Weitere Lit. ebd. Anm. 23 und 25. Vgl. nunmehr auch *E. Jungclaussen,* Art. Jesusgebet, in: Ch. Schütz (Hg.), Praktisches Lexikon der Spiritualität, Sp. 672-677 (dort Lit.); vgl. ebd. *ders.,* Art. „Herzensgebet", Sp. 621f.

2 Vgl. die auf Olier zurückgehende Gebetsmethode von Saint Sulpice; vgl. Praktisches Lexikon (s. o. Anm. 1), Art. École Française von J. Weismayr, 252-253.

3 Vgl. *H. Schürmann,* in: Bibel und Leben 3 (1962) 70-74; ferner *ders.,* Weisen geistlicher Schriftlesung, in: *ders.,* Der Geist macht lebendig (Beten heute 12), Einsiedeln (1972) ⁶1986, 13-28. Helfend auch *E. Bianchi,* Dich finden in deinem Wort, Freiburg/Br. 1988; begründend *E. Kremer,* Die Bibel – ein Buch für alle. Berechtigung und Grenzen „einfacher" Schriftlesung, Stuttgart 1986.

4 Vgl. dazu das II. Vat. Konzil, Dei Verbum, Nr. 2-4. Vgl. *A. Bea,* Das Wort Gottes und die Menschheit. Die Lehre des Konzils über die Offenbarung, Stuttgart 1968, bes. 65-83.

5 Vgl. ebd. Nr. 24. – Vgl. *Th. Söding,* Mehr als ein Buch. Die Bibel begreifen, Freiburg/Br. 1995, bes. 319-379: Die Bibel als Buch des Wortes Gottes.

6 Vgl. dazu unseren Beitrag: Bibelwissenschaft unter dem Wort Gottes. Eine selbstkritische Besinnung, in: T. Holtz u. a. (Hg.), Christus begegnen (FS W. Trilling), Leipzig 1989 und Freiburg/Br. 1990, 11-42.

7 *R. Faricy / J. Wicks,* Jesus betrachten (Münsterschwarzacher Kleinschriften 63), Münsterschwarzach 1990.

8 Eine eigene, von der liturgischen Leseordnung unabhängige Ordnung für die Betrachtung für vier Tage in jeder Woche wurde vor Jahren für Novizinnen ausgearbeitet; vgl. *H. Schürmann,* Christusbetrachtungen im Kirchenjahr, in: Liturgisches Jahrbuch 13 (1963) 213-221. Man wird aber heute aus praktischen Gründen der (gewiß verbesserungsbedürftigen) kirchenamtlichen Leseordnung von (1969) ²1981 folgen müssen, welche die Evangelien in einem Jahreszyklus unter Berücksichtigung aller vier Evangelienschriften vorlegt. – Außer in den liturgischen Lektionarien finden wir die Evangelien der liturgischen Werktags-Leseordnung leicht zugänglich in: Schott-Meßbuch für die Werktage I/II, Freiburg/Br. 1984.

9 Vgl. ausführlicher den „Rosenkranz der Liebe" o. auf S. 20f.

10 Praktische Gründe legten es nahe, dabei – nicht immer leichten Herzens – den Text der „Einheitsübersetzung" (nach der 2., revidierten, Auflage der Endfassung 1980) zu übernehmen, der auch den volkssprachigen liturgischen Lektionaren zugrunde liegt. – Wir dürfen nicht nur auf weitere Revisionen der Einheitsübersetzung hoffen; ökumenisch erwünscht wäre es, wenn die revidierte Lutherbibel von 1984 in nicht zu ferner Zukunft einer interkonfessionellen Revision unterzogen werden könnte und so zur „interkonfessionellen Einheitsübersetzung des deutschen Sprachraumes" würde (wobei freilich nichtlutherischen Gemeinden eigene erläuternde Anmerkungen zugebilligt werden müßten).

11 Wir sparen in vorliegendem Buch die Evangelien der Sonn- und Festtage aus, weil diese durch Schriftlesung und Gebet genügend Anregung geben werden. „Die Sonn- und Festtagsevangelien im Jesusgebet der Woche" brachten wir jeweils auf (nur) einen Gebetssatz in: Rosenkranz und Jesusgebet (s. o. Anm. 1) 64-145. – Unten S. 382-392 finden wir einen Nachweis, an welchem Sonn- oder Festtag des Kirchenjahres sich das Werktagsevangelium ganz oder doch substantiell wiederholt.

12 Ein derartiges selbst meditiertes und selbst erarbeitetes „Gebets-Tagebuch" kann vielen Zwecken dienen: vor allem dem eigenen Beten in späteren Jahren am jeweiligen Jahrestag.

13 Als mögliches Muster für die eigene Arbeit sind für alle Werktage des Jahres aus allen (meist gekürzten) Tagesevangelien 5 derartige Gebetssätze erhoben. – Diese Zusammenstellungen (S. 27-377) wären vielleicht besser nicht vorgelegt worden, jedenfalls dann nicht, wenn sie jemand davon abhalten würden, seine je eigenen 5 Gebetssätze zu suchen. Auch die unvollkommenste eigene Arbeit bleibt – als Eigenarbeit – immer die bessere Hilfe für das eigene Beten.

14 Wir vermeiden für die tägliche Gebetszeit den aus einer problematischen Praxis des 19. Jh. übernommenen Terminus „Betrachtung" (= meditatio), weil es für das „Innere Beten" schädlich ist, wenn es auf rationales Betrachten und Bedenken beschränkt wird. Beginnt doch das eigentliche Beten erst mit dem Zwiegespräch und der Kontemplation (s. u.).

15 *R. Faricy,* Jesus betrachten (s. o. Anm. 7). – Bei der „Unterscheidung der Geister" zwischen einer „Eindunkelung" Gottes und einer ichhaften „Trostlosigkeit" kann das Büchlein des gleichen Verfassers: Auf der Suche nach Jesus, Münsterschwarzach 1993, gute Dienste tun.

16 *Imprimatur:* Paderbornae, d. 3. m. Decembris 1987. Vic. Gen. B. Kresing. – Ein praktisch helfender Psychologe erzählte: „Wenn ich in einem Gespräch Menschen in Not den ‚Rosenkranz der Liebe' vorlege, erhellen sich oft die Gesichter." – Ein Exerzitien-

meister berichtete: „Wenn ich den ‚Rosenkranz der Liebe' erklärte, füllte schon mancher Exerzitand alle Gebetszeiten der Exerzitien damit; er benötigte keine Vorträge und Gebetsanregungen mehr." Oder: „Ein lange schon trockenes und eingedunkeltes Gebetsleben bekam wieder Licht und Wärme; es brachen neue Gebetstiefen auf." Nach Exerzitien berichtete eine Teilnehmerin: „Die Vorträge gingen nicht auf mein Problem ein; da half mir der ‚Rosenkranz der Liebe'."

II.

Die tägliche Schriftlesung das Jahr hindurch

Zwei Vorbemerkungen

1. Die Verkündigung der Apostel hatte eine Struktur, die das „Christusereignis" in all seinen Phasen ganzheitlich zur Sprache brachte und darin das „Christusgeheimnis" aufleuchten ließ. Das liturgische Herrenjahr bringt nun dieses Christusereignis und Christusgeheimnis in der Evangelienverkündigung in dieser seiner ganzheitlichen Struktur zur Darstellung.[17] Das geistliche Leben tut gut daran, im Inneren Gebet der *nachkonziliaren Leseordnung* für Wochentage zu folgen, die das Christusgeheimnis in einem Einjahreszyklus entfaltet.

Die Basis legt das *Markusevangelium* mit seinen sehr epiphanen Christuserzählungen; dieses wird in Kapitel 1-12 fortlaufend fast gänzlich gelesen von der 1. bis 9. Woche im Jahreskreis, anhebend nach Ausklang des Epiphaniefestes (mit dem Fest der Taufe Jesu, das als 1. Sonntag im Jahreskreis zählt) bis zum Beginn der österlichen Bußzeit. Die liturgische Leseordnung legt uns nahe, mit unserem „Jahr der Jesusbegegnung" hier (etwa am 13. Januar) mit der „(I.) Zeit im Kirchenjahr" zu beginnen. – Nach Pfingsten wird in den Wochen „im Jahreskreis" zunächst das *Markusevangelium* fortgeführt, das dann von der 10. bis 21. Woche vom *Matthäusevangelium,* von der 22. bis 34. Woche vom *Lukasevangelium* abgelöst wird (wobei nicht wenige synoptische Parallel-Perikopen in Kauf genommen werden müssen[18]).

Mancher wird sich wundern, daß wir unser „Jahr der Jesusbe-

gegnung" nicht mit dem 1. Adventssonntag oder („liturgischer") mit der österlichen Bußzeit am Aschermittwoch beginnen lassen. Wir „begegnen" Jesus leichter, wenn wir dem Aufriß des Markusevangeliums folgen und uns von den „Groß-Evangelien" des Matthäus und Lukas ergänzend beschenken lassen. So sind wir dann besser vorbereitet, den „Aufstieg" Jesu im Pascha-Geschehen und abschließend seinen „Abstieg" im Epiphanie-Ereignis meditativ zu feiern.
Die Evangelien der österlichen Bußzeit sind nach besonderen Gesichtspunkten ausgewählt, um den Tauf- und Bußcharakter zur Sprache zu bringen. Das *Johannesevangelium* führt uns tief in das Christusgeheimnis ein; es wird darum bevorzugt in den Festzeiten des Jahres gelesen: In der 4. und 5. Woche der österlichen Bußzeit bis in die ersten Tage der Karwoche verkündet es uns das Geheimnis der Passion Christi, das österliche Festgeheimnis dann in den „Heiligen Drei Tagen", weiter auch in der 2. bis 7. Osterwoche, das Epiphanie-Geheimnis bevorzugt vom 31. Dezember bis 12. Januar.
Die Evangelien der Advents- und Weihnachtszeit sind unter dem Gesichtspunkt des Festgeheimnisses ausgewählt, wobei neben den „Vorgeschichten" nach Mt und Lk weitere festspezifische Evangelien ausgesucht sind (wobei abermals Dubletten bzw. synoptische Parallelen oder Varianten begegnen). Es entspricht der Logik der apostolischen Verkündigung und des Kirchenjahres, wenn wir unser „Jahr der Jesusbegegnung" nach den letzten eschatologischen Sonntagen im Kirchenjahr mit der Meditation des ersten (und endzeitlichen) Kommens Christi in der Advents- und Weihnachtszeit beschließen.
Die Aufgliederung einer kursorischen Bahnlesung in Einzelperikopen folgt oft anderen Gesetzen als eine geistliche Leseordnung, die sich für das Innere Gebet geistliche Themeneinheiten wünscht. Um solche zu gewinnen (auch um Dubletten, Parallelen und Varianten – wo möglich – zu vermeiden, was nicht immer möglich war), kürzen wir nachstehend häufig die Tagesevangelien, wobei Auslassungen durch eckige Klammern [] kenntlich gemacht sind. Gerade beim Wort Gottes gilt, daß weniger manchmal mehr ist, weil das wenige besser verstehbar ist und leichter ins Gebet genommen werden kann.

2. Die Texteinheit eines jeden (gekürzten) Tagesevangeliums wird nachstehend *mit Hilfe des Jesusgebetes* aufgeschlüsselt, eine Methode, welche oben in der Anleitung S. 13-16 erläutert wurde.

Die vorliegende Aufstellung konnte auf eine reichhaltige Sammlung von Niederschriften von Schwestern und Brüdern zurückgreifen, die nach der vorstehenden „Anleitung" (S. 13 bis 16) Gebetssätze formulierten und diese mir zugänglich machten.[19]

Die Auswahl bemühte sich, bevorzugt solche Gebetssätze aufzunehmen, die sich objektiv an den Text (und den Kontext) halten; subjektiv und affektiv bestimmte Sätze sind oft geistlich tiefer durchbetet, aber dann nicht so leicht von anderen nachvollziehbar. Auch wurde solchen Gebetssätzen der Vorzug gegeben, die anbetend die Jesus-Anrede weiterführten oder vertieften, vor denen, die stärker den Erbarmensruf konkretisierten (obgleich gerade für Anfänger im Beten sich hier der leichtere Einstieg auftäte).

Vor allem muß noch einmal gesagt werden: Die hier vorgelegten Gebetssätze zu den Tagesevangelien würden vielleicht besser gar nicht veröffentlicht, weil sie von der notwendigen „Eigenarbeit" abhalten können. Sie möchten nicht mehr als ein Modell sein, das jeder Beter für sein eigenes Gebet wird ersetzen, abändern oder verbessern müssen, damit sein Jesusgebet in ureigener Weise konkretisiert wird.

Anmerkungen zu II.

17 Zur Strukturfrage der neutestamentlichen Verkündigung vgl. unseren Beitrag: Bibelwissenschaft (s. o. S. 22, Anm. 6) 21-24.

18 Die „Vorläufige Perikopenordnung für die Meßfeier an Werktagen", 1966 hrsg. im Auftrag der Deutschen Bischofskonferenz (übernommen von über 30 Bischofskonferenzen der Welt), hätte eine bessere Grundlage für unseren Versuch bieten können, schon weil dort Dubletten, synoptische Parallelen und Varianten weitgehend vermieden waren. – Dem Beter werden gewisse Wiederholungen freilich eher nützen als schaden.

19 Stellvertretend für manche Laienchristen kann hier genannt werden Frau *Elisabeth Baudisch,* Erfurt; für Theologiestudenten (vor einigen Jahren) *Johannes Schelhas,* Erfurt, von dem ein eigener kompletter Zyklus für alle Werktagsevangelien vorliegt; für Ordensschwestern *Sr. Uta Borchard,* Heiligenstadt; für Novizinnen verschiedener Ordensgemeinschaften die der *„Heiligenstädter Schulschwestern".*

1.

Die Wochen im Jahreskreis (I.)

Lesungen nach Markus
(1.-9.Woche)

Montag *Mk 1,14-15.16-20*

14Nachdem man Johannes ins Gefängnis geworfen hatte, ging
Jesus wieder nach Galiläa; er verkündete das Evangelium
Gottes 15und sprach:
Die Zeit ist erfüllt,
das Reich Gottes ist nahe.
Kehrt um,
und glaubt an das Evangelium!

16Als Jesus am See von Galiläa entlangging, sah er Simon und
Andreas, den Bruder des Simon, die auf dem See ihr Netz
auswarfen; sie waren nämlich Fischer. 17Da sagte er zu ihnen:
Kommt her, folgt mir nach! Ich werde euch zu Menschenfi-
schern machen. 18Sogleich ließen sie ihre Netze liegen und
folgten ihm.
19Als er ein Stück weiterging, sah er Jakobus, den Sohn des
Zebedäus, und seinen Bruder Johannes; sie waren im Boot
und richteten ihre Netze her. 20Sofort rief er sie, und sie
ließen ihren Vater Zebedäus mit seinen Tagelöhnern im Boot
zurück und folgten Jesus nach.

- *Du vermeldest Zeitenwende*
- *Gottes Reich steht an*
- *Glaube wirkt Umkehr*
- *Umkehren heißt dir nachfolgen*
- *Du kannst fordern, was niemand fordern darf*

Dienstag *Mk 1,21-28*

21In Kafarnaum ging Jesus am Sabbat in die Synagoge und
lehrte. 22Und die Menschen waren sehr betroffen von seiner
Lehre; denn er lehrte sie wie einer, der göttliche Vollmacht
hat, nicht wie die Schriftgelehrten.
23In ihrer Synagoge saß ein Mann, der von einem unreinen
Geist besessen war. Der begann zu schreien: 24Was haben wir
mit dir zu tun, Jesus von Nazareth? Ich weiß, wer du bist: der
Heilige Gottes. 25Da befahl ihm Jesus: Schweig und verlaß
ihn! 26Der unreine Geist zerrte den Mann hin und her und
verließ ihn mit lautem Geschrei.
27Da erschraken alle, und einer fragte den andern: Was hat
das zu bedeuten? Hier wird mit Vollmacht eine ganz neue
Lehre verkündet. Sogar die unreinen Geister gehorchen seinem Befehl. 28Und sein Ruf verbreitete sich rasch im ganzen
Gebiet von Galiläa.

- *In Kafarnaum begann dein Lehren und Wirken*
- *Du lehrtest in göttlicher Vollmacht*
- *Du bist der Heilige Gottes*
- *Die bösen Geister erschrecken vor dir*
- *Die unreinen Geister gehorchen deinem Befehl*

Mittwoch *Mk 1,[29-31]32-34.35-38[39]*

32Am Abend, als die Sonne untergegangen war, brachte man
alle Kranken und Besessenen zu Jesus. 33Die ganze Stadt war
vor der Haustür versammelt, 34und er heilte viele, die an allen
möglichen Krankheiten litten, und trieb viele Dämonen aus.
Und er verbot den Dämonen zu reden; denn sie wußten, wer
er war.

35In aller Frühe, als es noch dunkel war, stand er auf und ging
an einen einsamen Ort, um zu beten. 36Simon und seine Be-
gleiter eilten ihm nach, 37und als sie ihn fanden, sagten sie zu
ihm: Alle suchen dich. 38Er antwortete: Laßt uns anderswohin
gehen, in die benachbarten Dörfer, damit ich auch dort pre-
dige; denn dazu bin ich gekommen.

- *Du bist der Heiland Gottes*
- *Du machst gesund und frei*
- *Gottes Reich steht an in deinem Heilswirken*
- *In allem eins mit dem Vater*
- *Des Vaters Sendung war dir heilige Verpflichtung*

Donnerstag *Mk 1,40-45*

40Ein Aussätziger kam zu Jesus und bat ihn um Hilfe; er fiel
vor ihm auf die Knie und sagte: Wenn du willst, kannst du ma-
chen, daß ich rein werde. 41Jesus hatte Mitleid mit ihm; er
streckte die Hand aus, berührte ihn und sagte: Ich will es –
werde rein! 42Im gleichen Augenblick verschwand der Aus-
satz, und der Mann war rein.
43Jesus schickte ihn weg und schärfte ihm ein: 44Nimm dich in
acht! Erzähl niemand etwas davon, sondern geh, zeig dich
dem Priester und bring das Reinigungsopfer dar, das Mose
angeordnet hat. Das soll für sie ein Beweis meiner Gesetzes-
treue sein.
45Der Mann aber ging weg und erzählte bei jeder Gelegen-
heit, was geschehen war; er verbreitete die ganze Geschichte,
so daß sich Jesus in keiner Stadt mehr zeigen konnte; er hielt
sich nur noch außerhalb der Städte an einsamen Orten auf.
Dennoch kamen die Leute von überallher zu ihm.

- *Wenn du willst, kannst du mich rein machen*
- *Du scheust nicht die Berührung eines Aussätzigen*
- *Wen du berührst, der ist geheilt und im Heil*
- *Du willst kein Aufsehen*
- *Die Deinen finden dich überall*

1. Woche im Jahreskreis

Freitag *Mk 2,1-12*

1Als (Jesus) nach Kafarnaum zurückkam, wurde bekannt, daß
er wieder zu Hause war. 2Und es versammelten sich so viele
Menschen, daß nicht einmal mehr vor der Tür Platz war; und
er verkündete ihnen das Wort.
3Da brachte man einen Gelähmten zu ihm; er wurde von vier
Männern getragen. 4Weil sie ihn aber wegen der vielen Leute
nicht bis zu Jesus bringen konnten, deckten sie dort, wo Jesus
war, das Dach ab, schlugen (die Decke) durch und ließen den
Gelähmten auf einer Tragbahre durch die Öffnung hinab.
5Als Jesus ihren Glauben sah, sagte er zu dem Gelähmten:
Mein Sohn, deine Sünden sind dir vergeben!
6Einige Schriftgelehrte aber, die dort saßen, dachten im stil-
len: 7Wie kann dieser Mensch so reden? Er lästert Gott. Wer
kann Sünden vergeben außer dem einen Gott? 8Jesus er-
kannte sofort, was sie dachten, und sagte zu ihnen: Was für
Gedanken habt ihr im Herzen? 9Ist es leichter, zu dem
Gelähmten zu sagen: Deine Sünden sind dir vergeben!, oder
zu sagen: Steh auf, nimm deine Tragbahre und geh umher?
10Ihr sollt aber erkennen, daß der Menschensohn die Voll-
macht hat, hier auf der Erde Sünden zu vergeben. Und er
sagte zu dem Gelähmten: 11Ich sage dir: Steh auf, nimm deine
Tragbahre, und geh nach Hause! 12Der Mann stand sofort
auf, nahm seine Tragbahre und ging vor aller Augen weg.
Da gerieten alle außer sich; sie priesen Gott und sagten: So et-
was haben wir noch nie gesehen.

- *DAS WORT des Vaters verkündet Gottes Wort*
- *Ein findiger Glaube wird erhört*
- *Du vergibst Sünden wie Gott*
- *Du Menschen-Sohn – Sohn Gottes!*
- *Wir haben deine Herrlichkeit gesehen, voll Gnade und Wahrheit*

Samstag *Mk 2,13-14.15[16-17]*

13Jesus ging wieder hinaus an den See. Da kamen Scharen
von Menschen zu ihm, und er lehrte sie.
14Als er weiterging, sah er Levi, den Sohn des Alphäus, am
Zoll sitzen und sagte zu ihm: Folge mir nach! Da stand Levi
auf und folgte ihm.

15Und als Jesus in dessen Haus beim Essen war, aßen viele
Zöllner und Sünder zusammen mit ihm und seinen Jüngern;
denn es folgten ihm schon viele.

- *Dein Wort wirkt Umkehr und Nachfolge*
- *Du holst aus Besitz und Wohlleben*
- *Wen du gerufen hast, der kann alles verlassen*
- *Ich folge dir in deine Hauslosigkeit*
- *Du Freund der Sünder*

Montag *Mk 2,18-20[21-22]*

18Da die Jünger des Johannes und die Pharisäer zu fasten
pflegten, kamen Leute zu Jesus und sagten: Warum fasten
deine Jünger nicht, während die Jünger des Johannes und die
Jünger der Pharisäer fasten?
19Jesus antwortete ihnen:
Können denn die Hochzeitsgäste fasten,
solange der Bräutigam bei ihnen ist?
Solange der Bräutigam bei ihnen ist,
können sie nicht fasten. –
20Es werden aber Tage kommen,
da wird ihnen der Bräutigam genommen sein;
an jenem Tag werden sie fasten.

- *Als Bräutigam bist du gekommen*
- *Unsere Zeit ist Hoch-Zeit mit dir*
- *Du machst alles neu und hast den guten Wein bis zuletzt aufbewahrt*
- *Du schenkst uns Armen das Hochzeitsgewand*
- *Gestörte Hochzeit! – Du wurdest uns weggenommen*

Dienstag *Mk 2,23-24[25-26].27[28]*

23 An einem Sabbat ging (Jesus) durch die Kornfelder, und
unterwegs rissen seine Jünger Ähren ab. 24 Da sagten die
Pharisäer zu ihm: Sieh dir an, was sie tun! Das ist doch am
Sabbat verboten …
27 Und Jesus antwortete:

Der Sabbat ist für den Menschen da,
nicht der Mensch für den Sabbat.

- *Am siebten Tage ruhte Gott*
- *Die Sabbatruhe will Anteil geben an der ewigen Ruhe Gottes*
- *Gottes Gebote haben das Wohl des Menschen im Auge*
- *In deiner Gottverbundenheit war kein Platz für Gesetzlichkeit*
- *Es ward Abend, es ward Morgen – der achte Tag: der „Tag des Herrn"*

2. Woche im Jahreskreis

Mittwoch *Mk 3,1-6*

1Als (Jesus) einmal in eine Synagoge ging, saß dort ein Mann,
dessen Hand verdorrt war. 2Und sie gaben acht, ob Jesus ihn
am Sabbat heilen werde; sie suchten nämlich einen Grund zur
Anklage gegen ihn.
3Da sagte er zu dem Mann mit der verdorrten Hand: Steh auf
und stell dich in die Mitte! 4Und zu den andern sagte er: Was
ist am Sabbat erlaubt: Gutes zu tun oder Böses, ein Leben zu
retten oder es zu vernichten? Sie aber schwiegen. 5Und er sah
sie der Reihe nach an, voll Zorn und Trauer über ihr verstocktes Herz, und sagte zu dem Mann: Streck deine Hand
aus! Er streckte sie aus, und seine Hand war wieder gesund.
6Da gingen die Pharisäer hinaus und faßten zusammen mit
den Anhängern des Herodes den Beschluß, Jesus umzubringen.

- *Du warst verdächtig und wurdest umlauert*
- *Du tust das Rechte ohne Furcht*
- *Du kamst als Wohltäter und Lebensretter*
- *Den Sabbat erfülltest du mit Wohltaten*
- *Verhärtung der Herzen macht dich traurig*

Donnerstag *Mk 3,7-12*

7Jesus zog sich mit seinen Jüngern an den See zurück. Viele
Menschen aus Galiläa folgten ihm. Auch aus Judäa, 8aus Jeru-
salem und Idumäa, aus dem Gebiet jenseits des Jordan und aus der Gegend von Tyrus und Sidon kamen Scharen von Menschen zu ihm, als sie von all dem hörten, was er tat.
9Da sagte er zu seinen Jüngern, sie sollten ein Boot für ihn bereithalten, damit er von der Menge nicht erdrückt werde.
10Denn er heilte viele, so daß alle, die ein Leiden hatten, sich an ihn herandrängten, um ihn zu berühren.
11Wenn die von unreinen Geistern Besessenen ihn sahen, fielen sie vor ihm nieder und schrien: Du bist der Sohn Gottes!
12Er aber verbot ihnen streng, bekannt zu machen, wer er sei.

- *Du Hirte Israels*
- *Ganz Israel versammelt sich um seinen Messias*
- *Die mit dir in Berührung kommen, werden geheilt*
- *Du heiltest und befreitest viele, nicht alle*
- *Du bist in Wahrheit Gottes Sohn*

Freitag *Mk 3,13-19*

13Jesus stieg auf einen Berg und rief die zu sich, die er erwählt
hatte, und sie kamen zu ihm. 14Und er setzte zwölf ein, die er
bei sich haben und die er dann aussenden wollte, damit sie
predigten 15und mit seiner Vollmacht Dämonen austrieben.
16Die Zwölf, die er einsetzte, waren: Petrus – diesen Beina-
men gab er dem Simon – , 17Jakobus, der Sohn des Zebedäus,
und Johannes, der Bruder des Jakobus – ihnen gab er den
Beinamen Boanerges, das heißt Donnersöhne –, 18dazu An-
dreas, Philippus, Bartholomäus, Matthäus, Thomas, Jakobus,
der Sohn des Alphäus, Thaddäus, Simon Kananäus 19und Ju-
das Iskariot, der ihn dann verraten hat.

- *Du bist der neue Mose auf dem heiligen Berg*
- *Wem du ein Amt gibst, das bestimmst du*
- *Du prophezeist zeichenhaft die Wiederherstellung des Zwölfstämmevolkes*
- *Deine Jünger sollen von dir lernen und deine Sendung weitertragen*
- *Die unterschiedlichen Richtungen des damaligen Israel versammelst du in deinem Jüngerkreis*

Samstag *Mk 3,20-21*

20Jesus ging in ein Haus, und wieder kamen so viele Menschen zusammen, daß er und die Jünger nicht einmal mehr essen konnten.
21Als seine Angehörigen davon hörten, machten sie sich auf den Weg, um ihn mit Gewalt zurückzuholen; denn sie sagten: Er ist von Sinnen.

- *Du sammelst die Deinen in Häusern*
- *Der Andrang zu dir wird bedrückend*
- *Dein hauslos-alternatives Leben war anstößig*
- *Deine Angehörigen sind noch nicht die Deinen*
- *Dein radikales Leben für Gott und den Nächsten erschien irrsinnig*

Montag *Mk 3,22-26.27.28-29.30*

22 Schriftgelehrte, die von Jerusalem herabgekommen waren,
sagten: Er ist von Beelzebul besessen; mit Hilfe des Anführers
der Dämonen treibt er die Dämonen aus.
23 Da rief er sie zu sich und belehrte sie in Form von Gleich-
nissen:

Wie kann Satan den Satan austreiben?
24 Wenn ein Reich in sich gespalten ist,
kann es keinen Bestand haben.
25 Wenn eine Familie in sich gespalten ist,
kann sie keinen Bestand haben. –
26 Und wenn sich der Satan gegen sich selbst erhebt
und mit sich selbst im Streit liegt,
kann er keinen Bestand haben,
sondern es ist um ihn geschehen.

27 Es kann aber auch keiner in das Haus eines starken Mannes einbrechen
und ihm den Hausrat rauben,
wenn er den Mann nicht vorher fesselt;
erst dann kann er sein Haus plündern.

28 Amen, das sage ich euch:
Alle Vergehen und Lästerungen
werden den Menschen vergeben werden,
soviel sie auch lästern mögen;
29 wer aber den Heiligen Geist lästert,
der findet in Ewigkeit keine Vergebung,
sondern seine Sünde wird ewig an ihm haften.

30 Sie hatten nämlich gesagt: Er ist von einem unreinen Geist
besessen.

- *Beschuldigt, mit Satan im Bunde zu stehen*
- *Du hast die Herrschaft des Satans ins Wanken gebracht*
- *Du hast den Satan in Fesseln gelegt*
- *Die vom Bösen gefesselt sind, vermagst du zu befreien*
- *Wer das Wirken des Geistes lästerlich abtut, dem kann nicht vergeben werden*

Dienstag *Mk 3,31-35*

31 Da kamen seine Mutter und seine Brüder; sie blieben vor
dem Haus stehen und ließen ihn herausrufen. 32 Es saßen viele
Leute um ihn herum, und man sagte zu ihm: Deine Mutter
und deine Brüder stehen draußen und fragen nach dir. 33 Er
erwiderte: Wer ist meine Mutter, und wer sind meine Brüder?
34 Und er blickte auf die Menschen, die im Kreis um ihn herumsaßen, und sagte: Das hier sind meine Mutter und meine Brüder.

35 Wer den Willen Gottes erfüllt,
der ist für mich Bruder und Schwester und Mutter.

- *Dein Auftrag trennt dich von deiner Familie*
- *Du mußtest in dem sein, was deines Vaters ist*
- *Von den Deinen nicht verstanden*
- *Den Willen Gottes kann man nur bei dir erfahren*
- *Die Familie Gottes sammelt sich um dich*

Mittwoch *Mk 4,1-9[10-12.13-20]*

1Ein andermal lehrte Jesus wieder am Ufer des Sees, und sehr viele Menschen versammelten sich um ihn. Er stieg deshalb in ein Boot auf dem See und setzte sich; die Leute aber standen
am Ufer. 2Und er sprach lange zu ihnen und lehrte sie in Form von Gleichnissen.
Bei dieser Belehrung sagte er zu ihnen:
3Hört!
Ein Sämann ging aufs Feld, um zu säen.
4Als er säte, fiel ein Teil der Körner auf den Weg, und die Vögel kamen und fraßen sie.
5Ein anderer Teil fiel auf felsigen Boden, wo es nur wenig Erde gab, und ging sofort auf, weil das Erdreich nicht tief
war; 6als aber die Sonne hochstieg, wurde die Saat versengt und verdorrte, weil sie keine Wurzeln hatte.
7Wieder ein anderer Teil fiel in die Dornen, und die Dornen wuchsen und erstickten die Saat, und sie brachte keine Frucht.
8Ein anderer Teil schließlich fiel auf guten Boden und brachte Frucht; die Saat ging auf und wuchs empor und trug dreißigfach, ja sechzigfach und hundertfach.
9Und Jesus sprach:
Wer Ohren hat zum Hören, der höre!

- *Vom Wasser aus sprichst du ans Ufer – wie von jenseits*
- *Das Schiff des Petrus ist deine Lehrkanzel*
- *Du erzählst vom Mißerfolg deiner Verkündigung*
- *Der Erfolg deines Wortes bei mir steht zur Frage*
- *Der Vater wird den Mißerfolg in übergroßen Erfolg verwandeln*

Donnerstag *Mk 4,[21.22.23]24.25*

24(Jesus) sagte:
Achtet auf das, was ihr hört!
Nach dem Maß, mit dem ihr meßt und zuteilt,
wird euch zugeteilt werden,
ja, es wird euch noch mehr gegeben.

25Denn: Wer hat,
dem wird gegeben;
wer aber nicht hat,
dem wird auch noch weggenommen, was er hat.

- *Du willst, daß wir ganz Ohr sind*
- *Deine mitgeteilten Geheimnisse wollen weitergegeben werden*
- *Wer in reichem Maße weitergibt, wird in Überfluß belohnt*
- *Wer verstanden hat, lernt tiefer verstehen*
- *Wer sein Talent vergraben hat, dem wird es genommen*

Freitag *Mk 4,26-29[30-32.33-34]*

(Jesus) sagte:
26 Mit dem Reich Gottes ist es so,
wie wenn ein Mann Samen auf seinen Acker sät;
27 dann schläft er und steht wieder auf, es wird Nacht und
wird Tag, der Samen keimt und wächst, und der Mann weiß
nicht, wie. 28 Die Erde bringt von selbst ihre Frucht, zuerst
den Halm, dann die Ähre, dann das volle Korn in der Ähre.
29 Sobald aber die Frucht reif ist, legt er die Sichel an; denn
die Zeit der Ernte ist da.

- *Du säst das Wort, und der Vater läßt es wunderbar wachsen*
- *Gott tut sein Werk allein, du schaust sorglos zu*
- *Gottes Wirken läßt das Wort Frucht bringen*
- *Du erzählst vom großen Ernteerfolg Gottes*
- *Das Ende von allem ist das Heil Gottes*

3. Woche im Jahreskreis

Samstag *Mk 4,35-41*

35 Am Abend dieses Tages sagte Jesus zu seinen Jüngern: Wir
wollen ans andere Ufer hinüberfahren. 36 Sie schickten die
Leute fort und fuhren mit ihm in dem Boot, in dem er saß,
weg; einige andere Boote begleiteten ihn.
37 Plötzlich erhob sich ein heftiger Wirbelsturm, und die Wel-
len schlugen in das Boot, so daß es sich mit Wasser zu füllen
begann. 38 Er aber lag hinten im Boot auf einem Kissen und
schlief. Sie weckten ihn und riefen: Meister, kümmert es dich
nicht, daß wir zugrunde gehen? 39 Da stand er auf, drohte dem
Wind und sagte zu dem See: Schweig, sei still! Und der Wind
legte sich, und es trat völlige Stille ein.
40 Er sagte zu ihnen: Warum habt ihr solche Angst? Habt ihr
noch keinen Glauben? 41 Da ergriff sie große Furcht, und sie
sagten zueinander: Was ist das für ein Mensch, daß ihm sogar
der Wind und der See gehorchen?

- *Du schläfst im Schiff des Petrus bei heftigem Sturm*
- *Du läßt deine Kirche nicht untergehen*
- *Du erwartest von uns unglaublich viel Glauben*
- *Du gebietest den Stürmen und Wogen der Zeit*
- *Ruhe und Frieden sind Zeichen deiner Gegenwart*

4. Woche im Jahreskreis

Montag *Mk 5,1-20*

1[Jesus kam mit seinen Jüngern] an das andere Ufer des Sees,
in das Gebiet von Gerasa. 2Als er aus dem Boot stieg, lief ihm
ein Mann entgegen, der von einem unreinen Geist besessen
war. Er kam von den Grabhöhlen, 3in denen er lebte. Man
konnte ihn nicht bändigen, nicht einmal mit Fesseln. 4Schon
oft hatte man ihn an Händen und Füßen gefesselt, aber er
hatte die Ketten gesprengt und die Fesseln zerrissen; niemand
konnte ihn bezwingen. 5Bei Tag und Nacht schrie er unauf-
hörlich in den Grabhöhlen und auf den Bergen und schlug
sich mit Steinen.
6Als er Jesus von weitem sah, lief er zu ihm hin, warf sich vor
ihm nieder 7und schrie laut: Was habe ich mit dir zu tun, Je-
sus, Sohn des höchsten Gottes? Ich beschwöre dich bei Gott,
quäle mich nicht! 8Jesus hatte nämlich zu ihm gesagt: Verlaß
diesen Mann, du unreiner Geist! 9Jesus fragte ihn: Wie heißt
du? Er antwortete: Mein Name ist Legion; denn wir sind
viele. 10Und er flehte Jesus an, sie nicht aus dieser Gegend zu
verbannen.
11Nun weidete dort an einem Berghang gerade eine große
Schweineherde. 12Da baten ihn die Dämonen: Laß uns doch
in die Schweine hineinfahren. 13Jesus erlaubte es ihnen. Da
verließen die unreinen Geister den Menschen und fuhren in
die Schweine, und die Herde stürzte sich den Abhang hinab in
den See. Es waren bei zweitausend Tiere, die ertranken.
14Die Hirten flohen und erzählten alles in der Stadt und in
den Dörfern. Darauf eilten die Leute herbei, um zu sehen,
was geschehen war. 15Sie kamen zu Jesus und sahen bei ihm
den Mann, der von der Legion Dämonen besessen war. Er saß
ordentlich gekleidet da und war wieder bei Verstand. Da
fürchteten sie sich. 16Die, die alles gesehen hatten, berichte-
ten ihnen, was mit dem Besessenen und mit den Schweinen
geschehen war. 17Darauf baten die Leute Jesus, ihr Gebiet zu
verlassen.

18Als er ins Boot stieg, bat ihn der Mann, der zuvor von den
Dämonen besessen war, bei ihm bleiben zu dürfen. 19Aber Je-
sus erlaubte es ihm nicht, sondern sagte: Geh nach Hause,
und berichte deiner Familie alles, was der Herr für dich getan
und wie er Erbarmen mit dir gehabt hat. 20Da ging der Mann
weg und verkündete in der ganzen Dekapolis, was Jesus für
ihn getan hatte, und alle staunten.

- *Du kamst in die Welt der Gottesferne und Besessenheit*
- *Du heilst auch unsere Selbstzentriertheit und Selbst-Zerstörung*
- *Deine Gegenwart gibt Ruhe und Frieden*
- *Das von dir geschenkte Heil soll weiterverkündet werden*
- *Der Sohn des Höchsten bist du*

4. Woche im Jahreskreis

Dienstag *Mk 5,[21]22-24a[24b-34].35-43*

I.

22Es kam ein Synagogenvorsteher namens Jairus zu (Jesus).
Als er ihn sah, fiel er ihm zu Füßen 23und flehte ihn um Hilfe
an; er sagte: Meine Tochter liegt im Sterben. Komm und leg
ihr die Hände auf, damit sie wieder gesund wird und am Le-
ben bleibt. 24Da ging Jesus mit ihm …
35Währenddessen kamen Leute, die zum Haus des Synago-
genvorstehers gehörten, und sagten (zu Jairus): Deine Toch-
ter ist gestorben. Warum bemühst du den Meister noch län-
ger? 36Jesus, der diese Worte gehört hatte, sagte zu dem Syna-
gogenvorsteher: Sei ohne Furcht; glaube nur!
37Und er ließ keinen mitkommen außer Petrus, Jakobus und
Johannes, den Bruder des Jakobus. 38Sie gingen zum Haus
des Synagogenvorstehers.
Als Jesus den Lärm bemerkte und hörte, wie die Leute laut
weinten und jammerten, 39trat er ein und sagte zu ihnen:
Warum schreit und weint ihr? Das Kind ist nicht gestorben, es
schläft nur. 40Da lachten sie ihn aus. Er aber schickte alle hin-
aus und nahm außer seinen Begleitern nur die Eltern mit in
den Raum, in dem das Kind lag. 41Er faßte das Kind an der
Hand und sagte zu ihm: Talita kum!, das heißt übersetzt:
Mädchen, ich sage dir, steh auf! 42Sofort stand das Mädchen
auf und ging umher. Es war zwölf Jahre alt.
Die Leute gerieten außer sich vor Entsetzen. 43Doch er
schärfte ihnen ein, niemand dürfe etwas davon erfahren; dann
sagte er, man solle dem Mädchen zu essen geben.

- *Heiland, du läßt dich zu Kranken rufen*
- *Du weißt, daß der Tod nur ein Schlaf ist*
- *Toten reichst du die Hand und hilfst ihnen auf*
- *Du wolltest kein Aufsehen*
- *Die Stunde ist da, in der die Toten die Stimme Gottes hören – und leben*

Dienstag *Mk 5,[21-24a]24b-34[35-43]*

II.

24Viele Menschen folgten Jesus und drängten sich um ihn.
25Darunter war eine Frau, die schon zwölf Jahre an Blutun-
gen litt. 26Sie war von vielen Ärzten behandelt worden und
hatte dabei sehr zu leiden; ihr ganzes Vermögen hatte sie aus-
gegeben, aber es hatte ihr nichts genutzt, sondern ihr Zu-
stand war immer schlimmer geworden. 27Sie hatte von Jesus
gehört.
Nun drängte sie sich in der Menge von hinten an ihn heran
und berührte sein Gewand. 28Denn sie sagte sich: Wenn ich
auch nur sein Gewand berühre, werde ich geheilt. 29Sofort
hörte die Blutung auf, und sie spürte deutlich, daß sie von
ihrem Leiden geheilt war.
30Im selben Augenblick fühlte Jesus, daß eine Kraft von ihm
ausströmte, und er wandte sich in dem Gedränge um und
fragte: Wer hat mein Gewand berührt? 31Seine Jünger sagten
zu ihm: Du siehst doch, wie sich die Leute um dich drängen,
und da fragst du: Wer hat mich berührt? 32Er blickte umher,
um zu sehen, wer es getan hatte.
33Da kam die Frau, zitternd vor Furcht, weil sie wußte, was
mit ihr geschehen war; sie fiel vor ihm nieder und sagte ihm
die ganze Wahrheit. 34Er aber sagte zu ihr: Meine Tochter,
dein Glaube hat dir geholfen. Geh in Frieden! Du sollst von
deinem Leiden geheilt sein.

- *Große Menschenmengen umgeben dich und erwarten dein Heil*
- *Heilende Kräfte strömen von dir aus*
- *Wer auch nur dein Gewand berührt, ist geheilt*
- *Der Glaube ist es, der Heilung ermöglicht*
- *Du heilst unsere Leiden und gibst Frieden*

Mittwoch *Mk 6,1b-6a*

1Jesus ... kam in seine Heimatstadt; seine Jünger begleiteten
ihn.
2Am Sabbat lehrte er in der Synagoge. Und die vielen Men-
schen, die ihm zuhörten, staunten und sagten: Woher hat er
das alles? Was ist das für eine Weisheit, die ihm gegeben ist!
Und was sind das für Wunder, die durch ihn geschehen! 3Ist
das nicht der Zimmermann, der Sohn der Maria und der Bru-
der von Jakobus, Joses, Judas und Simon? Leben nicht seine
Schwestern hier unter uns? Und sie nahmen Anstoß an ihm
und lehnten ihn ab.
4Da sagte Jesus zu ihnen:
Nirgends hat ein Prophet so wenig Ansehen
wie in seiner Heimat,
bei seinen Verwandten und in seiner Familie.
5Und er konnte dort kein Wunder tun; nur einigen Kranken
legte er die Hände auf und heilte sie. 6Und er wunderte sich
über ihren Unglauben. Jesus zog durch die benachbarten
Dörfer und lehrte dort.

- *Du Sohn Mariens lebtest als Zimmermann in Nazaret*
- *Deine erstaunliche Weisheit war nicht zu verkennen, deine Heilungsgabe nicht zu leugnen*
- *Du galtest nichts bei den Deinen*
- *Göttliche Sendung in unserer Mitte ist anstößig*
- *Deine Heilstaten setzen Glauben voraus*

Donnerstag *Mk 6,7.8-9.10.11.12*

7(Jesus) rief die Zwölf zu sich und sandte sie aus, jeweils zwei zusammen. Er gab ihnen die Vollmacht, die unreinen Geister auszutreiben.

8Und er gebot ihnen, außer einem Wanderstab nichts auf den Weg mitzunehmen, kein Brot, keine Vorratstasche, kein Geld
im Gürtel, 9kein zweites Hemd und an den Füßen nur Sandalen.

10Und er sagte zu ihnen: Bleibt in dem Haus, in dem ihr einkehrt, bis ihr den Ort wieder verlaßt.

11Wenn man euch aber in einem Ort nicht aufnimmt und euch nicht hören will, dann geht weiter, und schüttelt den Staub von euren Füßen, zum Zeugnis gegen sie.

12Die Zwölf machten sich auf den Weg und riefen die Menschen zur Umkehr auf.

- *Deinen Sendlingen gibst du dein Wort und deine Macht*
- *Du stiftest der Welt die eschatologisch-alternative Lebensweise ein*
- *Deine Boten sollen genügsam sein*
- *Wer deine Sendlinge hört, hört dich*
- *Das Gericht droht dem, der sich der Heilsbotschaft verschließt*

Freitag *Mk 6,[14-16]17-29*

[17]Der König Herodes hatte Johannes festnehmen und ins Ge-
fängnis werfen lassen. Schuld daran war Herodias, die Frau
seines Bruders Philippus, die er geheiratet hatte. [18]Denn Jo-
hannes hatte zu Herodes gesagt: Du hattest nicht das Recht,
die Frau deines Bruders zur Frau zu nehmen. [19]Herodias ver-
zieh ihm das nicht und wollte ihn töten lassen. Sie konnte
ihren Plan aber nicht durchsetzen, [20]denn Herodes fürchtete
sich vor Johannes, weil er wußte, daß dieser ein gerechter und
heiliger Mann war. Darum schützte er ihn. Sooft er mit ihm
sprach, wurde er unruhig und ratlos, und doch hörte er ihm
gern zu.

[21]Eines Tages ergab sich für Herodias eine günstige Gelegen-
heit. An seinem Geburtstag lud Herodes seine Hofbeamten
und Offiziere zusammen mit den vornehmsten Bürgern von
Galiläa zu einem Festmahl ein. [22]Da kam die Tochter der
Herodias und tanzte, und sie gefiel dem Herodes und seinen
Gästen so sehr, daß der König zu ihr sagte: Wünsch dir, was
du willst; ich werde es dir geben. [23]Er schwor ihr sogar: Was
du auch von mir verlangst, ich werde es dir geben, und wenn
es die Hälfte meines Reiches wäre.

[24]Sie ging hinaus und fragte ihre Mutter: Was soll ich mir
wünschen? Herodias antwortete: Den Kopf des Täufers Jo-
hannes. [25]Da lief das Mädchen zum König hinein und sagte:
Ich will, daß du mir sofort auf einer Schale den Kopf des Täu-
fers Johannes bringen läßt.

26Da wurde der König sehr traurig, aber weil er vor allen Gäs-
ten einen Schwur geleistet hatte, wollte er ihren Wunsch
nicht ablehnen. 27Deshalb befahl er dem Scharfrichter, sofort
ins Gefängnis zu gehen und den Kopf des Täufers herzubrin-
gen. Der Scharfrichter ging hin und enthauptete Johannes.
28Dann brachte er den Kopf auf einer Schale, gab ihn dem
Mädchen, und das Mädchen gab ihn seiner Mutter.
29Als die Jünger des Johannes das hörten, kamen sie, holten
den Leichnam und legten ihn in ein Grab.

- *Nach dem Tod des Täufers mußtest auch du mit dem Schlimmsten rechnen*
- *Auch dich suchte Herodes zu töten*
- *Ort deiner Vollendung sollte Jerusalem werden*
- *In Jerusalem stellte Pilatus dich Herodes vor*
- *Dein Tod – unser Leben*

Samstag *Mk 6,30.31-34*

30 Die Apostel [die Jesus ausgesandt hatte] versammelten sich
wieder bei ihm und berichteten alles, was sie getan und ge-
lehrt hatten.
31 Da sagte er zu ihnen: Kommt mit an einen einsamen Ort,
wo wir allein sind, und ruht ein wenig aus. Denn sie fanden
nicht einmal Zeit zum Essen, so zahlreich waren die Leute,
die kamen und gingen. 32 Sie fuhren also mit dem Boot in eine
einsame Gegend, um allein zu sein.
33 Aber man sah sie abfahren, und viele erfuhren davon; sie
liefen zu Fuß aus allen Städten dorthin und kamen noch vor
ihnen an.
34 Als er ausstieg und die vielen Menschen sah, hatte er Mit-
leid mit ihnen; denn sie waren wie Schafe, die keine Hirten
haben. Und er lehrte sie lange.

- *Dir gebührt Rechenschaft über unser Wirken und Reden*
- *In Andrang und Bedrängnis bist du unsere Ruhe und unser Friede*
- *Mit Schutzlosen und Orientierungslosen hast du Mitleid*
- *Dein mit-leidendes Tun war nie Geschäftigkeit*
- *Du sagst Gottes Wort den Hungernden*

Montag *Mk 6,53-56*

53Jesus und seine Jünger fuhren auf das Ufer zu, kamen nach
Gennesaret und legten dort an.
54Als sie aus dem Boot stiegen, erkannte man ihn sofort.
55Die Menschen eilten durch die ganze Gegend und brachten
die Kranken auf Tragbahren zu ihm, sobald sie hörten, wo er
war. 56Und immer, wenn er in ein Dorf oder eine Stadt oder
zu einem Gehöft kam, trug man die Kranken auf die Straße
hinaus und bat ihn, er möge sie wenigstens den Saum seines
Gewandes berühren lassen.
Und alle, die ihn berührten, wurden geheilt.

- *Du kommst über den See wie von jenseits*
- *Die Deinen erkennen dich*
- *Du bist der Heiland*
- *Alle Krankheit und Not darf man vor dich bringen*
- *Wer mit dir in Berührung kommt, wird gesund*

Dienstag *Mk 7,1-2[3-4].5-8.9-13*

1Die Pharisäer und einige Schriftgelehrte, die aus Jerusalem
gekommen waren, hielten sich bei Jesus auf. 2Sie sahen, daß
einige seiner Jünger ihr Brot mit unreinen, das heißt ungewa-
schenen Händen aßen …
5Die Pharisäer und die Schriftgelehrten fragten ihn: Warum
halten sich deine Jünger nicht an die Überlieferung der Alten,
sondern essen ihr Brot mit unreinen Händen?
6Er antwortete ihnen: Der Prophet Jesaja hatte recht mit
dem, was er über euch Heuchler sagte:
„Dieses Volk ehrt mich mit den Lippen,
sein Herz aber ist weit weg von mir.
7Es ist sinnlos, wie sie mich verehren;
was sie lehren, sind Satzungen von Menschen."
8Ihr gebt Gottes Gebot preis und haltet euch an die Überlie-
ferung der Menschen.

9Und weiter sagte Jesus: Sehr geschickt setzt ihr Gottes Ge-
bot außer Kraft und haltet euch an die eigene Überlieferung.
10Mose hat zum Beispiel gesagt:
„Ehre deinen Vater und deine Mutter!",
und:
„Wer Vater und Mutter verflucht,
soll mit dem Tod bestraft werden".
11Ihr aber lehrt: Es ist erlaubt, daß einer zu seinem Vater oder
seiner Mutter sagt: Was ich dir schulde, ist Korbán, das heißt:
Opfergabe. 12Damit hindert ihr ihn daran, noch etwas für Va-
ter oder Mutter zu tun. 13So setzt ihr durch eure eigene Über-
lieferung Gottes Wort außer Kraft. Und ähnlich handelt ihr in
vielen Fällen.

- *Du bist immerdar am Busen des Vaters*
- *Nur du kannst uns Gottes Willen sagen*
- *Gottes Gebote sind dir heilig*
- *Du haßt fromme Ersatzhandlungen*
- *Du lehrst uns Gott lieben aus ganzem Herzen*

Mittwoch *Mk 7,14-15.17-19.20-23*

14 Jesus rief die Leute wieder zu sich und sagte: Hört mir alle zu und begreift, was ich euch sage:

15 Nichts, was von außen in den Menschen hineinkommt,
kann ihn unrein machen,
sondern was aus dem Menschen herauskommt,
das macht ihn unrein. [16]

17 Er verließ die Menge und ging in ein Haus. Da fragten ihn seine Jünger nach dem Sinn des rätselhaften Wortes.
18 Er antwortete ihnen: Begreift auch ihr nicht? Seht ihr nicht
ein, daß das, was von außen in den Menschen hineinkommt,
ihn nicht unrein machen kann? 19 Denn es gelangt ja nicht in
sein Herz, sondern in den Magen und wird wieder ausgeschieden.
Damit erklärte Jesus alle Speisen für rein.

20 Weiter sagte er:
Was aus dem Menschen herauskommt,
das macht ihn unrein.
21 Denn von innen, aus dem Herzen der Menschen,
kommen
die bösen Gedanken,
Unzucht, Diebstahl, Mord
22 Ehebruch, Habgier, Bosheit,
Hinterlist, Ausschweifung, Neid,
Verleumdung, Hochmut und Unvernunft. –
23 All dieses Böse kommt von innen
und macht den Menschen unrein.

- *Du bist unser einziger Lehrer*
- *Du befreitest das Gottesvolk vom levitischen Gesetz*
- *Du kennst die Selbstsucht des Menschenherzens*
- *Du entlarvst unsere ichsüchtige Habsucht, Genußsucht und Ehrsucht*
- *Was den Menschen gut scheint, ist ein Greuel vor Gott*

Donnerstag *Mk 7,24-30*

24Jesus brach auf und zog von dort in das Gebiet von Tyrus.
Er ging in ein Haus, wollte aber, daß niemand davon erfuhr;
doch es konnte nicht verborgen bleiben.
25Eine Frau, deren Tochter von einem unreinen Geist beses-
sen war, hörte von ihm; sie kam sogleich herbei und fiel ihm
zu Füßen. 26Die Frau, von Geburt Syrophönizierin, war eine
Heidin. Sie bat ihn, aus ihrer Tochter den Dämon auszu-
treiben.
27Da sagte er zu ihr: Laßt zuerst die Kinder satt werden; denn
es ist nicht recht, das Brot den Kindern wegzunehmen und
den Hunden vorzuwerfen.
28Sie erwiderte ihm: Ja, du hast recht, Herr! Aber auch für die
Hunde unter dem Tisch fällt etwas von dem Brot ab, das die
Kinder essen. Er antwortete ihr: Weil du das gesagt hast, sage
ich dir: Geh nach Hause, der Dämon hat deine Tochter ver-
lassen. 30Und als sie nach Hause kam, fand sie das Kind auf
dem Bett liegen und sah, daß der Dämon es verlassen hatte.

- *Du bist der Messias Israels*
- *Das Heil auch der Heiden ist dir ein Anliegen*
- *Du läßt dich durch Bitten bestimmen*
- *Du heilst auch aus der Ferne*
- *Die bösen Geister müssen dir gehorchen*

Freitag *Mk 7,31-37*

31Jesus verließ das Gebiet von Tyrus wieder und kam über Si-
don an den See von Galiläa, mitten in das Gebiet der Deka-
polis.
32Da brachte man einen Taubstummen zu Jesus und bat ihn,
er möge ihn berühren. 33Er nahm ihn beiseite, von der Menge
weg, legte ihm die Finger in die Ohren und berührte dann die
Zunge des Mannes mit Speichel; 34danach blickte er zum
Himmel auf, seufzte und sagte zu dem Taubstummen: Effata!,
das heißt: Öffne dich! 35Sogleich öffneten sich seine Ohren,
seine Zunge wurde von der Fessel befreit, und er konnte rich-
tig reden.
36Jesus verbot ihm, jemand davon zu erzählen. Doch je mehr
er es ihnen verbot, desto mehr machten sie es bekannt.
37Außer sich vor Staunen sagten sie: Er hat alles gut gemacht;
er macht, daß die Tauben hören und die Stummen sprechen.

- *Auch die Länder ohne Gott hast du im Blick*
- *Du hast Mitleid mit der Welt, die taub und stumm ist vor Gott*
- *Du willst uns offen*
- *Tauben gibst du das Gehör und Stummen die Sprache*
- *Wer fassungslos staunt, kann von dir reden*

5. Woche im Jahreskreis

Samstag *Mk 8,1-9[10]*

1In jenen Tagen waren wieder einmal viele Menschen um Je-
sus versammelt. Da sie nichts zu essen hatten, rief er die Jün-
ger zu sich und sagte: 2Ich habe Mitleid mit diesen Menschen;
sie sind schon drei Tage bei mir und haben nichts zu essen.
3Wenn ich sie hungrig nach Hause schicke, werden sie unter-
wegs zusammenbrechen; denn sie sind von weither gekom-
men.
4Seine Jünger antworteten ihm: Woher soll man in dieser un-
bewohnten Gegend Brot bekommen, um sie alle satt zu ma-
chen? 5Er fragte sie: Wie viele Brote habt ihr? Sie antworte-
ten: Sieben. 6Da forderte er die Leute auf, sich auf den Boden
zu setzen. Dann nahm er die sieben Brote, sprach das Dank-
gebet, brach die Brote und gab sie seinen Jüngern zum Ver-
teilen; und die Jünger teilten sie an die Leute aus. 7Sie hatten
auch noch ein paar Fische bei sich. Jesus segnete sie und ließ
auch sie austeilen.
8Die Leute aßen und wurden satt. Dann sammelte man die
übriggebliebenen Brotstücke ein, sieben Körbe voll. 9Es wa-
ren etwa viertausend Menschen beisammen. Danach schickte
er sie nach Hause.

- *Du hast Mitleid mit den Hungernden*
- *Deine Jünger sollen für Abhilfe sorgen*
- *Unter den Händen der austeilenden Jünger geschehen Wunder*
- *Du hast häufig vom Mahl der Endzeit erzählt*
- *Im eucharistischen Mahl gibst du dich selbst uns zur Speise*

6. Woche im Jahreskreis

Montag *Mk 8,11-13*

11Es kamen Pharisäer und begannen ein Streitgespräch mit
ihm; sie forderten von ihm ein Zeichen vom Himmel, um ihn
auf die Probe zu stellen.
12Da seufzte er tief auf und sagte: Was fordert diese Genera-
tion ein Zeichen? Amen, das sage ich euch: Dieser Genera-
tion wird niemals ein Zeichen gegeben werden.
13Und er verließ sie, stieg in das Boot und fuhr ans andere
Ufer.

- *Schon als Wickelkind im Futtertrog warst du ein Zeichen*
- *Du warst immer ein Zeichen des Widerspruchs*
- *Du bist uns ein Zeichen: das Brot vom Himmel*
- *Deine Auferweckung war das Jona-Zeichen*
- *Alle Welt wird das Zeichen des kommenden Menschensohnes sehen*

6. Woche im Jahreskreis

Dienstag *Mk 8,14[15].16-21*

14Die Jünger hatten vergessen, bei der Abfahrt Brote mitzu-
nehmen; nur ein einziges hatten sie dabei … 16Sie machten
sich aber Gedanken, weil sie kein Brot bei sich hatten.
17Als Jesus das merkte, sagte er zu ihnen: Was macht ihr euch
darüber Gedanken, daß ihr kein Brot habt? Begreift und ver-
steht ihr immer noch nicht? Ist denn euer Herz verstockt?
18Habt ihr denn keine Augen, um zu sehen, und keine Ohren,
um zu hören? Erinnert ihr euch nicht: 19Als ich die fünf Brote
für die Fünftausend brach, wie viele Körbe voll Brotstücke
habt ihr da aufgesammelt? Sie antworteten ihm: Zwölf. 20Und
als ich die sieben Brote für die Viertausend brach, wie viele
Körbe habt ihr da aufgesammelt? Sie antworteten: Sieben. –
Da sagte er zu ihnen: Versteht ihr immer noch nicht?

- *Mit Augen sehen, mit Ohren hören, im Herzen verstehen*
- *Fünf Brote brachst du für Fünftausend, sieben für Viertausend*
- *Die Jünger teilten und konnten überreich austeilen*
- *Du verbietest das Sorgen, nicht sorgloses Vorsorgen*
- *Die tägliche Brotbitte wird erfüllt werden*

Mittwoch *Mk 8,22-26*

22Jesus und seine Jünger kamen nach Betsaida. Da brachte man einen Blinden zu Jesus und bat ihn, er möge ihn berühren.
23Er nahm den Blinden bei der Hand, führte ihn vor das Dorf hinaus, bestrich seine Augen mit Speichel, legte ihm die Hände auf und fragte ihn: Siehst du etwas? 24Der Mann
blickte auf und sagte: Ich sehe Menschen, denn ich sehe etwas, das wie Bäume aussieht und umhergeht. 25Da legte er
ihm nochmals die Hände auf die Augen; nun sah der Mann deutlich. Er war geheilt und konnte alles ganz genau sehen.
26Jesus schickte ihn nach Hause und sagte: Geh aber nicht in das Dorf hinein!

- *Blinde nimmst du bei der Hand*
- *Du fragst mich, ob ich sehe*
- *Deine Handauflegung macht sehen*
- *Du willst, daß wir deutlich sehen und ganz genau*
- *Sehende sendest du*

Donnerstag *Mk 8,[27-30]31-33*

31Jesus begann, die Jünger darüber zu belehren, der Menschensohn müsse vieles erleiden und von den Ältesten, den Hohenpriestern und den Schriftgelehrten verworfen werden; er werde getötet, aber nach drei Tagen werde er auferstehen.
32Und er redete ganz offen darüber.
Da nahm ihn Petrus beiseite und machte ihm Vorwürfe. 33Je-
sus wandte sich um, sah seine Jünger an und wies Petrus mit den Worten zurecht: Weg mit dir, Satan, geh mir aus den Augen! Denn du hast nicht im Sinn, was Gott will, sondern was die Menschen wollen.

- *Sohn Gottes, vom Vater dahingegeben*
- *Du Menschensohn, Menschenhänden ausgeliefert*
- *Gekreuzigter Messias, Torheit und Ärgernis*
- *Die Torheit des Kreuzes – Gottes Weisheit*
- *Dahingegeben ob unserer Sünden und auferweckt zu unserer Rechtfertigung*

Freitag *Mk 8,34.35[36-37.38;9,1]*

34(Jesus) rief die Volksmenge und seine Jünger zu sich und sagte:
Wer mein Jünger sein will,
der verleugne sich selbst,
nehme sein Kreuz auf sich
und folge mir nach.

35Denn:
wer sein Leben retten will,
wird es verlieren;
wer aber sein Leben um meinetwillen
und um des Evangeliums willen verliert,
wird es retten.

- *Dich kennen heißt: sich selbst nicht mehr kennen*
- *Wer sich selbst verwirklichen will, wird sein Selbst verlieren; wer sein Selbst hingibt, wird zu sich selbst finden*
- *Du bist mein erhöhtes Selbst*
- *Du rufst mich in die Kreuzesnachfolge*
- *In deiner Nachfolge wird mein Selbst abgründig*

Samstag *Mk 9,2-8[9-13]*

2Sechs Tage [nach der Leidensweissagung] nahm Jesus Pe-
trus, Jakobus und Johannes beiseite und führte sie auf einen
hohen Berg, aber nur sie allein.
Und er wurde vor ihren Augen verwandelt; 3seine Kleider
wurden strahlend weiß, so weiß, wie sie auf Erden kein Blei-
cher machen kann. 4Da erschien vor ihren Augen Elija und
mit ihm Mose, und sie redeten mit Jesus.
5Petrus sagte zu Jesus: Rabbi, es ist gut, daß wir hier sind. Wir
wollen drei Hütten bauen, eine für dich, eine für Mose und
eine für Elija. 6Er wußte nämlich nicht, was er sagen sollte;
denn sie waren vor Furcht ganz benommen.
7Da kam eine Wolke und warf ihre Schatten auf sie, und aus
der Wolke rief eine Stimme:
Das ist mein geliebter Sohn;
auf ihn sollt ihr hören.
8Als sie dann um sich blickten, sahen sie niemand mehr bei
sich außer Jesus.

- *Die Herrlichkeit Gottes in deinem Antlitz*
- *Es ist gut, bei dir zu sein*
- *Mit dir in der Wolke Gottes*
- *Du geliebter Sohn des Vaters*
- *Dein Wort will ich hören*

7. Woche im Jahreskreis

Montag — *Mk 9,14-29*

14 Als Jesus [mit Petrus, Jakobus und Johannes] zu den ande-
ren Jüngern zurückkam, sah er eine große Menschenmenge
um sie versammelt und Schriftgelehrte, die mit ihnen stritten.
15 Sobald die Leute Jesus sahen, liefen sie in großer Erregung
auf ihn zu und begrüßten ihn.
16 Er fragte sie: Warum streitet ihr mit ihnen? 17 Einer aus der
Menge antwortete ihm: Meister, ich habe meinen Sohn zu dir
gebracht. Er ist von einem stummen Geist besessen; 18 immer
wenn der Geist ihn überfällt, wirft er ihn zu Boden, und mei-
nem Sohn tritt Schaum vor den Mund, er knirscht mit den
Zähnen und wird starr. Ich habe schon deine Jünger gebeten,
den Geist auszutreiben, aber sie hatten nicht die Kraft dazu.
19 Da sagte er zu ihnen: O du ungläubige Generation! Wie
lange muß ich noch bei euch sein? Wie lange muß ich euch
noch ertragen? Bringt ihn zu mir! 20 Und man führte ihn her-
bei.
Sobald der Geist Jesus sah, zerrte er den Jungen hin und her,
so daß er hinfiel und sich mit Schaum vor dem Mund auf dem
Boden wälzte. 21 Jesus fragte den Vater: Wie lange hat er das
schon? Der Vater antwortete: Von Kind auf; 22 oft hat er ihn
sogar ins Feuer oder ins Wasser geworfen, um ihn umzubrin-
gen. Doch wenn du kannst, hilf uns; hab Mitleid mit uns! 23 Je-
sus sagte zu ihm: Wenn du kannst? Alles kann, wer glaubt.
24 Da rief der Vater des Jungen: Ich glaube; hilf meinem Un-
glauben!
25 Als Jesus sah, daß die Leute zusammenliefen, drohte er
dem unreinen Geist und sagte: Ich befehle dir, du stummer
und tauber Geist: Verlaß ihn, und kehr nicht mehr in ihn
zurück! 26 Da zerrte der Geist den Jungen hin und her und
verließ ihn mit lautem Geschrei. Der Junge lag da wie tot, so
daß alle Leute sagten: Er ist gestorben. 27 Jesus aber faßte ihn
an der Hand und richtete ihn auf, und der Junge erhob sich.

28Als Jesus nach Hause kam und sie allein waren, fragten ihn seine Jünger: Warum konnten denn wir den Dämon nicht austreiben? 29Er antwortete ihnen: Diese Art kann nur durch Gebet ausgetrieben werden.

- *Du bist Herr über krank machende Geister*
- *Du sagst: Alles kann, wer glaubt*
- *Herr, hilf meinem Unglauben*
- *Nur du kannst Kleinglauben groß machen*
- *Nur betend kann einer das Böse besiegen*

Dienstag *Mk 9,[30-32]33-35[36-37]*

33(Jesus kam mit seinen Jüngern) nach Kafarnaum. Als er im
Haus war, fragte er sie: Worüber habt ihr unterwegs gespro-
chen? 34Sie schwiegen, denn sie hatten unterwegs miteinan-
der darüber gesprochen, wer (von ihnen) der Größte sei.
35Da setzte er sich, rief die Zwölf und sagte zu ihnen:
Wer der Erste sein will,
soll der Letzte von allen
und der Diener aller sein.

- *Du fällst hier eine kathedrale Lehrentscheidung*
- *Du gibst dem Jüngerkreis seine Grundregel*
- *Die „Karriere nach unten" hast du vorgelebt*
- *Zeig mir meinen „Letzten Platz"*
- *Du „Mensch für andere" – Diener aller*

Mittwoch *Mk 9,38-39.40*

38Damals sagte Johannes zu ihm: Meister, wir haben gesehen,
wie jemand in deinem Namen Dämonen austrieb; und wir
versuchten, ihn daran zu hindern, weil er uns nicht nachfolgt.
39Jesus erwiderte: Hindert ihn nicht!

Keiner, der in meinem Namen Wunder tut,
kann so leicht schlecht von mir reden.

40Denn:
Wer nicht gegen uns ist,
der ist für uns.

- *Wer nicht für dich ist, ist gegen dich*
- *Wer nicht gegen uns ist, ist für uns*
- *In deinem Namen geschehen Wunder – auch außerhalb der Kirche*
- *Gib uns den Blick für dein Gnadenwirken allüberall*
- *Laß uns duldsam werden*

Donnerstag *Mk 9,[41.42]43.45.47-48[49.50a-b.50c]*

[Jesus sagte zu seinen Jüngern:]
43 Wenn dich deine Hand zum Bösen verführt,
dann hau sie ab;
es ist besser für dich,
verstümmelt in das Leben zu gelangen,
als mit zwei Händen in die Hölle zu kommen,
in das nie verlöschende Feuer. [44]

45 Und wenn dich dein Fuß zum Bösen verführt,
dann hau ihn ab;
es ist besser für dich,
verstümmelt in das Leben zu gelangen,
als mit zwei Füßen in die Hölle geworfen zu werden. [46]

47 Und wenn dich dein Auge zum Bösen verführt,
dann reiß es aus;
es ist besser für dich,
einäugig in das Reich Gottes zu kommen,
als mit zwei Augen in die Hölle geworfen zu werden,
48 wo ihr Wurm nicht stirbt
und das Feuer nicht erlischt.

- *Wer dir nahe ist, ist dem Feuer nahe*
- *Du weißt um die Heiligkeit Gottes*
- *Mit der Möglichkeit ewiger Verwerfung sollen wir rechnen*
- *Gegen das inwendig Böse in mir gib du mir Entschiedenheit*
- *Gottes Wille soll mir wichtiger sein als Hand, Fuß und Augenlicht*

Freitag *Mk 10,[1]2-9.10-12*

2Es kamen Pharisäer zu Jesus und fragten: Darf ein Mann
seine Frau aus der Ehe entlassen? Damit wollten sie ihm eine
Falle stellen.
3Er antwortete ihnen: Was hat euch Mose vorgeschrieben?
4Sie sagten: Mose hat erlaubt, eine Scheidungsurkunde auszu-
stellen und (die Frau) aus der Ehe zu entlassen.
5Jesus entgegnete ihnen: Nur weil ihr so hartherzig seid, hat er
euch dieses Gebot gegeben. 6Am Anfang der Schöpfung aber
hat Gott sie als Mann und Frau geschaffen.
7Darum wird der Mann Vater und Mutter verlassen,
8und die zwei werden ein Fleisch sein.
Sie sind also nicht mehr zwei, sondern eins.
9Was aber Gott verbunden hat,
das darf der Mensch nicht trennen.

10Zu Hause fragten ihn die Jünger noch einmal darüber.
11Er antwortete ihnen:
Wer eine Frau aus der Ehe entläßt
und eine andere heiratet,
begeht ihr gegenüber Ehebruch.

12Auch eine Frau begeht Ehebruch,
wenn sie ihren Mann aus der Ehe entläßt
und einen anderen heiratet.

- *Du lehrst in der Vollmacht Gottes*
- *Selbst das Gesetz des Mose korrigierst du*
- *Du sagst, was Ordnung der Schöpfung ist*
- *Du verbotest deinen Jüngern den Scheidebrief*
- *Was Gott verbunden hat, das darf der Mensch nicht trennen*

Samstag *Mk 10,[13-14]15[16]*

[Jesus sprach:]
15 Amen, das sage ich euch:
Wer das Reich Gottes nicht so annimmt wie ein Kind,
der wird nicht hineinkommen.

- *Du transformierst den Reich-Gottes-Begriff*
- *Gottes Reich ist Geschenk, Gabe für Kinder*
- *Wer sich helfen und beschenken läßt, erlangt Gottes Heil*
- *Die Kleinen werden groß, die Hilfsbedürftigen mächtig, die Wertlosen reich*
- *Du willst leere Kinderhände*

Montag *Mk 10,[17-22]23-27*

23 Jesus sah seine Jünger an und sagte zu ihnen: Wie schwer ist
es für Menschen, die viel besitzen, in das Reich Gottes zu
kommen!
24 Die Jünger waren über seine Worte bestürzt. Jesus aber
sagte noch einmal zu ihnen: Meine Kinder, wie schwer ist es,
in das Reich Gottes zu kommen!
25 Eher geht ein Kamel durch ein Nadelöhr,
als daß ein Reicher in das Reich Gottes gelangt.
26 Sie aber erschraken noch mehr und sagten zueinander: Wer
kann dann noch gerettet werden?
27 Jesus sah sie an und sagte:
Für Menschen ist das unmöglich,
aber nicht für Gott;
denn:
für Gott ist alles möglich.

- *Unseretwegen arm geworden*
- *Mein Besitz – ein Hindernis für das Gottesreich?*
- *Nur deine Armut kann uns reich machen*
- *Bei Gott ist kein Ding unmöglich*
- *Gott kann auch Versager retten*

Dienstag *Mk 10,28-30[31]*

28Petrus sagte zu Jesus: Du weißt, wir haben alles verlassen
und sind dir nachgefolgt.
29Jesus antwortete:
Amen, ich sage euch:
Jeder, der um meinetwillen und um des Evangeliums willen
Haus oder Brüder, Schwestern,
Mutter, Vater, Kinder oder Äcker verlassen hat,
30wird das Hundertfache dafür empfangen:
Jetzt in dieser Zeit wird er
Häuser, Brüder, Schwestern,
Mütter, Kinder und Äcker erhalten
– wenn auch unter Verfolgungen –
und in der kommenden Welt das ewige Leben.

- *Nur du darfst herausrufen aus Familie und Beruf in ein hausloses Leben*
- *Wer gibt, dem wird gegeben werden*
- *Die dir folgen, sind aufgenommen in die Familie Gottes*
- *Verfolgungen ersparst du deinen Jüngern nicht*
- *Den dir Nachfolgenden verheißt du ewiges Leben*

Mittwoch *Mk 10,[32-34.35-40.41]42-44.45*

42Jesus rief (seine Jünger) zu sich und sagte: Ihr wißt, daß die, die als Herrscher gelten, ihre Völker unterdrücken und die Mächtigen ihre Macht mißbrauchen. 43Bei euch soll es aber nicht so sein, sondern:

Wer bei euch groß sein will,
der soll euer Diener sein,
44und wer bei euch der Erste sein will,
soll der Sklave aller sein.

45Denn:
auch der Menschensohn ist nicht gekommen,
um sich dienen zu lassen,
sondern um zu dienen
und sein Leben hinzugeben als Lösegeld für viele.

- *Dein Todesdienst setzt Maßstäbe*
- *Du Menschensohn-Weltenrichter – als sühnender Gottesknecht*
- *Du stürzt die Mächtigen vom Thron und erhöhst die Niedrigen*
- *Du machtest den Dienst zum Lebensgesetz der Deinen*
- *Du bist zu finden am letzten Platz*

8. Woche im Jahreskreis

Donnerstag *Mk 10,46-52*

46Sie kamen nach Jericho. Als er mit seinen Jüngern und ei-
ner großen Menschenmenge Jericho wieder verließ, saß an
der Straße ein blinder Bettler, Bartimäus, der Sohn des
Timäus. 47Sobald er hörte, daß es Jesus von Nazaret war, rief
er laut: Sohn Davids, Jesus, hab Erbarmen mit mir! 48Viele
wurden ärgerlich und befahlen ihm zu schweigen. Er aber
schrie noch viel lauter: Sohn Davids, hab Erbarmen mit mir!
49Jesus blieb stehen und sagte: Ruft ihn her! Sie riefen den
Blinden und sagten zu ihm: Hab nur Mut, steh auf, er ruft
dich. 50Da warf er seinen Mantel weg, sprang auf und lief auf
Jesus zu. 51Und Jesus fragte ihn: Was soll ich dir tun? Der
Blinde antwortete: Rabbuni, ich möchte wieder sehen kön-
nen. 52Da sagte Jesus zu ihm: Geh! Dein Glaube hat dir ge-
holfen.
Im gleichen Augenblick konnte er wieder sehen, und er folgte
Jesus auf seinem Weg.

- *Jesus, Sohn Davids, erbarme dich meiner*
- *Du rufst mich zu dir*
- *Ich bitte, mach mich sehend*
- *Ich glaube an deine Heilkraft*
- *Ich werde dir folgen auf deinem Weg*

Freitag *Mk 11,[11]12-14[15-18.19].20[21-22.23.24.25]*

12Als (Jesus mit seinen Jüngern) Betanien verließ, hatte er
Hunger. 13Da sah er von weitem einen Feigenbaum mit Blät-
tern und ging hin, um nach Früchten zu suchen. Aber er fand
an dem Baum nichts als Blätter; denn es war nicht die Zeit der
Feigenernte. 14Da sagte er zu ihm: In Ewigkeit soll niemand
mehr eine Frucht von dir essen. Und seine Jünger hörten es...
20Als sie am nächsten Morgen an dem Feigenbaum vorbeika-
men, sahen sie, daß er bis zu den Wurzeln verdorrt war.

- *Du gibst Israel warnend ein Zeichen*
- *Du hungerst nach den Früchten des Glaubens*
- *Israel, das seinen Messias ablehnt, wird seine ekklesiologische Heilsbedeutung verlieren*
- *Du weintest über Jerusalem und alle seine Bewohner*
- *Wir Christen sind gemahnt, dir treu zu bleiben und Früchte des Glaubens zu bringen*

Samstag *Mk 11,27-33*

27Jesus kam mit seinen Jüngern nach Jerusalem. Als er im
Tempel umherging, kamen die Hohenpriester, die Schriftge-
lehrten und die Ältesten zu ihm 28und fragten ihn: Mit wel-
chem Recht tust du das alles? Wer hat dir die Vollmacht gege-
ben, das zu tun?
29Jesus sagte zu ihnen: Zuerst will ich euch eine Frage vorle-
gen. Antwortet mir, dann werde ich euch sagen, mit welchem
Recht ich das tue. 30Stammte die Taufe des Johannes vom
Himmel oder von den Menschen? Antwortet mir!
31Da überlegten sie und sagten zueinander: Wenn wir antwor-
ten: Vom Himmel!, so wird er sagen: Warum habt ihr ihm
dann nicht geglaubt? 32Sollen wir also antworten: Von den
Menschen? Sie fürchteten sich aber vor den Leuten; denn alle
glaubten, daß Johannes wirklich ein Prophet war. 33Darum
sagten sie Jesus: Wir wissen es nicht.
Jesus erwiderte: Dann sage auch ich euch nicht, mit welchem
Recht ich das alles tue.

- *Die Tempelreinigung war eine Provokation*
- *Die jüdische Hierarchie fordert Rechenschaft*
- *Du kamst in der Vollmacht Gottes*
- *Du kamst nach dem letzten Propheten und warst doch vor ihm*
- *Die die Bußtaufe des Johannes ablehnten, konnten deine Sendung nicht verstehen*

Montag *Mk 12,[1-9]10-11[12]*

(Jesus sagte:) 10Habt ihr nicht das Schriftwort gelesen:
Der Stein, den die Bauleute verworfen haben,
er ist zum Eckstein geworden;
11das hat der Herr vollbracht;
vor unseren Augen geschah dieses Wunder.

- *Du wurdest verworfen und weggeworfen*
- *Als Gekreuzigter zu Gott erhöht*
- *In dir hat die Kirche ihren Halt*
- *Du bist das Haupt der Kirche*
- *Gottes Werk ist wunderbar*

Dienstag *Mk 12,13-17*

13Einige Pharisäer und einige Anhänger des Herodes wurden
zu Jesus geschickt, um ihn mit einer Frage in eine Falle zu
locken. 14Sie kamen zu ihm und sagten: Meister, wir wissen,
daß du immer die Wahrheit sagst und dabei auf niemand
Rücksicht nimmst; denn du siehst nicht auf die Person, son-
dern lehrst wirklich den Weg Gottes. Ist es erlaubt, dem Kai-
ser Steuer zu zahlen, oder nicht? Sollen wir sie zahlen oder
nicht zahlen?
15Er aber durchschaute ihre Heuchelei und sagte zu ihnen:
Warum stellt ihr mir eine Falle? Bringt mir einen Denar, ich
will ihn sehen. 16Man brachte ihm einen. Da fragte er sie:
Wessen Bild und Aufschrift ist das? Sie antworteten ihm: Des
Kaisers.
17Da sagte Jesus zu ihnen:
So gebt dem Kaiser,
was dem Kaiser gehört,
und Gott,
was Gott gehört!
Und sie waren sehr erstaunt über ihn.

- *Du lehrst in Wahrheit Gottes Wege*
- *Deine Gottverbundenheit hilft unterscheiden*
- *Gott geben, was Gott gebührt!*
- *Der zelotischen Aufstandsbewegung gibst du eine Absage*
- *Als Aufständischer wurdest du mit Aufständischen gekreuzigt*

Mittwoch *Mk 12,[18-25]26-27a[27b]*

24 (Jesus sprach zu den Sadduzäern …:) 26Daß aber die Toten
auferstehen, habt ihr das nicht im Buche des Mose gelesen, in
der Geschichte vom Dornbusch, in der Gott zu Mose spricht:
Ich bin der Gott Abrahams,
der Gott Isaaks
und der Gott Jakobs?
27Er ist doch nicht ein Gott von Toten, sondern von Lebenden.

- *Du gibst das Verständnis der Schrift*
- *Dein Gott ist der Gott der Väter*
- *Du zeigst uns den Gott der Lebenden*
- *Wer Gott kennt, wird ewig leben*
- *Wer lebt, lebt für Gott*

Donnerstag *Mk 12,[28b-31]32-34a[34b]*

32Ein Schriftgelehrter [stimmte Jesus zu]: Sehr gut, Meister!
Ganz richtig hast du gesagt:
Er allein ist der Herr,
und es gibt keinen anderen außer ihm,
33und ihn mit ganzem Herzen,
ganzem Verstand und ganzer Kraft lieben
und den Nächsten lieben wie sich selbst,
ist weit mehr als alle Brandopfer
und anderen Opfer.
34Jesus sah, daß er mit Verständnis geantwortet hatte und
sagte zu ihm: Du bist nicht fern vom Reich Gottes.

- *Du proklamierst die Ankunft des Gottesreiches*
- *Gott ist nun ein und alles*
- *Deine Gottes- und Nächstenliebe war der einzig wahre Gottesdienst*
- *Dein Kreuzesopfer setzte dem alttestamentlichen Kult ein Ende*
- *Barmherzigkeit willst du, nicht Opfer*

Freitag *Mk 12,35-37*

35 Als Jesus im Tempel lehrte, sagte er:
Wie können die Schriftgelehrten behaupten, der Messias sei
der Sohn Davids? 36 Denn David hat, vom Heiligen Geist er-
füllt, selbst gesagt:

Der Herr sprach zu meinem Herrn:
Setze dich mir zur Rechten,
und ich lege dir deine Feinde unter die Füße.

37 David selbst also nennt ihn „Herr".
Wie kann er dann Davids Sohn sein?

- *Du Herr des Himmels und der Erde*
- *Du sitzest zur Rechten des Vaters*
- *Du Haupt der Kirche und Herr der Geschichte*
- *Du Herr meines Lebens*
- *Dein Wort macht froh*

Samstag *Mk 12,38-40[41-44]*

38Jesus lehrte eine große Volksmenge und sagte:

Nehmt euch in acht vor den Schriftgelehrten!

Sie gehen gern in langen Gewändern umher,
lieben es, wenn man sie auf den Straßen und Plätzen grüßt,

39und sie wollen in der Synagoge die vordersten Sitze
und bei jedem Festmahl die Ehrenplätze haben.

40Sie bringen die Witwen um ihre Häuser
und verrichten in ihrer Scheinheiligkeit lange Gebete.

Aber um so härter wird das Urteil sein, das sie erwartet.

- *Nur du bist unser Lehrer*
- *Du entlarvst die Scheinheiligkeit*
- *Unsere Ehrsucht ist mitgemeint*
- *Wo lebe ich von der Armut der Armen?*
- *Simonie ist dir ein Greuel*

2.

Der österliche Festkreis

Österliche Bußzeit

Aschermittwoch *Mt 6,1.2-4.5-6.16-18*

1[Jesus sagte:]
Hütet euch,
eure Gerechtigkeit vor den Menschen zur Schau zu stellen;
sonst habt ihr keinen Lohn von eurem Vater im Himmel zu erwarten.

2Wenn du Almosen gibst,
laß es also nicht vor dir herposaunen,
wie es die Heuchler in den Synagogen und auf den Gassen tun,
um von den Leuten gelobt zu werden.
Amen, das sage ich euch:
Sie haben ihren Lohn bereits erhalten.
3Wenn du Almosen gibst,
soll deine linke Hand nicht wissen,
was deine rechte tut.
4Dein Almosen soll verborgen bleiben,
und dein Vater, der auch das Verborgene sieht,
wird es dir vergelten.

5Wenn ihr betet,
macht es nicht wie die Heuchler.
Sie stellen sich beim Gebet gern in die Synagogen
und an die Straßenecken,
damit sie von den Leuten gesehen werden.
Amen, das sage ich euch:
Sie haben ihren Lohn bereits erhalten.
6Du aber geh in deine Kammer, wenn du betest,
und schließ die Tür zu;
dann geh und bete zu deinem Vater, der im Verborgenen ist.
Dein Vater, der auch das Verborgene sieht,
wird es dir vergelten.

16Wenn ihr fastet,
macht kein finsteres Gesicht wie die Heuchler.
Sie geben sich ein trübseliges Aussehen,
damit die Leute merken, daß sie fasten.
Amen, das sage ich euch:
Sie haben ihren Lohn bereits erhalten.
17Du aber salbe dein Haar, wenn du fastest,
und wasche dein Gesicht,
18damit die Leute nicht merken, daß du fastest,
sondern nur dein Vater, der auch das Verborgene sieht;
und dein Vater, der das Verborgene sieht,
wird es dir vergelten.

- *Allezeit bist du vor „dem Vater im Verborgenen“*
- *Du lädst uns ein in deinen Verborgenheitsraum*
- *Du tust, was du den Vater tun siehst*
- *Von keinem Menschen nahmst du Ehre an*
- *Der Vater sieht in die Herzen*

Donnerstag nach Aschermittwoch *Lk 9,22.23[24.25]*

[Jesus sagte zu seinen Jüngern:]
22 Der Menschensohn muß vieles erleiden
und von den Ältesten, den Hohenpriestern und den Schriftgelehrten verworfen werden;
er wird getötet werden,
aber am dritten Tag wird er auferstehen.

23 Zu allen aber sagte er:
Wer mein Jünger sein will,
der verleugne sich selbst,
nehme sein Kreuz auf sich
und folge mir nach.

- *Viel mußtest du leiden: verworfen und getötet werden*
- *Dein Tod unser Leben*
- *Du rufst in die Nachfolge*
- *Dein Weg sei mein Weg*
- *Im alltäglichen Kreuz begegnest du mir*

Freitag nach Aschermittwoch *Mt 9,14-15*

14Da kamen die Jünger des Johannes zu Jesus und sagten:
Warum fasten deine Jünger nicht, während wir und die Pharisäer fasten?
15Jesus antwortete ihnen:
Können denn die Hochzeitsgäste trauern,
solange der Bräutigam bei ihnen ist?

Es werden aber Tage kommen,
da wird ihnen der Bräutigam genommen sein;
dann werden sie fasten.

- *Nun ist Hoch-Zeit, weil du da bist*
- *Wenn Hoch-Zeit, dann Freude – wenn Bußzeit, dann Buße*
- *Du bist uns genommen – Geheimnis Gottes*
- *Dein Leidensgeheimnis – mein Lebensgeheimnis*
- *Fasten als Mitleiden*

Samstag nach Aschermittwoch *Lk 5,[27-28]29.30.31*

29[Der Zöllner Levi] gab für Jesus in seinem Haus ein großes Festmahl. Viele Zöllner und andere Gäste waren mit ihnen bei Tisch.
30Da sagten die Pharisäer und ihre Schriftgelehrten voll Unwillen zu seinen Jüngern: Wie könnt ihr zusammen mit Zöllnern und Sündern essen und trinken?
31Jesus antwortete ihnen:
Nicht die Gesunden brauchen den Arzt,
sondern die Kranken.

- *Mit gesellschaftlich Geächteten hältst du Tischgemeinschaft*
- *Kranken bist du ein helfender Arzt*
- *Die Sünder rufst du zur Umkehr*
- *Sündern überbringst du die Einladung zum Freudenmahl Gottes*
- *Du revolutionierst die Gesellschaft*

Montag *Mt 25,31-46*

31Wenn der Menschensohn in seiner Herrlichkeit kommt und
alle Engel mit ihm, dann wird er sich auf den Thron seiner
Herrlichkeit setzen. 32Und alle Völker werden vor ihm zu-
sammengerufen werden, und er wird sie voneinander schei-
den, wie der Hirt die Schafe von den Böcken scheidet. 33Er
wird die Schafe zu seiner Rechten versammeln, die Böcke
aber zur Linken.
34Dann wird der König denen auf der rechten Seite sagen:
Kommt her, die ihr von meinem Vater gesegnet seid, nehmt
das Reich in Besitz, das seit der Erschaffung der Welt für
euch bestimmt ist.

35Denn ich war hungrig,
und ihr habt mir zu essen gegeben;
ich war durstig,
und ihr habt mir zu trinken gegeben;
ich war fremd und obdachlos,
und ihr habt mich aufgenommen;
36ich war nackt,
und ihr habt mir Kleidung gegeben;
ich war krank,
und ihr habt mich besucht;
ich war im Gefängnis,
und ihr seid zu mir gekommen.

37Dann werden ihm die Gerechten antworten: Herr, wann ha-
ben wir dich hungrig gesehen und dir zu essen gegeben, oder
durstig und dir zu trinken gegeben? 38Und wann haben wir
dich fremd und obdachlos gesehen und aufgenommen, oder
nackt und dir Kleidung gegeben? 39Und wann haben wir dich
krank oder im Gefängnis gesehen und sind zu dir gekommen?
40Darauf wird der König ihnen antworten:

Amen, das sage ich euch:
Was ihr für einen meiner geringsten Brüder getan habt,
das habt ihr mir getan.

41Dann wird er sich auch an die auf der linken Seite wenden
und zu ihnen sagen:
Weg von mir, ihr Verfluchten, in das ewige Feuer,
das für den Teufel und seine Engel bestimmt ist!
42Denn ich war hungrig,
und ihr habt mir nichts zu essen gegeben;
ich war durstig,
und ihr habt mir nichts zu trinken gegeben;
43ich war fremd und obdachlos,
und ihr habt mich nicht aufgenommen;
ich war nackt,
und ihr habt mir keine Kleidung gegeben;
ich war krank und im Gefängnis,
und ihr habt mich nicht besucht.
44Dann werden auch sie antworten:
Herr, wann haben wir dich hungrig oder durstig oder obdach-
los oder nackt oder krank oder im Gefängnis gesehen und ha-
ben dir nicht geholfen?
45Darauf wird er ihnen antworten:
Amen, ich sage euch:
Was ihr für einen dieser Geringsten nicht getan habt,
das habt ihr auch mir nicht getan.

46Und sie werden weggehen und die ewige Strafe erhalten,
die Gerechten aber das ewige Leben.

- *Dir ist alle Gewalt gegeben im Himmel wie auf Erden*
- *Du bist der universale Richter*
- *Du guter Hirt möchtest alle retten*
- *In jedem Leidenden begegnest du*
- *Die Notleidenden werden uns zum Schicksal*

Dienstag *Mt 6,[7-8]9a[9b].10a[10b.11-13.14-15]*

(Jesus lehrte:)
9 So sollt ihr beten:
10 Vater,
dein Reich komme.

- *Dein Bitten ist Gemeinschaft mit dem Vater*
- *Dein Kaddisch Tag für Tag: Abba, lieber Vater, es komme deine Herrschaft*
- *Gottes Vatersein offenbart sich in seiner bereichernden Herrschaft*
- *Gottes Herrschaft und Reich sind väterlich bestimmt*
- *Das Kommen des Reiches – Jesu „Ge-Schick“*

Mittwoch *Lk 11,29-30[31-32]*

29 Als immer mehr Menschen zu Jesus kamen, sagte er:
Diese Generation ist böse: Sie fordert ein Zeichen.
Aber es wird ihr kein anderes gegeben werden
als das Zeichen des Propheten Jona.

30 Denn wie Jona
für die Einwohner von Ninive ein Zeichen war,
so wird es auch der Menschensohn
für diese Generation sein.

- *Jesu ureigene Worte und Taten waren Zeichen genug*
- *Du bist mehr als ein Prophet*
- *Du bist ein Zeichen, dem widersprochen wird*
- *Dein Tod war das Zeichen aller Zeichen*
- *Am Kreuze erhöht, wurdest du uns zum Bild Gottes*

Donnerstag *Mt 7,7-8.9-11[12]*

7Bittet,
dann wird euch gegeben;
sucht,
dann werdet ihr finden;
klopft an,
dann wird euch geöffnet.

8Denn wer bittet,
der empfängt;
wer sucht,
der findet;
und wer anklopft,
dem wird geöffnet.

9Oder ist einer unter euch,
der seinem Sohn einen Stein gibt,
wenn er ihn um Brot bittet,
10oder eine Schlange,
wenn er ihn um einen Fisch bittet?

11Wenn nun schon ihr, die ihr böse seid,
euren Kindern gebt, was gut ist,
wieviel mehr wird euer Vater im Himmel
denen Gutes geben,
die ihn bitten.

- *Du allein kennst den Vater*
- *Du offenbarst uns des Vaters Güte*
- *Deine Erfahrung: Gott läßt sich bewegen*
- *Du ermunterst uns, um Gutes zu bitten*
- *Wer dich kennt, weiß schon, was gut ist*

Freitag *Mt 5,[20.21-22]23-24[25-26]*

23Wenn du deine Gabe zum Altar bringst
und dir dabei einfällt,
daß dein Bruder etwas gegen dich hat,
24so laß deine Gabe dort vor dem Altar liegen;
geh und versöhne dich zuerst mit deinem Bruder,
dann komm und opfere deine Gabe.

- *Wichtiger als Schlacht- und Brandopfer ist Liebe*
- *Deine liebende Todeshingabe ist Maßstab allen Handelns*
- *Ein gestörtes Verhältnis stört die Gottesbeziehung*
- *Erst vergeben, dann erst um Vergebung bitten*
- *Versöhnung erlaubt keinen Aufschub*

Samstag *Mt 5,43-44.45[46-47].48*

43Ihr habt gehört, daß gesagt worden ist:
Du sollst deinen Nächsten lieben
und deinen Feind hassen.
44Ich aber sage euch:
Liebt eure Feinde
und betet für die, die euch verfolgen,
45damit ihr Söhne eures Vaters im Himmel werdet;
denn er läßt seine Sonne aufgehen
über Böse und Gute,
und er läßt regnen über Gerechte und Ungerechte ...

48Ihr sollt also vollkommen sein,
wie es auch euer himmlischer Vater ist.

- *Wer auf dich hört, hört nicht, was „man" sagt*
- *Du hast gebetet für die, die dich kreuzigten*
- *Meinen Feind stellst du mir als „Nächsten" vor*
- *Du zeigst uns Gottes Art*
- *Gut wie Gott bist nur du*

Montag *Lk 6,36.37a.37b-c.38*

36 Seid barmherzig,
wie es auch euer Vater ist:

37 Richtet nicht,
dann werdet auch ihr nicht gerichtet werden.

Verurteilt nicht,
dann werdet auch ihr nicht verurteilt werden.
Erlaßt einander die Schuld,
dann wird auch euch die Schuld erlassen werden.

38 Gebt,
dann wird euch gegeben werden.
In reichem, vollem, gehäuftem, überfließendem Maß
wird man euch beschenken;
denn nach dem Maß, mit dem ihr meßt und zuteilt,
wird auch euch zugeteilt werden.

- *Du zeigst uns deinen Vater*
- *Du sprichst uns die Barmherzigkeit des Vaters zu*
- *Du richtest und verurteilst nicht, die nicht richten und verurteilen*
- *Du vergibst uns unsere Schuld, wenn wir unseren Schuldnern vergeben haben*
- *Du wirst uns unendlich großzügig zumessen, wenn wir auch nur ein klein wenig übermäßig zumessen*

Dienstag *Mt 23,1.2a[2b.3.4.5-7].8.9.10.11[12]*

1.2a Jesus sagte zu seinen Jüngern:

8 Ihr sollt euch nicht Rabbi nennen lassen,
denn nur einer ist euer Meister,
ihr aber alle seid Brüder.

9 Auch sollt ihr niemand auf Erden euren Vater nennen;
denn nur einer ist euer Vater,
der im Himmel.

10 Auch sollt ihr euch nicht Lehrer nennen lassen;
denn nur einer ist euer Lehrer,
Christus.

11 Der Größte von euch soll euer Diener sein.

- *Der Neue Bund steht an*
- *Dein Gesetz ist uns ins Herz geschrieben*
- *Wir alle sind „Gottbelehrte"*
- *Du bist unter uns der Meister und Lehrer*
- *Dein Vater allein soll unter uns „Vater" heißen*

Mittwoch *Mt 20,17a[17b-19].20-23[24-27].28*

17aJesus zog hinauf nach Jerusalem … 20Da kam die Frau des
Zebedäus mit ihren Söhnen zu Jesus und fiel vor ihm nieder,
weil sie ihn um etwas bitten wollte. 21Er fragte sie: Was willst
du? Sie antwortete: Versprich, daß meine beiden Söhne in
deinem Reich rechts und links neben dir sitzen dürfen. 22Jesus
erwiderte: Ihr wißt nicht, um was ihr bittet. Könnt ihr den
Kelch trinken, den ich trinken werde?
Sie sagten zu ihm: Wir können es. 23Da antwortete er ihnen:
Ihr werdet meinen Kelch trinken; doch den Platz zu meiner
Rechten und zu meiner Linken habe nicht ich zu vergeben;
dort werden die sitzen, für die mein Vater diese Plätze be-
stimmt hat. 28Denn:

auch der Menschensohn ist nicht gekommen,
um sich dienen zu lassen,
sondern um zu dienen
und sein Leben hinzugeben als Lösegeld für viele.

- *Du wirst herrschen in Ewigkeit*
- *Der Vater bestimmt die Plätze in deinem Reich*
- *Dein Dienstwille führte dich in den Tod*
- *Du mußtest den Leidenskelch bis zur Neige trinken*
- *Mit der Todestaufe mußtest du getauft werden*

2. Woche der Österlichen Bußzeit

Donnerstag *Lk 16,19-31*

19 Es war einmal ein reicher Mann, der sich in Purpur und fei-
nes Linnen kleidete und Tag für Tag herrlich und in Freuden
lebte. 20 Vor der Tür des Reichen aber lag ein armer Mann na-
mens Lazarus, dessen Leib voller Geschwüre war. 21 Er hätte
gern seinen Hunger mit dem gestillt, was vom Tisch des Rei-
chen herunterfiel. Statt dessen kamen die Hunde und leckten
an seinen Geschwüren.
22 Als nun der Arme starb, wurde er von den Engeln in Abra-
hams Schoß getragen. Auch der Reiche starb und wurde be-
graben. 23 In der Unterwelt, wo er qualvolle Schmerzen litt,
blickte er auf und sah von weitem Abraham, und Lazarus in
seinem Schoß. 24 Da rief er: Vater Abraham, hab Erbarmen
mit mir, und schick Lazarus zu mir; er soll wenigstens die
Spitze seines Fingers ins Wasser tauchen und mir die Zunge
kühlen, denn ich leide große Qual in diesem Feuer.
25 Abraham erwiderte: Mein Kind, denk daran, daß du schon
zu Lebzeiten deinen Anteil am Guten gehabt hast, Lazarus
aber nur Schlechtes. Jetzt wird er dafür getröstet, du aber
mußt leiden. 26 Außerdem ist zwischen uns und euch ein tie-
fer, unüberwindlicher Abgrund, so daß niemand von hier zu
euch oder von dort zu uns kommen kann, selbst wenn er
wollte.
27 Da sagte der Reiche: Dann bitte ich dich, Vater, schick ihn
in das Haus meines Vaters! 28 Denn ich habe noch fünf Brü-
der. Er soll sie warnen, damit nicht auch sie an diesen Ort der
Qual kommen. 29 Abraham aber sagte: Sie haben Mose und
die Propheten, auf die sollen sie hören. 30 Er erwiderte: Nein,
Vater Abraham, nur wenn einer von den Toten zu ihnen
kommt, werden sie umkehren. 31 Darauf sagte Abraham:
Wenn sie auf Mose und die Propheten nicht hören, werden sie
sich auch nicht überzeugen lassen, wenn einer von den Toten
aufersteht.

- *Du ergreifst Partei für die Armen*
- *Du entlarvst unsern Reichtum als Lieblosigkeit*
- *Die Reichen wirst du arm und die Armen reich machen*
- *Du enthüllst die Liebe als die Erfüllung von Gesetz und Propheten*
- *Von den Toten erstanden*

Freitag *Mt 21,33-41[42-43.45-46]*

(Jesus sprach:)
[33]Hört noch ein Gleichnis:
Es war ein Gutsbesitzer, der legte einen Weinberg an, zog
ringsherum einen Zaun, hob eine Kelter aus und baute ei-
nen Turm. Dann verpachtete er den Weinberg an Winzer
und reiste in ein anderes Land.
[34]Als nun die Erntezeit kam, schickte er seine Knechte zu
den Winzern, um seinen Anteil an den Früchten holen zu
lassen. [35]Die Winzer aber packten seine Knechte; den einen
prügelten sie, den andern brachten sie um, einen dritten
steinigten sie. [36]Darauf schickte er andere Knechte, mehr
als das erstemal; mit ihnen machten sie es genauso.
[37]Zuletzt sandte er seinen Sohn zu ihnen; denn er dachte:
Vor meinem Sohn werden sie Achtung haben. [38]Als die
Winzer den Sohn sahen, sagten sie zueinander: Das ist der
Erbe. Auf, wir wollen ihn töten, damit wir seinen Besitz er-
ben. [39]Und sie packten ihn, warfen ihn aus dem Weinberg
hinaus und brachten ihn um.
[40]Wenn nun der Besitzer des Weinbergs kommt: Was wird
er mit solchen Winzern tun? Sie sagten zu ihm: Er wird die-
sen bösen Menschen ein böses Ende bereiten und den
Weinberg an andere Winzer verpachten, die ihm ihre
Früchte abliefern, wenn es Zeit dafür ist.

- *Du Sohn und Erbe des Weinbergs Gottes*
- *Vom Vater in seinen Weinberg gesandt*
- *Im Weinberg Gottes umgebracht*
- *Du der Weinstock – wir die Reben*
- *Wer in dir bleibt, bringt viele Frucht*

2. Woche der Österlichen Bußzeit

Samstag *Lk 15,1-3.11-32*

1Alle Zöllner und Sünder kamen zu ihm, um ihn zu hören.
2DiePharisäer und die Schriftgelehrten empörten sich dar-
über und sagten: Er gibt sich mit Sündern ab und ißt sogar mit
ihnen.
3Da erzählte er ihnen ein Gleichnis und sagte:
11Ein Mann hatte zwei Söhne. 12Der Jüngere von ihnen
sagte zu seinem Vater: Vater, gib mir das Erbteil, das mir
zusteht. Da teilte der Vater das Vermögen auf. 13Nach we-
nigen Tagen packte der jüngere Sohn alles zusammen und
zog in ein fernes Land. Dort führte er ein zügelloses Leben
und verschleuderte sein Vermögen.
14Als er alles durchgebracht hatte, kam eine große Hun-
gersnot über das Land, und es ging ihm sehr schlecht. 15Da
ging er zu einem Bürger des Landes und drängte sich ihm
auf; der schickte ihn aufs Feld zum Schweinehüten. 16Er
hätte gern seinen Hunger mit den Futterschoten gestillt,
die die Schweine fraßen; aber niemand gab ihm davon.
17Da ging er in sich und sagte: Wie viele Tagelöhner mei-
nes Vaters haben mehr als genug zu essen, und ich komme
hier vor Hunger um. 18Ich will aufbrechen und zu meinem
Vater gehen und zu ihm sagen: Vater, ich habe mich gegen
den Himmel und gegen dich versündigt. 19Ich bin nicht
mehr wert, dein Sohn zu sein; mach mich zu einem deiner
Tagelöhner.
20Dann brach er auf und ging zu seinem Vater. Der Vater
sah ihn schon von weitem kommen, und er hatte Mitleid
mit ihm. Er lief dem Sohn entgegen, fiel ihm um den Hals
und küßte ihn. 21Da sagte der Sohn: Vater, ich habe mich
gegen den Himmel und gegen dich versündigt; ich bin nicht
mehr wert, dein Sohn zu sein. 22Der Vater aber sagte zu sei-
nen Knechten: Holt schnell das beste Gewand, steckt ihm
einen Ring an die Hand, und zieht ihm Schuhe an. 23Bringt
das Mastkalb her, und schlachtet es; wir wollen essen und
fröhlich sein. 24Denn mein Sohn war tot und lebt wieder; er
war verloren und ist wiedergefunden worden. Und sie be-
gannen, ein fröhliches Fest zu feiern.

25Sein älterer Sohn war unterdessen auf dem Feld. Als er
heimging und in die Nähe des Hauses kam, hörte er Musik
und Tanz. 26Da rief er einen der Knechte und fragte, was

das bedeuten solle. 27Der Knecht antwortete: Dein Bruder
ist gekommen, und dein Vater hat das Mastkalb schlachten
lassen, weil er ihn heil und gesund wiederbekommen hat.
28Da wurde er zornig und wollte nicht hineingehen. Sein
Vater aber kam heraus und redete ihm gut zu. 29Doch er er-
widerte dem Vater: So viele Jahre schon diene ich dir, und
nie habe ich gegen deinen Willen gehandelt; mir aber hast
du nie auch nur einen Ziegenbock geschenkt, damit ich mit
meinen Freunden ein Fest feiern konnte. 30Kaum aber ist
der hier gekommen, dein Sohn, der dein Vermögen mit
Dirnen durchgebracht hat, da hast du für ihn das Mastkalb
geschlachtet. 31Der Vater antwortete ihm: Mein Kind, du
bist immer bei mir, und alles, was mein ist, ist auch dein.
32Aber jetzt müssen wir uns doch freuen und ein Fest fei-
ern; denn dein Bruder war tot und lebt wieder; er war verlo-
ren und ist wiedergefunden worden.

- *Dein Verhalten ist anstößig*
- *Deine Zuwendung zu den Sündern demonstriert des Vaters Vergebungsfreude*
- *Des Vaters Verhalten erscheint ungerecht*
- *Deine Botschaft macht das Leben zu einem Fest*
- *Du rufst uns zur Mitfreude*

Montag *Lk 4,24-30*

24 Jesus sagte (in der Synagoge zu Nazaret):
Amen, das sage ich euch:
Kein Prophet wird in seiner Heimat anerkannt.

25 Wahrhaftig, das sage ich euch:
In Israel gab es viele Witwen in den Tagen des Elija, als der Himmel für drei Jahre und sechs Monate verschlossen war und eine große Hungersnot über das ganze Land kam.
26 Aber zu keiner von ihnen wurde Elija gesandt, nur zu einer Witwe in Sarepta bei Sidon.
27 Und viele Aussätzige gab es in Israel zur Zeit des Propheten Elischa. Aber keiner von ihnen wurde geheilt, nur der Syrer Naaman.

28 Als die Leute in der Synagoge das hörten, gerieten sie alle
in Wut. 29 Sie sprangen auf und trieben Jesus zur Stadt hinaus;
sie brachten ihn an den Abhang des Berges, auf dem ihre
Stadt erbaut war, und wollten ihn hinabstürzen. 30 Er aber
schritt mitten durch die Menge hindurch und ging weg.

- *Du erlittest das Schicksal aller Propheten*
- *Israel stößt den Messias aus*
- *Gesandt zu den Armen*
- *Du Heiland der Heiden*
- *Du gehst den dir bestimmten Weg*

3. Woche der Österlichen Bußzeit

Dienstag *Mt 18,[21-22]23-35*

(Jesus sagte:)
23Mit dem Himmelreich ist es wie mit einem König, der be-
schloß, von seinen Dienern Rechenschaft zu verlangen. 24Als
er nun mit der Abrechnung begann, brachte man einen zu
ihm, der ihm zehntausend Talente schuldig war. 25Weil er
aber das Geld nicht zurückzahlen konnte, befahl der Herr, ihn
mit Frau und Kindern und allem, was er besaß, zu verkaufen
und so die Schuld zu begleichen. 26Da fiel der Diener vor ihm
auf die Knie und bat: Hab Geduld mit mir! Ich werde dir alles
zurückzahlen. 27Der Herr hatte Mitleid mit dem Diener, ließ
ihn gehen und schenkte ihm die Schuld.
28Als nun der Diener hinausging, traf er einen anderen Die-
ner seines Herrn, der ihm hundert Denare schuldig war. Er
packte ihn, würgte ihn und rief: Bezahl, was du mir schuldig
bist! 29Da fiel der andere vor ihm nieder und flehte: Hab Ge-
duld mit mir! Ich werde es dir zurückzahlen. 30Er aber wollte
nicht, sondern ging weg und ließ ihn ins Gefängnis werfen, bis
er die Schuld bezahlt habe.
31Als die übrigen Diener das sahen, waren sie sehr betrübt;
sie gingen zu ihrem Herrn und berichteten ihm alles, was ge-
schehen war. 32Da ließ ihn sein Herr rufen und sagte zu ihm:
Du elender Diener! Deine ganze Schuld habe ich dir erlassen,
weil du mich so angefleht hast. 33Hättest nicht auch du mit je-
nem, der gemeinsam mit dir in meinem Dienst steht, Erbar-
men haben müssen, so wie ich mit dir Erbarmen hatte? 34Und
in seinem Zorn übergab ihn der Herr den Folterknechten, bis
er die ganze Schuld bezahlt habe.
35Ebenso wird mein himmlischer Vater jeden von euch be-
handeln, der seinem Bruder nicht von ganzem Herzen ver-
gibt.

- *Unermeßliche Schuld ist mir vergeben*
- *Freude und Vergebungswille müßten maßlos sein*
- *Ich elender Knecht habe meinen Schuldnern nicht vergeben*
- *Du hast noch deinen Henkern vergeben*
- *Daß du vergeben hast, möge meine Rettung sein*

Mittwoch *Mt 5,17.18[19]*

17Denkt nicht, ich sei gekommen,
um das Gesetz und die Propheten aufzuheben.
Ich bin nicht gekommen, um aufzuheben,
sondern um zu erfüllen.

18Amen, das sage ich euch:
Bis Himmel und Erde vergehen,
wird auch nicht der kleinste Buchstabe des Gesetzes vergehen,
bevor nicht alles geschehen ist.

- *Du bist von weit her gekommen*
- *Du kommst als der, der da kommen soll*
- *Alle Verheißungen finden in dir ihre Erfüllung*
- *Deine Worte sind Geist und Leben*
- *Du wirst die Gestalt dieser Welt verwandeln*

Donnerstag *Lk 11,14-15.16.17a[17b-18].19-20[21-22.23]*

14Jesus trieb einen Dämon aus, der stumm war. Als der Dä-
mon den Stummen verlassen hatte, konnte der Mann reden.
Alle Leute staunten. 15Einige von ihnen aber sagten: Mit
Hilfe von Beelzebul, dem Anführer der Dämonen, treibt er
die Dämonen aus.

16Andere wollten ihn auf die Probe stellen und forderten von
ihm ein Zeichen vom Himmel.
17Doch er wußte, was sie dachten, und sagte zu ihnen: …
19Wenn ich die Dämonen durch Beelzebul austreibe,
durch wen treiben dann eure Anhänger sie aus?
Sie selbst also sprechen euch das Urteil.
20Wenn ich aber die Dämonen durch den Finger Gottes austreibe,
dann ist doch das Reich Gottes schon zu euch gekommen.

- *Du bist uns ein Zeichen vom Himmel*
- *Satan hast du besiegt, den Herrn dieser Welt*
- *In der Macht Gottes treibst du die Dämonen aus*
- *Gottes Reich wirkt schon in deinem Wirken*
- *Wer dir nahe ist, ist dem Reich nahe*

Freitag *Mk 12,28b-34*

28[Ein Schriftgelehrter kam zu Jesus und fragte:] Welches Gebot ist das erste von allen?

29Jesus antwortete:
Das erste ist:
Höre, Israel,
der Herr, unser Gott, ist der einzige Herr.
30Darum sollst du den Herrn, deinen Gott, lieben
mit ganzem Herzen
und ganzer Seele,
mit all deinen Gedanken
und all deiner Kraft.

31Als zweites kommt hinzu:
Du sollst deinen Nächsten lieben wie dich selbst.
Kein anderes Gebot ist größer als diese beiden.

32Da sagte der Schriftgelehrte zu ihm: Sehr gut, Meister!
Ganz richtig hast du gesagt: Er allein ist der Herr, und es
gibt keinen anderen außer ihm, 33und ihn mit ganzem Her-
zen, ganzem Verstand und ganzer Kraft zu lieben und den
Nächsten zu lieben wie sich selbst, ist weit mehr als alle
Brandopfer und anderen Opfer.

34Jesus sah, daß er mit Verständnis geantwortet hatte, und sagte zu ihm: Du bist nicht fern vom Reich Gottes. Und keiner wagte mehr, Jesus eine Frage zu stellen.

- *Gott allein – der Herr meines Lebens*
- *Mit ganzer Kraft hast nur du Gott geliebt*
- *Deinen Nächsten wie dich selbst liebtest nur du*
- *Deine selbstlose Liebe – das einzig wahre Opfer*
- *Dein Tod – unser Leben*

Samstag *Lk 18,[9]10-14a[14b]*

10Zwei Männer gingen zum Tempel hinauf, um zu beten; der
eine war ein Pharisäer, der andere ein Zöllner.
11Der Pharisäer stellte sich hin und sprach leise dieses Gebet:
Gott, ich danke dir, daß ich nicht wie die anderen Menschen
bin, die Räuber, Betrüger, Ehebrecher oder auch wie dieser
Zöllner dort. 12Ich faste zweimal in der Woche und gebe dem
Tempel den zehnten Teil meines ganzen Einkommens.
13Der Zöllner aber blieb ganz hinten stehen und wagte nicht
einmal, seine Augen zum Himmel zu erheben, sondern schlug
sich an die Brust und betete: Gott, sei mir Sünder gnädig!
14Ich sage euch: Dieser kehrte als Gerechter nach Hause
zurück, der andere nicht.

- *Du sagst uns, wie Gott denkt*
- *Die Verachteten sind deine Freunde*
- *Eigengerechtigkeit ist ein Greuel vor Gott*
- *Wer um seine Sündhaftigkeit weiß, hat Chancen vor Gott*
- *„Gott, sei mir gnädig – mir Sünder“*

Montag *Joh 4,[43-46a]46b-53[54]*

46bIn Kafarnaum lebte ein königlicher Beamter, dessen Sohn
war krank. 47Als er hörte, daß Jesus von Judäa nach Galiläa
gekommen war, suchte er ihn auf und bat ihn, herabzukom-
men und seinen Sohn zu heilen; denn er lag im Sterben.
48Da sagte Jesus zu ihm: Wenn ihr nicht Zeichen und Wunder
seht, glaubt ihr nicht. 49Der Beamte bat ihn: Herr, komm
herab, ehe mein Kind stirbt. 50Jesus erwiderte ihm: Geh, dein
Sohn lebt! Der Mann glaubte dem Wort, das Jesus zu ihm ge-
sagt hatte, und machte sich auf den Weg.
51Noch während er unterwegs war, kamen ihm seine Diener
entgegen und sagten: Dein Junge lebt. 52Da fragte er sie ge-
nau nach der Stunde, in der die Besserung eingetreten war.
Sie antworteten ihm: Gestern in der siebten Stunde ist das
Fieber von ihm gewichen. 53Da erkannte der Vater, daß es ge-
nau zu der Stunde war, als Jesus zu ihm gesagt hatte: Dein
Sohn lebt. Und er wurde gläubig mit seinem ganzen Haus.

- *Du Zeichen Gottes für die Welt*
- *Gottes Zeichen erwartet Glauben*
- *Wer glaubt, wird leben*
- *Dein Wort wirkt, was es sagt*
- *Du wirkst auch von weit weg*

Dienstag *Joh 5,1-3a.5-9a.9b-16*

1 Es war ein Fest der Juden, und Jesus ging hinauf nach Jeru-
salem. 2In Jerusalem gibt es beim Schaftor einen Teich, zu
dem fünf Säulenhallen gehören; dieser Teich heißt auf hebrä-
isch Betesda. 3In diesen Hallen lagen viele Kranke, darunter
Blinde, Lahme und Verkrüppelte. [3b.4]
5Dort lag auch ein Mann, der schon achtunddreißig Jahre
krank war.
6Als Jesus ihn dort liegen sah und erkannte, daß er schon
lange krank war, fragte er ihn: Willst du gesund werden? 7Der
Kranke antwortete ihm: Herr, ich habe keinen Menschen, der
mich, sobald das Wasser aufwallt, in den Teich trägt.
Während ich mich hinschleppe, steigt schon ein anderer vor
mir hinein. 8Da sagte Jesus zu ihm: Steh auf, nimm deine
Bahre und geh! 9Sofort wurde der Mann gesund, nahm seine
Bahre und ging.
Dieser Tag aber war ein Sabbat. 10Da sagten die Juden zu
dem Geheilten: Es ist Sabbat, du darfst deine Bahre nicht tra-
gen. 11Er erwiderte: Der Mann, der mich gesund gemacht hat,
sagte zu mir: Nimm deine Bahre und geh! 12Sie fragten ihn:
Wer ist das denn, der zu dir gesagt hat: Nimm deine Bahre
und geh? 13Der Geheilte wußte aber nicht, wer es war. Jesus
nämlich war weggegangen, weil sich dort eine große Men-
schenmenge angesammelt hatte.
14Später traf ihn Jesus im Tempel und sagte zu ihm: Jetzt bist
du gesund; sündige nicht mehr, damit dir nicht Schlimmeres
zustößt. 15Der Mann ging fort und teilte den Juden mit, daß es
Jesus war, der ihn gesund gemacht hatte.
16Daraufhin verfolgten die Juden Jesus, weil er das an einem
Sabbat getan hatte.

- *Du weißt, wie es um uns steht*
- *Du willst uns gesund an Leib und Seele*
- *Du möchtest nicht nur heilen, sondern Heil bringen*
- *Du hilfst auch denen, die dich nicht kennen*
- *Laß uns nicht undankbar sein*

Mittwoch *Joh 5,17-18.19-27a[27b-29].30*

17Jesus entgegnete den Juden [in Kafarnaum]: Mein Vater ist
noch immer am Werk, und auch ich bin am Werk. 18Darum
waren die Juden noch mehr darauf aus, ihn zu töten, weil er
nicht nur den Sabbat brach, sondern auch Gott seinen Vater
nannte und sich damit Gott gleichstellte.

19Jesus aber sagte zu ihnen: Amen, amen, ich sage euch: Der
Sohn kann nichts von sich aus tun, sondern nur, wenn er den
Vater etwas tun sieht. Was nämlich der Vater tut, das tut in
gleicher Weise auch der Sohn. 20Denn der Vater liebt den
Sohn und zeigt ihm alles, was er tut, und noch größere Werke
wird er ihm zeigen, so daß ihr staunen werdet.
21Denn wie der Vater die Toten auferweckt und lebendig
macht, so macht auch der Sohn lebendig, wen er will.
22Auch richtet der Vater niemand, sondern er hat das Gericht
ganz dem Sohn übertragen, 23damit alle den Sohn ehren, wie
sie den Vater ehren. Wer den Sohn nicht ehrt, ehrt auch den
Vater nicht, der ihn gesandt hat.
24Amen, amen, ich sage euch: Wer mein Wort hört und dem
glaubt, der mich gesandt hat, hat das ewige Leben; er kommt
nicht ins Gericht, sondern ist aus dem Tod ins Leben hinüber-
gegangen.
25Amen, amen, ich sage euch: Die Stunde kommt, und sie ist
schon da, in der die Toten die Stimme des Sohnes Gottes
hören werden; und alle, die sie hören, werden leben. 26Denn
wie der Vater das Leben in sich hat, so hat er auch dem Sohn
gegeben, das Leben in sich zu haben. 27Und er hat ihm Voll-
macht gegeben, Gericht zu halten …

30Von mir selbst aus kann ich nichts tun; ich richte, wie ich es
(vom Vater) höre, und mein Gericht ist gerecht, weil es mir
nicht um meinen Willen geht, sondern um den Willen dessen,
der mich gesandt hat.

- *Gottgleich nennst du Gott deinen Vater*
- *In steter Wirkeinheit mit dem Vater*
- *Du kannst nur tun, was du den Vater tun siehst*
- *Du hast das Leben in dir selbst*
- *Wir hören deine Stimme, die uns zum Leben erweckt*

Donnerstag *Joh 5,31-32[33-35].36-38.39-47*

(Jesus sagte zu den Juden:)
31Wenn ich über mich selbst als Zeuge aussage, ist mein
Zeugnis nicht gültig; 32ein anderer ist es, der über mich als
Zeuge aussagt, und ich weiß: Das Zeugnis, das er über mich
ablegt, ist gültig …
36Ich aber habe ein gewichtigeres Zeugnis als das des Johan-
nes: Die Werke, die mein Vater mir übertragen hat, damit ich
sie zu Ende führe, diese Werke, die ich vollbringe, legen
Zeugnis dafür ab, daß mich der Vater gesandt hat. 37Auch der
Vater selbst, der mich gesandt hat, hat über mich Zeugnis ab-
gelegt. Ihr habt weder seine Stimme gehört noch seine Gestalt
je gesehen, 38und auch sein Wort bleibt nicht in euch, weil ihr
dem nicht glaubt, den er gesandt hat.
39Ihr erforscht die Schriften, weil ihr meint, in ihnen das
ewige Leben zu haben; gerade sie legen Zeugnis über mich
ab. 40Und doch wollt ihr nicht zu mir kommen, um das Leben
zu haben.
41Meine Ehre empfange ich nicht von Menschen. 42Ich habe
erkannt, daß ihr die Liebe zu Gott nicht in euch habt. 43Ich
bin im Namen meines Vaters gekommen, und doch lehnt ihr
mich ab. Wenn aber ein anderer in seinem eigenen Namen
kommt, dann werdet ihr ihn anerkennen. 44Wie könnt ihr
zum Glauben kommen, wenn ihr eure Ehre voneinander
empfangt, nicht aber die Ehre sucht, die von dem einen Gott
kommt?
45Denkt nicht, daß ich euch beim Vater anklagen werde;
Mose klagt euch an, auf den ihr eure Hoffnung gesetzt habt.
46Wenn ihr Mose glauben würdet, müßtet ihr auch mir glau-
ben; denn über mich hat er geschrieben. 47Wenn ihr aber sei-
nen Schriften nicht glaubt, wie könnt ihr meinen Worten glau-
ben?

- *Du bist im Namen deines Vaters gekommen*
- *Der Vater hat für dich Zeugnis abgelegt*
- *Du sagst uns das Wort des Vaters*
- *Unser eigenwilliges Geltungsbedürfnis macht blind und taub für dich*
- *Wer zu dir kommt, hat das Leben*

Freitag *Joh 7,1-2.10.25-30*

1Jesus zog in Galiläa umher; denn er wollte sich nicht in Judäa
aufhalten, weil die Juden darauf aus waren, ihn zu töten. 2Das
Laubhüttenfest der Juden war nahe.
10Als aber seine Brüder zum Fest hinaufgegangen waren, zog
auch er hinauf, jedoch nicht öffentlich, sondern heimlich.
25Da sagten einige Leute aus Jerusalem: Ist das nicht der, den
sie töten wollen? 26Und doch redet er in aller Öffentlichkeit,
und man läßt ihn gewähren. Sollte der Hohe Rat wirklich er-
kannt haben, daß er der Messias ist? 27Aber von dem hier wis-
sen wir, woher er stammt; wenn jedoch der Messias kommt,
weiß niemand, woher er stammt.
28Während Jesus im Tempel lehrte, rief er: Ihr kennt mich
und wißt, woher ich bin; aber ich bin nicht in meinem eigenen
Namen gekommen, sondern er, der mich gesandt hat, bürgt
für die Wahrheit. Ihr kennt ihn nur nicht. 29Ich kenne ihn,
weil ich von ihm komme und weil er mich gesandt hat.
30Da wollten sie ihn festnehmen; aber keiner wagte ihn anzu-
fassen, denn seine Stunde war noch nicht gekommen.

- *Du offenbarst dich lehrend selbst*
- *Du weißt dich vom Vater gesandt*
- *Du bist nicht von dir aus gekommen*
- *Nur du kennst den Vater, von dem du kommst*
- *Dein Zeugnis hat dich das Leben gekostet*

Samstag *Joh 7,40-53*

40Einige aus dem Volk sagten, als sie die Worte Jesu hörten:
Er ist wahrhaftig der Prophet. 41Andere sagten: Kommt denn
der Messias aus Galiläa? 42Sagt nicht die Schrift: Der Messias
kommt aus dem Geschlecht Davids und aus dem Dorf Betle-
hem, wo David lebte? 43So entstand seinetwegen eine Spal-
tung in der Menge. 44Einige von ihnen wollten ihn festneh-
men; aber keiner wagte ihn anzufassen.
45Als die Gerichtsdiener zu den Hohenpriestern und den Pha-
risäern zurückkamen, fragten diese: Warum habt ihr ihn nicht
hergebracht? 46Die Gerichtsdiener antworteten: Noch nie hat
ein Mensch so gesprochen. 47Da entgegneten ihnen die Phari-
säer: Habt auch ihr euch in die Irre führen lassen? 48Ist etwa
einer vom Hohen Rat oder von den Pharisäern zum Glauben
an ihn gekommen? 49Dieses Volk jedoch, das vom Gesetz
nichts versteht, verflucht ist es.
50Nikodemus aber, einer aus ihren eigenen Reihen, der früher
einmal Jesus aufgesucht hatte, sagte zu ihnen: 51Verurteilt
etwa unser Gesetz einen Menschen, bevor man ihn verhört
und festgestellt hat, was er tut? 52Sie erwiderten ihm: Bist du
vielleicht auch aus Galiläa? Lies doch nach: Der Prophet
kommt nicht aus Galiläa.
53Dann gingen alle nach Hause.

- *Mehr als ein Prophet bist du*
- *Mehr als der Messias bist du*
- *Du bist der Sohn Davids*
- *Noch nie hat ein Mensch gesprochen wie du*
- *Du bist überwältigend du selbst*

5. Woche der Österlichen Bußzeit

Montag *Joh 8,1-11*

1 Jesus ging zum Ölberg. 2 Am frühen Morgen begab er sich
wieder in den Tempel. Alles Volk kam zu ihm. Er setzte sich
und lehrte es.
3 Da brachten die Schriftgelehrten und Pharisäer eine Frau,
die beim Ehebruch ertappt worden war. Sie stellten sie in die
Mitte 4 und sagten zu ihm: Meister, diese Frau wurde beim
Ehebruch auf frischer Tat ertappt. 5 Mose hat uns im Gesetz
vorgeschrieben, solche Frauen zu steinigen. Nun, was sagst
du? 6 Mit dieser Frage wollten sie ihn auf die Probe stellen, um
einen Grund zu haben, ihn zu verklagen. Jesus aber bückte
sich und schrieb mit dem Finger auf die Erde. 7 Als sie hart-
näckig weiterfragten, richtete er sich auf und sagte zu ihnen:
Wer von euch ohne Sünde ist, werfe als erster einen Stein auf
sie. 8 Und er bückte sich wieder und schrieb auf die Erde.
9 Als sie seine Antwort gehört hatten, ging einer nach dem an-
dern fort, zuerst die Ältesten. Jesus blieb allein zurück mit der
Frau, die noch in der Mitte stand. 10 Er richtete sich auf und
sagte zu ihr: Frau, wo sind sie geblieben? Hat dich keiner ver-
urteilt? 11 Sie antwortete: Keiner, Herr. Da sagte Jesus zu ihr:
Auch ich verurteile dich nicht. Geh und sündige von jetzt an
nicht mehr.

- *Ohne Sünde bin ich nicht*
- *Auf niemand darf ich Steine werfen*
- *Du verurteilst niemand – auch mich nicht*
- *Ich will die Sünde hassen, die Sünder lieben*
- *Dein Verhalten und Wort: Quelle sittlichen Erkennens*

Dienstag *Joh 8,21-30*

21Jesus … sagte zu ihnen: Ich gehe fort, und ihr werdet mich
suchen, und ihr werdet in eurer Sünde sterben. Wohin ich
gehe, dorthin könnt ihr nicht gelangen. 22Da sagten die Juden:
Will er sich etwa umbringen? Warum sagt er sonst: Wohin ich
gehe, dorthin könnt ihr nicht gelangen?
23Er sagte zu ihnen: Ihr stammt von unten, ich stamme von
oben; ihr seid aus dieser Welt, ich bin nicht aus dieser Welt.
24Ich habe euch gesagt: Ihr werdet in euren Sünden sterben;
denn wenn ihr nicht glaubt, daß Ich es bin, werdet ihr in euren
Sünden sterben. 25Da fragten sie ihn: Wer bist du denn?
Jesus antwortete: Warum rede ich überhaupt noch mit euch?
26Ich hätte noch viel über euch zu sagen und viel zu richten,
aber er, der mich gesandt hat, bürgt für die Wahrheit, und was
ich von ihm gehört habe, das sage ich der Welt. 27Sie verstan-
den nicht, daß er damit den Vater meinte.
28Da sagte Jesus zu ihnen: Wenn ihr den Menschensohn er-
höht habt, dann werdet ihr erkennen, daß Ich es bin. Ihr wer-
det erkennen, daß ich nichts im eigenen Namen tue, sondern
nur das sage, was mich der Vater gelehrt hat. 29Und er, der
mich gesandt hat, ist bei mir; er hat mich nicht allein gelassen,
weil ich immer das tue, was ihm gefällt.
30Als Jesus das sagte, kamen viele zum Glauben an ihn.

- *Du bist von oben, nicht aus der Welt*
- *Du bist der „Ich bin“*
- *Du redest, was du vom Vater gehört hast*
- *Nichts tust du eigenwillig, nur was dem Vater gefällt*
- *Die dich kreuzigen, erhöhen dich*

5. Woche der Österlichen Bußzeit

Mittwoch *Joh 8,31-36.37-42*

31 Jesus sagte zu den Juden, die an ihn glaubten: Wenn ihr in
meinem Wort bleibt, seid ihr wirklich meine Jünger. 32 Dann
werdet ihr die Wahrheit erkennen, und die Wahrheit wird
euch befreien.
33 Sie erwiderten ihm: Wir sind Nachkommen Abrahams und
sind noch nie Sklaven gewesen. Wie kannst du sagen: Ihr wer-
det frei werden? 34 Jesus antwortete ihnen: Amen, amen, das
sage ich euch: Wer die Sünde tut, ist Sklave der Sünde. 35 Der
Sklave aber bleibt nicht für immer im Haus; nur der Sohn
bleibt für immer im Haus. 36 Wenn euch also der Sohn befreit,
dann seid ihr wirklich frei.

37 Ich weiß, daß ihr Nachkommen Abrahams seid. Aber ihr
wollt mich töten, weil mein Wort in euch keine Aufnahme fin-
det. 38 Ich sage, was ich beim Vater gesehen habe, und ihr tut,
was ihr von eurem Vater gehört habt. 39 Sie antworteten ihm:
Unser Vater ist Abraham. Jesus sagte zu ihnen: Wenn ihr
Kinder Abrahams wärt, würdet ihr so handeln wie Abraham.
40 Jetzt aber wollt ihr mich töten, einen Menschen, der euch
die Wahrheit verkündet hat, die Wahrheit, die ich von Gott
gehört habe. So hat Abraham nicht gehandelt. 41 Ihr vollbringt
die Werke eures Vaters.
Sie entgegneten ihm: Wir stammen nicht aus einem Ehe-
bruch, sondern wir haben nur den einen Vater: Gott. 42 Jesus
sagte zu ihnen: Wenn Gott euer Vater wäre, würdet ihr mich
lieben; denn von Gott bin ich ausgegangen und gekommen.
Ich bin nicht in meinem eigenen Namen gekommen, sondern
er hat mich gesandt.

- *Du bist der Sohn, für immer im Schoß des Vaters*
- *Von Gott bist du ausgegangen und gekommen*
- *Du sagst, was du beim Vater gesehen hast*
- *Dein Wort gibt die Wahrheit und macht frei*
- *Dein Wort möchte in uns Raum gewinnen und uns aus der Knechtschaft der Sünde befreien*

Donnerstag *Joh 8,51-59*

(Jesus sagte zu den Juden:) [51]Amen, amen, ich sage euch:
Wenn jemand an meinem Wort festhält, wird er auf ewig den
Tod nicht schauen. [52]Da sagten die Juden zu ihm: Jetzt wissen
wir, daß du von einem Dämon besessen bist. Abraham und
die Propheten sind gestorben, du aber sagst: Wenn jemand an
meinem Wort festhält, wird er auf ewig den Tod nicht erlei-
den. [53]Bist du etwa größer als unser Vater Abraham? Er ist
gestorben. Für wen gibst du dich aus?
[54]Jesus antwortete: Wenn ich mich selber ehre, so gilt meine
Ehre nichts. Mein Vater ist es, der mich ehrt, er, von dem ihr
sagt: Er ist unser Gott. [55]Doch ihr habt ihn nicht erkannt. Ich
aber kenne ihn, und wenn ich sagen würde: Ich kenne ihn
nicht, so wäre ich ein Lügner wie ihr. Aber ich kenne ihn und
halte an seinem Wort fest.
[56]Euer Vater Abraham jubelte, weil er meinen Tag sehen
sollte. Er sah ihn und freute sich. [57]Die Juden entgegneten:
Du bist noch keine fünfzig Jahre alt und willst Abraham gese-
hen haben? [58]Jesus erwiderte ihnen: Amen, amen, ich sage
euch: Noch ehe Abraham wurde, bin ich.
[59]Da hoben sie Steine auf, um sie auf ihn zu werfen. Jesus
aber verbarg sich und verließ den Tempel.

- *Wer an deinem Wort festhält, wird den Tod in Ewigkeit nicht schauen*
- *Du kennst den Vater und hältst fest an seinem Wort*
- *Der Vater ist es, der dich ehrt*
- *Deinen Tag sehen – das ist Jubel über Jubel*
- *Du bist, der du bist, ehe Abraham war*

Freitag *Joh 10,31-33[34-36].37-38.39[40-42]*

31(In jener Zeit) hoben die Juden (im Tempel) Steine auf, um
Jesus zu steinigen. 32Jesus hielt ihnen entgegen: Viele gute
Werke habe ich im Auftrag des Vaters vor euren Augen getan. Für welches dieser Werke wollt ihr mich steinigen? 33Die
Juden antworteten ihm: Wir steinigen dich nicht wegen eines guten Werkes, sondern wegen der Gotteslästerung; denn du bist nur ein Mensch und machst dich selbst zu Gott …
(Jesus antwortete:) 37Wenn ich nicht die Werke meines Vaters vollbringe, dann glaubt mir nicht. 38Aber wenn ich sie
vollbringe, dann glaubt wenigstens den Werken, wenn ihr mir nicht glaubt. Dann werdet ihr erkennen und einsehen, daß in mir der Vater ist und ich im Vater bin.
39Wieder wollten sie ihn festnehmen; er aber entzog sich ihrem Zugriff.

- *Du hast dich der Gottesgestalt entäußert und bist Mensch geworden*
- *Du Gott-Mensch*
- *Du tust die Werke des Vaters*
- *Du bist im Vater, und der Vater ist in dir*
- *Du bist wahrhaft Gottes Sohn*

Samstag *Joh 11,45-53.54-55a[55b-57]*

45Viele der Juden, die zu Maria [nach Betanien] gekommen
waren und gesehen hatten, was Jesus getan hatte [die Auf-
erweckung des Lazarus], kamen zum Glauben an ihn. 46Aber
einige von ihnen gingen zu den Pharisäern und berichteten ih-
nen, was er getan hatte. 47Da beriefen die Hohenpriester und
die Pharisäer eine Versammlung des Hohen Rates ein. Sie
sagten: Was sollen wir tun? Dieser Mensch tut viele Zeichen.
48Wenn wir ihn gewähren lassen, werden alle an ihn glauben.
Dann werden die Römer kommen und uns die heilige Stätte
und das Volk nehmen. 49Einer von ihnen, Kajaphas, der Ho-
hepriester jenes Jahres, sagte zu ihnen: Ihr versteht überhaupt
nichts. 50Ihr bedenkt nicht, daß es besser für euch ist, wenn
ein einziger Mensch für das Volk stirbt, als wenn das ganze
Volk zugrunde geht. 51Das sagte er nicht aus sich selbst; son-
dern weil er der Hohepriester jenes Jahres war, sagte er aus
prophetischer Eingebung, daß Jesus für das Volk sterben
werde. 52Aber er sollte nicht nur für das Volk sterben, son-
dern auch, um die versprengten Kinder Gottes wieder zu sam-
meln. 53Von diesem Tag an waren sie entschlossen, ihn zu tö-
ten.

54Jesus bewegte sich von nun an nicht mehr öffentlich unter
den Juden, sondern zog sich von dort in die Gegend nahe der
Wüste zurück, an einen Ort namens Efraim. Dort blieb er mit
seinen Jüngern. 55Das Paschafest der Juden war nahe.

- *Zum Tode verurteilt und steckbrieflich gesucht*
- *Du wußtest um deine Stunde*
- *Das Paschafest war nahe*
- *Du solltest für das Volk sterben*
- *Sterbend sammelst du die verstreuten Kinder Gottes*

Montag *Joh 12,1-8[9-11]*

[1]Sechs Tage vor dem Paschafest kam Jesus nach Betanien, wo
Lazarus war, den er von den Toten auferweckt hatte. [2]Dort
bereiteten sie ihm ein Mahl; Marta bediente, und Lazarus war
unter denen, die mit Jesus bei Tisch waren.
[3]Da nahm Maria ein Pfund echtes, kostbares Nardenöl, salbte
Jesus die Füße und trocknete sie mit ihrem Haar. Das Haus
wurde vom Duft des Öls erfüllt.
[4]Doch einer von den Jüngern, Judas Iskariot, der ihn später
verriet, sagte: [5]Warum hat man dieses Öl nicht für dreihun-
dert Denare verkauft und den Erlös den Armen gegeben?
Das sagte er aber nicht, weil er ein Herz für die Armen gehabt
hätte, sondern weil er ein Dieb war; er hatte nämlich die
Kasse und veruntreute die Einkünfte.
[7]Jesus erwiderte: Laß sie, damit sie es für den Tag meines Be-
gräbnisses tue. [8]Die Armen habt ihr immer bei euch, mich
aber habt ihr nicht immer bei euch.

- *Nicht für immer sollten wir dich bei uns haben*
- *Zum König gesalbt als Todgeweihter*
- *Königlich gesalbt wurden deine Füße*
- *Gesalbt für das Begräbnis*
- *Der Wohlgeruch deines heilbringenden Todes erfüllt nun das Haus der Kirche*

Dienstag *Joh 13,21-27[28-29].30.31-33.36-38*

21Als Jesus (beim letzten Abendmahl) mit seinen Jüngern bei
Tisch war, wurde er im Innersten erschüttert und bekräftigte:
Amen, amen, das sage ich euch: Einer von euch wird mich
verraten. 22Die Jünger blickten sich ratlos an, weil sie nicht
wußten, wen er meinte. 23Einer von den Jüngern lag an der
Seite Jesu; es war der, den Jesus liebte. 24Simon Petrus nickte
ihm zu, er solle fragen, von wem Jesus spreche. 25Da lehnte
sich dieser zurück an die Brust Jesu und fragte ihn: Herr, wer
ist es? 26Jesus antwortete: Der ist es, dem ich den Bissen Brot,
den ich eintauche, geben werde. Dann tauchte er das Brot ein,
nahm es und gab es Judas, dem Sohn des Simon Iskariot.
27Als Judas den Bissen Brot genommen hatte, fuhr der Satan
in ihn. Jesus sagte zu ihm: Was du tun willst, das tu bald! ...
30Als Judas den Bissen Brot genommen hatte, ging er sofort
hinaus. Es war aber Nacht.

31Als Judas hinausgegangen war, sagte Jesus: Jetzt ist der
Menschensohn verherrlicht, und Gott ist in ihm verherrlicht.
32Wenn Gott in ihm verherrlicht ist, wird auch Gott ihn in sich
verherrlichen, und er wird ihn bald verherrlichen. 33Meine
Kinder, ich bin nur noch kurze Zeit bei euch. Ihr werdet mich
suchen, und was ich den Juden gesagt habe, sage ich jetzt auch
euch: Wohin ich gehe, dorthin könnt ihr nicht gelangen ...
36Simon Petrus sagte zu ihm: Herr, wohin willst du gehen? Je-
sus antwortete: Wohin ich gehe, dorthin kannst du mir jetzt
nicht folgen. Du wirst mir aber später folgen. 37Petrus sagte zu
ihm: Herr, warum kann ich dir jetzt nicht folgen? Mein Leben
will ich für dich hingeben. 38Jesus entgegnete: Du willst für
mich dein Leben hingeben? Amen, amen, das sage ich dir:
Noch bevor der Hahn kräht, wirst du mich dreimal verleug-
nen.

- *Der Judasverrat überrascht dich nicht*
- *Dein übergroßer Liebeserweis führt abwehrend zu Verrat*
- *Damit begann deine Verherrlichung*
- *In deinem Tod wurde Gott verherrlicht*
- *Auf deinem Weg in Leiden und Herrlichkeit konnte niemand dir folgen*

Mittwoch *Mt 26,14-16.17-19.20-25*

14Einer der Zwölf namens Judas Iskariot ging zu den Hohen-
priestern 15und sagte: Was wollt ihr mir geben, wenn ich euch
Jesus ausliefere? Und sie zahlten ihm dreißig Silberstücke.
16Von da an suchte er nach einer Gelegenheit, ihn auszulie-
fern.

17Am ersten Tag des Festes der Ungesäuerten Brote gingen
die Jünger zu Jesus und fragten: Wo sollen wir das Pascha-
mahl für dich vorbereiten? 18Er antwortete: Geht in die Stadt
zu dem und dem und sagt zu ihm: Der Meister läßt dir sagen:
Meine Zeit ist da; bei dir will ich mit meinen Jüngern das
Paschamahl feiern. 19Die Jünger taten, was Jesus ihnen aufge-
tragen hatte, und bereiteten das Paschamahl vor.

20Als es Abend wurde, begab er sich mit den zwölf Jüngern zu
Tisch. 21Und während sie aßen, sprach er: Amen, ich sage
euch: Einer von euch wird mich verraten und ausliefern. 22Da
waren sie sehr betroffen, und einer nach dem andern fragte
ihn: Bin ich es etwa, Herr? 23Er antwortete: Der, der die
Hand mit mir in die Schüssel getaucht hat, wird mich verra-
ten. 24Der Menschensohn muß zwar seinen Weg gehen, wie
die Schrift über ihn sagt. Doch weh dem Menschen, durch den
der Menschensohn verraten wird. Für ihn wäre es besser,
wenn er nie geboren wäre. 25Da fragte Judas, der ihn verriet:
Bin ich es etwa, Rabbi? Jesus sagte zu ihm: Du sagst es.

- *Du wußtest um deine Stunde*
- *Du mußtest deinen Weg gehen*
- *Das Paschamahl hast du wunderbar neu gestaltet*
- *Von einem Tischgenossen wurdest du verraten*
- *Du kanntest den, der dich verraten sollte*

Osterzeit

Dienstag — *Joh 20,11-18*

11 Maria aber stand draußen vor dem Grab und weinte.
Während sie weinte, beugte sie sich in die Grabkammer hin-
ein. 12 Da sah sie zwei Engel in weißen Gewändern sitzen, den
einen dort, wo der Kopf, den andern dort, wo die Füße des
Leichnams Jesu gelegen hatten. 13 Die Engel sagten zu ihr:
Frau, warum weinst du? Sie antwortete ihnen: Man hat mei-
nen Herrn weggenommen, und ich weiß nicht, wohin man ihn
gelegt hat.
14 Als sie das gesagt hatte, wandte sie sich um und sah Jesus
dastehen, wußte aber nicht, daß es Jesus war. 15 Jesus sagte zu
ihr: Frau, warum weinst du? Wen suchst du? Sie meinte, es sei
der Gärtner, und sagte zu ihm: Herr, wenn du ihn wegge-
bracht hast, sag mir, wohin du ihn gelegt hast. Dann will ich
ihn holen. 16 Jesus sagte zu ihr: Maria! Da wandte sie sich ihm
zu und sagte auf hebräisch zu ihm: Rabbuni!, das heißt: Mei-
ster. 17 Jesus sagte zu ihr: Halte mich nicht fest; denn ich bin
noch nicht zum Vater hinaufgegangen. Geh aber zu meinen
Brüdern, und sag ihnen: Ich gehe hinauf zu meinem Vater
und zu eurem Vater, zu meinem Gott und zu eurem Gott.
18 Maria von Magdala ging zu den Jüngern und verkündete ih-
nen: Ich habe den Herrn gesehen. Und sie richtete aus, was er
ihr gesagt hatte.

- *Den Trostlosen bist du nahe*
- *Du rufst die Deinen mit Namen*
- *Du zeigst dich denen, die voll Sehnsucht suchen*
- *Du bist uns Bruder*
- *Dein Vater ist nun unser Vater*

Mittwoch *Mt 28,8-10[11-15]*

8[Nachdem die Frauen die Botschaft des Engels vernommen
hatten,] verließen sie das Grab und eilten voll Furcht und
großer Freude zu seinen Jüngern, um ihnen die Botschaft zu
verkünden.
9Plötzlich kam ihnen Jesus entgegen und sagte: Seid gegrüßt!
Sie gingen auf ihn zu, warfen sich vor ihm nieder und umfaß-
ten seine Füße. 10Da sagte Jesus zu ihnen: Fürchtet euch
nicht! Geht und sagt meinen Brüdern, sie sollen nach Galiläa
gehen, und dort werden sie mich sehen.

- *Grüßend begegnest du*
- *Dich sehen heißt anbeten*
- *Du läßt dich nicht halten*
- *Wer dir begegnet ist, ist beauftragt*
- *Die Deinen sind nun deine Brüder*

Donnerstag — *Lk 24,33b[35].36-48*

33b Die Elf und die anderen Jünger waren [am Osterabend in
Jerusalem] versammelt ... 36 Während sie über das, was sich
zugetragen hatte, redeten, trat Jesus selbst in ihre Mitte und
sagte zu ihnen: Friede sei mit euch!
37 Sie erschraken und hatten große Angst, denn sie meinten,
einen Geist zu sehen. 38 Da sagte er zu ihnen: Was seid ihr so
bestürzt? Warum laßt ihr in eurem Herzen solche Zweifel
aufkommen? 39 Seht meine Hände und meine Füße an: Ich bin
es selbst. Faßt mich doch an, und begreift: Kein Geist hat
Fleisch und Knochen, wie ihr es bei mir seht. 40 Bei diesen
Worten zeigte er ihnen seine Hände und Füße. 41 Sie staunten,
konnten es aber vor Freude immer noch nicht glauben. Da
sagte er zu ihnen: Habt ihr etwas zu essen hier? Sie gaben ihm
ein Stück gebratenen Fisch; 43 er nahm es und aß es vor ihren
Augen.
44 Dann sprach er zu ihnen: Das sind die Worte, die ich zu
euch gesagt habe, als ich noch bei euch war: Alles muß in Er-
füllung gehen, was im Gesetz des Mose, bei den Propheten
und in den Psalmen über mich gesagt ist. 45 Darauf öffnete er
ihnen die Augen für das Verständnis der Schrift. 46 Er sagte zu
ihnen: So steht es in der Schrift: Der Messias wird leiden und
am dritten Tag von den Toten auferstehen, 47 und in seinem
Namen wird man allen Völkern, angefangen in Jerusalem,
verkünden, sie sollen umkehren, damit ihre Sünden vergeben
werden. 48 Ihr seid Zeugen dafür.

- *Gegenwärtig inmitten der Deinen*
- *Du bist uns leibhaftig nahe*
- *Unsere Sinne können dich geistig erfahren*
- *Du lehrst uns die Schriften verstehen*
- *Dein Bußruf und Heilsangebot gelten aller Welt*

Freitag *Joh 21,1-13[14]*

[1]Jesus offenbarte sich den Jüngern noch einmal. Es war am
See von Tiberias, und er offenbarte sich in folgender Weise.
[2]Simon Petrus, Thomas, genannt Didymus (Zwilling), Na-
tanael aus Kana in Galiläa, die Söhne des Zebedäus und zwei
andere von seinen Jüngern waren zusammen. [3]Simon Petrus
sagte zu ihnen: Ich gehe fischen. Sie sagten zu ihm: Wir kom-
men auch mit. Sie gingen hinaus und stiegen in das Boot.
Aber in dieser Nacht fingen sie nichts.
[4]Als es schon Morgen wurde, stand Jesus am Ufer. Doch die
Jünger wußten nicht, daß es Jesus war. [5]Jesus sagte zu ihnen:
Meine Kinder, habt ihr nicht etwas zu essen? Sie antworteten
ihm: Nein. [6]Er aber sagte zu ihnen: Werft das Netz auf der
rechten Seite des Bootes aus, und ihr werdet etwas fangen. Sie
warfen das Netz aus und konnten es nicht wieder einholen, so
voller Fische war es. [7]Da sagte der Jünger, den Jesus liebte, zu
Petrus: Es ist der Herr! Als Simon Petrus hörte, daß es der
Herr sei, gürtete er sich das Obergewand um, weil er nackt
war, und sprang in den See. [8]Dann kamen die anderen Jünger
mit dem Boot – sie waren nämlich nicht weit vom Land ent-
fernt, nur etwa zweihundert Ellen – und zogen das Netz mit
den Fischen hinter sich her.
[9]Als sie an Land gingen, sahen sie am Boden ein Kohlenfeuer
und darauf Fisch und Brot. [10]Jesus sagte zu ihnen: Bringt von
den Fischen, die ihr gerade gefangen habt. [11]Da ging Simon
Petrus und zog das Netz an Land. Es war mit hundertdreiund-
fünfzig großen Fischen gefüllt, und obwohl es so viele waren,
zerriß das Netz nicht. [12]Jesus sagte zu ihnen: Kommt her und
eßt! Keiner von den Jüngern wagte ihn zu fragen: Wer bist
du? Denn sie wußten, daß es der Herr war. [13]Jesus trat heran,
nahm das Brot und gab es ihnen, ebenso den Fisch.

- *Oft begegnest du – unerkannt*
- *Wer liebt, erkennt dich*
- *Erstaunliche Wirkungen offenbaren dich*
- *Du lädst uns zum Mahl*
- *Du gibst uns das Brot und dich selbst*

Samstag *Mk 16,9-11.12-13.14.15*

9Als Jesus am frühen Morgen des ersten Wochentages auferstanden war, erschien er zuerst Maria aus Magdala, aus der er
sieben Dämonen ausgetrieben hatte. 10Sie ging und berichtete
es denen, die mit ihm zusammengewesen waren und die nun
klagten und weinten. 11Als sie hörten, er lebe und sei von ihr
gesehen worden, glaubten sie es nicht.

12Darauf erschien er in einer anderen Gestalt zweien von ihnen, als sie unterwegs waren und aufs Land gehen wollten.
13Auch sie gingen und berichteten es den anderen, und auch
ihnen glaubte man nicht.

14Später erschien Jesus auch den Elf, als sie bei Tisch waren;
er tadelte ihren Unglauben und ihre Verstocktheit, weil sie denen nicht glaubten, die ihn nach seiner Auferstehung gesehen hatten.

15Dann sagte er zu ihnen: Geht hinaus in die ganze Welt, und
verkündet das Evangelium allen Geschöpfen!

- *Der vormals Besessenen erscheinst du als erster*
- *Wer dich erkannt hat, erzählt von dir*
- *Wo zwei miteinander sind, bist du der Dritte*
- *Beim Mahl gibst du dich zu erkennen*
- *Die Osterbotschaft gilt aller Welt und jeglichem Geschöpf*

2. Woche der Osterzeit

Montag *Joh 3,1-8*

[1]Es war ein Pharisäer namens Nikodemus, ein führender
Mann unter den Juden. [2]Der suchte Jesus bei Nacht auf und
sagte zu ihm: Rabbi, wir wissen, du bist ein Lehrer, der von
Gott gekommen ist; denn niemand kann die Zeichen tun, die
du tust, wenn nicht Gott mit ihm ist.
[3]Jesus antwortete ihm: Amen, amen, ich sage dir: Wenn je-
mand nicht von neuem geboren wird, kann er das Reich
Gottes nicht sehen. [4]Nikodemus entgegnete ihm: Wie kann
ein Mensch, der schon alt ist, geboren werden? Er kann doch
nicht in den Schoß seiner Mutter zurückkehren und ein zwei-
tes Mal geboren werden. [5]Jesus antwortete: Amen, amen, ich
sage dir: Wenn jemand nicht aus Wasser und Geist geboren
wird, kann er nicht in das Reich Gottes kommen. [6]Was aus
dem Fleisch geboren ist, das ist Fleisch; was aber aus dem
Geist geboren ist, das ist Geist.
[7]Wundere dich nicht, wenn ich dir sagte: Ihr müßt von neuem
geboren werden. [8]Der Wind weht, wo er will; du hörst sein
Brausen, weißt aber nicht, woher er kommt und wohin er
geht. So ist es mit jedem, der aus dem Geist geboren ist.

- *Von Gott bist du gekommen*
- *Gott spricht aus dir*
- *Nur eine Neugeburt von oben kann uns retten*
- *Du taufst mit Heiligem Geist*
- *Nur Gott kennt des Geistes Woher und Wohin*

2. Woche der Osterzeit

Dienstag *Joh 3,[7-10]11-12.13.14-15*

11Amen, amen, ich sage dir: Was wir wissen, davon reden wir,
und was wir gesehen haben, das bezeugen wir, und doch
nehmt ihr unser Zeugnis nicht an. 12Wenn ich zu euch über ir-
dische Dinge gesprochen habe und ihr nicht glaubt, wie wer-
det ihr glauben, wenn ich zu euch über himmlische Dinge
spreche?

13Und niemand ist in den Himmel hinaufgestiegen außer
dem, der vom Himmel herabgestiegen ist: der Menschensohn.

14Und wie Mose die Schlange in der Wüste erhöht hat, so
muß der Menschensohn erhöht werden, 15damit jeder, der (an
ihn) glaubt, in ihm das ewige Leben hat.

- *Du bist vom Himmel herabgestiegen*
- *Was du beim Vater gesehen hast, hast du der Welt bezeugt*
- *Du bist in den Himmel aufgestiegen*
- *Den Glaubenden offenbarst du nun Himmlisches*
- *Dein Tod – unser Leben: Gottes Geheimnis*

Mittwoch *Joh 3,16-21*

16Gott hat die Welt so sehr geliebt, daß jeder, der an ihn [den
Menschensohn] glaubt, nicht zugrunde geht, sondern das
ewige Leben hat.
17Denn Gott hat seinen Sohn nicht in die Welt gesandt, damit
er die Welt richtet, sondern damit die Welt durch ihn gerettet
wird. 18Wer an ihn glaubt, wird nicht gerichtet; wer nicht
glaubt, ist schon gerichtet, weil er an den Namen des einzigen
Sohnes Gottes nicht geglaubt hat.
19Denn mit dem Gericht verhält es sich so: Das Licht kam in
die Welt, und die Menschen liebten die Finsternis mehr als
das Licht; denn ihre Taten waren böse. 20Jeder, der Böses tut,
haßt das Licht und kommt nicht zum Licht, damit seine Taten
nicht aufgedeckt werden. 21Wer aber die Wahrheit tut,
kommt zum Licht, damit offenbar wird, daß seine Taten in
Gott vollbracht sind.

- *Als geliebter Sohn vom Vater dahingegeben*
- *Deine Dahingabe offenbart des Vaters Liebe zu uns*
- *Durch dich will der Vater retten und ewiges Leben geben*
- *Wer an dich glaubt, wird nicht gerichtet*
- *Die Wahrheit tut, wer an dich glaubt*

Donnerstag *Joh 3,31-36*

31Er, der von oben kommt, steht über allen; wer von der Erde
kommt, ist irdisch und redet irdisch. Er, der aus dem Himmel
kommt, steht über allen. 32Was er gesehen und gehört hat, be-
zeugt er, doch niemand nimmt sein Zeugnis an.
33Wer sein Zeugnis annimmt, beglaubigt, daß Gott wahrhaftig
ist. 34Denn er, den Gott gesandt hat, verkündet die Worte
Gottes; denn er gibt den Geist unbegrenzt. 35Der Vater liebt
den Sohn und hat alles in seine Hand gegeben.
36Wer an den Sohn glaubt, hat das ewige Leben; wer aber
dem Sohn nicht gehorcht, wird das Leben nicht sehen, son-
dern Gottes Zorn bleibt auf ihm.

- *Du kommst von oben und stehst über allen*
- *Was du gesehen und gehört hast, bezeugst du*
- *Gott sandte dich und gab den Geist ohne Maß*
- *Alles hat der Vater dir in die Hand gegeben*
- *Wer an dich glaubt, hat das ewige Leben*

Freitag *Joh 6,1-15*

1Jesus ging an das andere Ufer des Sees von Galiläa, der auch
See von Tiberias heißt. 2Eine große Menschenmenge folgte
ihm, weil sie die Zeichen sahen, die er an den Kranken tat.
3Jesus stieg auf den Berg und setzte sich dort mit seinen Jün-
gern nieder. 4Das Pascha, das Fest der Juden, war nahe.
5Als Jesus aufblickte und sah, daß so viele Menschen zu ihm
kamen, fragte er Philippus: Wo sollen wir Brot kaufen, damit
diese Leute zu essen haben? 6Das sagte er aber nur, um ihn
auf die Probe zu stellen; denn er selbst wußte, was er tun
wollte. 7Philippus antwortete ihm: Brot für zweihundert De-
nare reicht nicht aus, wenn jeder von ihnen auch nur ein klei-
nes Stück bekommen soll. 8Einer seiner Jünger, Andreas, der
Bruder des Simon Petrus, sagte zu ihm: 9Hier ist ein kleiner
Junge, der hat fünf Gerstenbrote und zwei Fische; doch was
ist das für so viele!
10Jesus sagte: Laßt die Leute sich setzen! Es gab dort nämlich
viel Gras. Da setzten sie sich; es waren etwa fünftausend Män-
ner. 11Dann nahm Jesus die Brote, sprach das Dankgebet und
teilte an die Leute aus, soviel sie wollten; ebenso machte er es
mit den Fischen.
12Als die Menge satt war, sagte er zu seinen Jüngern: Sam-
melt die übriggebliebenen Brotstücke, damit nichts verdirbt.
13Sie sammelten und füllten zwölf Körbe mit den Stücken, die
von den fünf Gerstenbroten nach dem Essen übrig waren.
14Als die Menschen das Zeichen sahen, das er getan hatte,
sagten sie: Das ist wirklich der Prophet, der in die Welt kom-
men soll. 15Da erkannte Jesus, daß sie kommen würden, um
ihn in ihre Gewalt zu bringen und zum König zu machen. Da-
her zog er sich wieder auf den Berg zurück, er allein.

- *Der heilige Berg – deine Kathedra*
- *Du bereitest uns das Paschamahl*
- *Du sprichst das Dankgebet und teilst dich aus*
- *Von den Leute verkannt*
- *Im Gebet allein beim Vater*

Samstag *Joh 6,16-21*

[16]Als es spät geworden war, gingen die Jünger Jesu zum See
hinab, [17]bestiegen ein Boot und fuhren über den See auf
Kafarnaum zu.
Es war schon dunkel geworden, und Jesus war noch nicht zu
ihnen gekommen. [18]Da wurde der See durch einen heftigen
Sturm aufgewühlt. [19]Als sie etwa fünfundzwanzig oder
dreißig Stadien gefahren waren, sahen sie, wie Jesus über den
See ging und sich dem Boot näherte; und sie fürchteten sich.
[20]Er aber rief ihnen zu: Ich bin es; fürchtet euch nicht!
[21]Sie wollten ihn zu sich in das Boot nehmen, aber schon war
das Boot am Ufer, das sie erreichen wollten.

- *Im Dunkel allein auf See – ohne dich*
- *Die See ist aufgewühlt – das Boot orientierungslos*
- *Dein Kommen über die Wasser verstärkt die Furcht*
- *Du gibst dich zu erkennen in bedrohlicher Situation*
- *Du im Boot – das ist die Rettung*

3. Woche der Osterzeit

Montag *Joh 6,[22-24]25-29*

25 Als die Menschen Jesus am anderen Ufer des Sees fanden,
fragten sie ihn: Rabbi, wann bist du hierher gekommen? 26 Je-
sus antwortete ihnen: Amen, amen, ich sage euch: Ihr sucht
mich nicht, weil ihr Zeichen gesehen habt, sondern weil ihr
von den Broten gegessen habt und satt geworden seid. 27 Müht
euch nicht ab für die Speise, die verdirbt, sondern für die
Speise, die für das ewige Leben bleibt und die der Menschen-
sohn euch geben wird. Denn ihn hat Gott, der Vater, mit sei-
nem Siegel beglaubigt.
28 Da fragten sie ihn: Was müssen wir tun, um die Werke
Gottes zu vollbringen? 29 Jesus antwortete ihnen: Das ist das
Werk Gottes, daß ihr an den glaubt, den er gesandt hat.

- *Du hast mich durchschaut*
- *Rette mich aus meiner Sattheit*
- *Laß mich dich suchen*
- *Du meine unvergängliche Speise*
- *Du willst mein „Werk“: den Glauben an dich*

3. Woche der Osterzeit

Dienstag *Joh 6,30-35*

30(Die Menge sagte zu Jesus:) Welches Zeichen tust du, damit
wir es sehen und dir glauben? Was tust du? 31Unsere Väter
haben das Manna in der Wüste gegessen, wie es in der Schrift
heißt: Brot vom Himmel gab er ihnen zu essen.
32Jesus sagte zu ihnen: Amen, amen, ich sage euch: Nicht
Mose hat euch das Brot vom Himmel gegeben, sondern mein
Vater gibt euch das wahre Brot vom Himmel. 33Denn das
Brot, das Gott gibt, kommt vom Himmel herab und gibt der
Welt das Leben.
34Da baten sie ihn: Herr, gib uns immer dieses Brot! 35Jesus
antwortete ihnen: Ich bin das Brot des Lebens; wer zu mir
kommt, wird nie mehr hungern, und wer an mich glaubt, wird
nie mehr Durst haben.

- *Dir geht es um das wahre Leben*
- *Der Vater will das Leben aller*
- *Du bist die Gabe des Vaters*
- *Du kannst mein Verlangen stillen*
- *Mein Leben bist du*

Mittwoch *Joh 6,35-40*

35Jesus sprach (zur Menge): Ich bin das Brot des Lebens; wer
zu mir kommt, wird nie mehr hungern, und wer an mich
glaubt, wird nie mehr Durst haben. 36Aber ich habe euch ge-
sagt: Ihr habt (mich) gesehen, und doch glaubt ihr nicht.
37Alles, was der Vater mir gibt, wird zu mir kommen, und wer
zu mir kommt, den werde ich nicht abweisen; 38denn ich bin
nicht vom Himmel herabgekommen, um meinen Willen zu
tun, sondern den Willen dessen, der mich gesandt hat. 39Es ist
aber der Wille dessen, der mich gesandt hat, daß ich keinen
von denen, die er mir gegeben hat, zugrunde gehen lasse, son-
dern daß ich sie auferwecke am Letzten Tag. 40Denn es ist der
Wille meines Vaters, daß alle, die den Sohn sehen und an ihn
glauben, das ewige Leben haben und daß ich sie auferwecke
am Letzten Tag.

- *Ich habe Zeichen gesehen und glaube*
- *Der Vater hat mich dir gegeben*
- *Ich komme, du wirst mich nicht abweisen*
- *Du läßt mich nicht verlorengehen*
- *Ich habe das Leben – und werde auferweckt*

Donnerstag *Joh 6,44-47[48-51]*

I.

44Niemand kann zu mir kommen, wenn nicht der Vater, der
mich gesandt hat, ihn zu mir führt; und ich werde ihn aufer-
wecken am Letzten Tag.
45Bei den Propheten heißt es: Und alle werden Schüler
Gottes sein. Jeder, der auf den Vater hört und seine Lehre an-
nimmt, wird zu mir kommen.
46Niemand hat den Vater gesehen außer dem, der von Gott
ist; nur er hat den Vater gesehen.
47Amen, amen, ich sage euch: Wer glaubt, hat das ewige Le-
ben.

- *Der Vater zieht mich, dich zu suchen*
- *Nur in der Schule Gottes kann man dich erkennen*
- *Den Vater hat niemand gesehen außer dir*
- *Vom Vater bist du ausgegangen*
- *Herr, du hast Worte ewigen Lebens*

Donnerstag *Joh 6,[44-47]48-51*

II.

48 Ich bin das Brot des Lebens.
49 Eure Väter haben in der Wüste das Manna gegessen und
sind gestorben. 50 So aber ist es mit dem Brot, das vom Him-
mel herabkommt: Wenn jemand davon ißt, wird er nicht ster-
ben.
51 Ich bin das lebendige Brot, das vom Himmel herabgekom-
men ist.
Wer von diesem Brot ißt, wird in Ewigkeit leben.
Das Brot, das ich geben werde, ist mein Fleisch, (ich gebe es
hin) für das Leben der Welt.

- *Du bist das Brot des Lebens*
- *Du bist das wahre Himmelsbrot*
- *Du bist lebendiges Brot – Leben und lebenspendend*
- *Wer von diesem Brot ißt, wird leben in Ewigkeit*
- *Dein Tod – unser Leben*

3. Woche der Osterzeit

Freitag *Joh 6,52-58[59]*

52Die Juden stritten sich und sagten: Wie kann er uns sein
Fleisch zu essen geben? 53Jesus sagte zu ihnen: Amen, amen,
das sage ich euch: Wenn ihr das Fleisch des Menschensohnes
nicht eßt und sein Blut nicht trinkt, habt ihr das Leben nicht
in euch. 54Wer mein Fleisch ißt und mein Blut trinkt, hat das
ewige Leben, und ich werde ihn auferwecken am Letzten Tag.
55Denn mein Fleisch ist wirklich eine Speise, und mein Blut
ist wirklich ein Trank. 56Wer mein Fleisch ißt und mein Blut
trinkt, der bleibt in mir, und ich bleibe in ihm. 57Wie mich der
lebendige Vater gesandt hat und wie ich durch den Vater
lebe, so wird jeder, der mich ißt, durch mich leben. 58Dies ist
das Brot, das vom Himmel herabgekommen ist. Mit ihm ist es
nicht wie mit dem Brot, das die Väter gegessen haben; sie sind
gestorben. Wer aber dieses Brot ißt, wird leben in Ewigkeit.

- *Dein Fleisch ist wahrhaft eine Speise – dein Blut ist wahrhaft ein Trank*
- *Du bleibst in mir und ich in dir*
- *Du bist das Brot des lebendigen Vaters*
- *Du lebst durch den Vater, ich lebe durch dich*
- *Ich lebe in Ewigkeit*

Samstag *Joh 6,60-65[66-69]*

60 Viele der Jünger, die Jesus [in der Synagoge zu Kafarnaum]
zuhörten, sagten: Was er sagt, ist unerträglich. Wer kann das
anhören?
61 Jesus erkannte, daß seine Jünger darüber murrten, und
fragte sie: Daran nehmt ihr Anstoß? Was werdet ihr sagen,
wenn ihr den Menschensohn hinaufsteigen seht, dorthin, wo
er war? 63 Der Geist ist es, der lebendig macht; das Fleisch
nützt nichts. Die Worte, die ich zu euch gesprochen habe, sind
Geist und Leben.
64 Aber es gibt unter euch einige, die nicht glauben. Jesus
wußte nämlich von Anfang an, welche es waren, die nicht
glaubten, und wer ihn verraten würde. 65 Und er sagte: Des-
halb habe ich zu euch gesagt: Niemand kann zu mir kommen,
wenn es ihm nicht vom Vater gegeben ist.

- *Hart ist die Rede, mein Leben deinem Sterben verdanken zu müssen*
- *Von Ewigkeit lebend, gibst du mir Leben im Leben des Vaters*
- *Aus deinem Innern strömt lebendiges Wasser*
- *Dein Geist ist es, der lebendig macht*
- *Deine Worte sind Geist und Leben*

4. Woche der Osterzeit

Montag (Lesejahr A) *Joh 10,11-15[16].17-18*

11Ich bin der gute Hirt. Der gute Hirt gibt sein Leben hin für
die Schafe. 12Der bezahlte Knecht aber, der nicht Hirt ist und
dem die Schafe nicht gehören, läßt die Schafe im Stich und
flieht, wenn er den Wolf kommen sieht; und der Wolf reißt sie
und jagt sie auseinander. Er flieht, 13weil er nur ein bezahlter
Knecht ist und ihm an den Schafen nichts liegt. 14Ich bin der
gute Hirt; ich kenne die Meinen, und die Meinen kennen
mich, 15wie mich der Vater kennt und ich den Vater kenne;
und ich gebe mein Leben hin für die Schafe ...

17Deshalb liebt mich der Vater, weil ich mein Leben hingebe,
um es wieder zu nehmen. 18Niemand entreißt es mir, sondern
ich gebe es aus freiem Willen hin. Ich habe Macht, es hinzugeben, und ich habe Macht, es wieder zu nehmen. Diesen Auftrag habe ich von meinem Vater empfangen.

- *Du bist der gute Hirt*
- *Deinem Lebenseinsatz verdanke ich mein Leben*
- *Dich kennt nur der Vater – den Vater kennst nur du*
- *Du hast freiwillig dein Leben hingegeben – und es eigenmächtig wieder genommen*
- *Dein Leben und Wirken ist Auftrag des Vaters*

4. Woche der Osterzeit

Montag (Lesejahr B und C) *Joh 10,1-6[7-10]*

(In jener Zeit sprach Jesus:) 1Amen, amen, das sage ich euch:
Wer in den Schafstall nicht durch die Tür hineingeht, sondern
anderswo einsteigt, der ist ein Dieb und ein Räuber. 2Wer
aber durch die Tür hineingeht, ist der Hirt der Schafe. 3Ihm
öffnet der Türhüter, und die Schafe hören auf seine Stimme;
er ruft die Schafe, die ihm gehören, einzeln beim Namen und
führt sie hinaus. 4Wenn er alle seine Schafe hinausgetrieben
hat, geht er ihnen voraus, und die Schafe folgen ihm; denn sie
kennen seine Stimme. 5Einem Fremden aber werden sie nicht
folgen, sondern sie werden vor ihm fliehen, weil sie die
Stimme des Fremden nicht kennen.
6Dieses Gleichnis erzählte ihnen Jesus; aber sie verstanden
nicht den Sinn dessen, was er ihnen gesagt hatte.

- *Du bist mein Hirt*
- *Ich bin dein Eigen*
- *Du rufst mich mit Namen*
- *Ich kenne deine Stimme*
- *Du führst mich, ich folge*

4. Woche der Osterzeit

Dienstag *Joh 10,22-26.27-30*

22Um diese Zeit fand in Jerusalem das Tempelweihfest statt.
Es war Winter, 23und Jesus ging im Tempel in der Halle Salo-
mos auf und ab. 24Da umringten ihn die Juden und fragten
ihn: Wie lange noch willst du uns hinhalten? Wenn du der
Messias bist, sag es uns offen! 25Jesus antwortete ihnen: Ich
habe es euch gesagt, aber ihr glaubt nicht. Die Werke, die ich
im Namen meines Vaters vollbringe, legen Zeugnis für mich
ab; 26ihr aber glaubt nicht, weil ihr nicht zu meinen Schafen
gehört.

27Meine Schafe hören auf meine Stimme; ich kenne sie, und
sie folgen mir. 28Ich gebe ihnen ewiges Leben. Sie werden nie-
mals zugrunde gehen, und niemand wird sie meiner Hand ent-
reißen. 29Mein Vater, der sie mir gab, ist größer als alle, und
niemand kann sie der Hand meines Vaters entreißen. 30Ich
und der Vater sind eins.

- *Du bist mehr als der erwartete Messias*
- *Du: eins mit dem Vater*
- *Der Vater hat mich in deine Hand gegeben*
- *Ich werde nicht verlorengehen*
- *Du gibst mir ewiges Leben*

Mittwoch *Joh 12,44-45.46-48.49-50*

44Jesus rief aus: Wer an mich glaubt, glaubt nicht an mich,
sondern an den, der mich gesandt hat,
45und wer mich sieht, sieht den, der mich gesandt hat.

46Ich bin das Licht, das in die Welt gekommen ist,
damit jeder, der an mich glaubt, nicht in der Finsternis bleibt.

47Wer meine Worte hört und sie nicht befolgt,
den richte nicht ich;
denn ich bin nicht gekommen, um die Welt zu richten,
sondern um sie zu retten.
48Wer mich verachtet und meine Worte nicht annimmt,
der hat schon seinen Richter:
Das Wort, das ich gesprochen habe,
wird ihn richten am Letzten Tag.

49Denn was ich gesagt habe, habe ich nicht aus mir selbst, sondern der Vater, der mich gesandt hat, hat mir aufgetragen, was ich sagen und reden soll.
50Und ich weiß, daß sein Auftrag ewiges Leben ist. Was ich also sage, sage ich so, wie es mir der Vater gesagt hat.

- *Wer dich sieht, sieht den Vater*
- *Du bist als Licht in die Welt gekommen*
- *Du redest im Auftrag des Vaters*
- *Dein Wort wird Richter sein am Letzten Tag*
- *Du bist gekommen, zu retten und ewiges Leben zu geben*

Donnerstag *Joh 13,16-17.18-19.20*

16Amen, amen, ich sage euch:
Der Sklave ist nicht größer als sein Herr,
und der Abgesandte nicht größer als der,
der ihn gesandt hat.
17Selig seid ihr, wenn ihr das wißt und danach handelt.

18Ich sage das nicht von euch allen. Ich weiß wohl, welche ich
erwählt habe, aber das Schriftwort muß sich erfüllen: Einer,
der mein Brot aß, hat mich hintergangen. 19Ich sage es euch
schon jetzt, ehe es geschieht, damit ihr, wenn es geschehen ist,
glaubt: Ich bin es.

20Amen, amen, ich sage euch:
Wer einen aufnimmt, den ich sende,
nimmt mich auf;
wer aber mich aufnimmt,
nimmt den auf, der mich gesandt hat.

- *Groß bist du in deiner Erniedrigung*
- *Du lehrst die „Karriere nach unten“*
- *Verlassener, du – inmitten von Abfall und Verrat*
- *Du bist der „Ich bin es“*
- *Dich aufnehmen heißt den Vater aufnehmen*

Freitag *Joh 14,1-6*

[Jesus sagte zu seinen Jüngern:]
1Euer Herz lasse sich nicht verwirren. Glaubt an Gott, und
glaubt an mich! 2Im Haus meines Vaters gibt es viele Woh-
nungen. Wenn es nicht so wäre, hätte ich euch dann gesagt:
Ich gehe, um einen Platz für euch vorzubereiten? 3Wenn ich
gegangen bin und einen Platz für euch vorbereitet habe,
komme ich wieder und werde euch zu mir holen, damit auch
ihr dort seid, wo ich bin.

4Und wohin ich gehe – den Weg dorthin kennt ihr.
5Thomas sagte zu ihm: Herr, wir wissen nicht, wohin du gehst.
Wie sollen wir dann den Weg kennen?
6Jesus sagte zu ihm:

Ich bin der Weg und die Wahrheit und das Leben;
niemand kommt zum Vater außer durch mich.

- *Im Hause deines Vaters sind viele Wohnungen*
- *Du gehst mir einen Platz bereiten und wirst mich holen*
- *Ewig soll ich dort sein, wo du bist*
- *Du bist der Weg, die Wahrheit und das Leben*
- *Niemand kommt zum Vater außer durch dich*

Samstag *Joh 14,7-11.12-14*

[Jesus sagte zu seinen Jüngern:]
7Wenn ihr mich erkannt habt, werdet ihr auch meinen Vater
erkennen. Schon jetzt erkennt ihr ihn und habt ihn gesehen.
8Philippus sagte zu ihm: Herr, zeig uns den Vater; das genügt
uns.
9Jesus antwortete ihm: Schon so lange bin ich bei euch, und
du hast mich nicht erkannt, Philippus? Wer mich gesehen hat,
hat den Vater gesehen. Wie kannst du sagen: Zeig uns den
Vater? 10Glaubst du nicht, daß ich im Vater bin und daß der
Vater in mir ist? Die Worte, die ich zu euch sage, habe ich
nicht aus mir selbst. Der Vater, der in mir bleibt, vollbringt
seine Werke. 11Glaubt mir doch, daß ich im Vater bin und
daß der Vater in mir ist; wenn nicht, glaubt wenigstens auf-
grund der Werke!

12Amen, amen, ich sage euch: Wer an mich glaubt, wird die
Werke, die ich vollbringe, auch vollbringen, und er wird noch
größere vollbringen, denn ich gehe zum Vater. 13Alles, um
was ihr in meinem Namen bittet, werde ich tun, damit der Va-
ter im Sohn verherrlicht wird. 14Wenn ihr mich um etwas in
meinem Namen bittet, werde ich es tun.

- *Wer dich sieht, sieht den Vater*
- *Du bist im Vater, der Vater ist in dir*
- *Durch dich spricht und wirkt der Vater*
- *Durch dich kann ich deine Werke tun – und noch größere*
- *Du wirst meine Bitten erhören*

Montag *Joh 14,21.22-24.25-26*

21Wer meine Gebote hat und sie hält, der ist es, der mich
liebt; wer mich aber liebt, wird von meinem Vater geliebt wer-
den, und auch ich werde ihn lieben und mich ihm offenbaren.
22Judas – nicht der Judas Iskariot – fragte ihn: Herr, warum
willst du dich nur uns offenbaren und nicht der Welt?
23Jesus antwortete ihm: Wenn jemand mich liebt, wird er an
meinem Wort festhalten; mein Vater wird ihn lieben, und wir
werden zu ihm kommen und bei ihm wohnen. 24Wer mich
nicht liebt, hält an meinen Worten nicht fest. Und das Wort,
das ihr hört, stammt nicht von mir, sondern vom Vater, der
mich gesandt hat.

25Das habe ich euch gesagt, während ich noch bei euch bin.
26Der Beistand aber, der Heilige Geist, den der Vater in mei-
nem Namen senden wird, der wird euch alles lehren und euch
an alles erinnern, was ich euch gesagt habe.

- *Von dir und dem Vater geliebt*
- *Du und der Vater*
- *Der Geist wird unser Beistand sein*
- *Der Geist wird uns alles lehren*
- *Der Geist wird uns deine Worte innerlich machen*

Dienstag *Joh 14,27.28-29.30-31a*

27Frieden hinterlasse ich euch, meinen Frieden gebe ich euch;
nicht einen Frieden, wie die Welt ihn gibt, gebe ich euch. Euer
Herz beunruhige sich nicht und verzage nicht.

28Ihr habt gehört, daß ich zu euch sagte: Ich gehe fort und
komme wieder zu euch zurück. Wenn ihr mich lieb hättet,
würdet ihr euch freuen, daß ich zum Vater gehe; denn der Va-
ter ist größer als ich. 29Jetzt schon habe ich es euch gesagt, be-
vor es geschieht, damit ihr, wenn es geschieht, zum Glauben
kommt.

30Ich werde nicht mehr viel zu euch sagen; denn es kommt der
Herrscher der Welt. Über mich hat er keine Macht, 31aber die
Welt soll erkennen, daß ich den Vater liebe und so handle,
wie es mir der Vater aufgetragen hat.

- *Ruhe und Frieden: Zeichen deiner Gegenwart*
- *Du Gast, der die stille Freude gibt*
- *Dich beim Vater wissen: unsere frohe Zuversicht*
- *Du liebtest den Vater und seinen Erlösungsauftrag*
- *Du nahmst uns die Angst vor dem Herrscher der Welt*

Mittwoch *Joh 15,1-8*

1Ich bin der wahre Weinstock, und mein Vater ist der Winzer.
2Jede Rebe an mir, die keine Frucht bringt, schneidet er ab,
und jede Rebe, die Frucht bringt, reinigt er, damit sie mehr
Frucht bringt.
3Ihr seid schon rein durch das Wort, das ich zu euch gesagt
habe. 4Bleibt in mir, dann bleibe ich in euch. Wie die Rebe
aus sich keine Frucht bringen kann, sondern nur, wenn sie am
Weinstock bleibt, so könnt ihr keine Frucht bringen, wenn ihr
nicht in mir bleibt.
5Ich bin der Weinstock, ihr seid die Reben. Wer in mir bleibt
und in wem ich bleibe, der bringt reiche Frucht; denn getrennt
von mir könnt ihr nichts vollbringen. 6Wer nicht in mir bleibt,
wird wie die Rebe weggeworfen, und er verdorrt. Man sam-
melt die Reben, wirft sie ins Feuer, und sie verbrennen.
7Wenn ihr in mir bleibt und wenn meine Worte in euch blei-
ben, dann bittet um alles, was ihr wollt: Ihr werdet es erhalten.
8Mein Vater wird dadurch verherrlicht, daß ihr reiche Frucht
bringt und meine Jünger werdet.

- *Du – der Weinstock, wir – die Reben*
- *Du in mir und ich in dir*
- *Getrennt von dir, kann ich keine Frucht bringen*
- *Dein Wort in mir macht mein Beten allmächtig*
- *Mein Fruchtbringen verherrlicht den Vater*

Donnerstag *Joh 15,9-11*

9Wie mich der Vater geliebt hat, so habe auch ich euch ge-
liebt. Bleibt in meiner Liebe!
10Wenn ihr meine Gebote haltet, werdet ihr in meiner Liebe
bleiben, so wie ich die Gebote meines Vaters gehalten habe
und in seiner Liebe bleibe.
11Dies habe ich euch gesagt, damit meine Freude in euch ist
und damit eure Freude vollkommen wird.

- *Von Ewigkeit her des Vaters vielgeliebter Sohn*
- *Du liebst uns, wie der Vater dich liebt*
- *Du bliebst gehorsam in der Liebe des Vaters*
- *Wir wollen gehorsam in deiner Liebe verbleiben*
- *Du gibst uns Anteil an deiner Freude*

Freitag *Joh 15,12-17*

12Das ist mein Gebot: Liebt einander, so wie ich euch geliebt
habe. 13Es gibt keine größere Liebe, als wenn einer sein Le-
ben für seine Freunde hingibt.
14Ihr seid meine Freunde, wenn ihr tut, was ich euch auftrage.
15Ich nenne euch nicht mehr Knechte; denn der Knecht weiß
nicht, was sein Herr tut. Vielmehr habe ich euch Freunde ge-
nannt; denn ich habe euch alles mitgeteilt, was ich von mei-
nem Vater gehört habe.
16Nicht ihr habt mich erwählt, sondern ich habe euch erwählt
und dazu bestimmt, daß ihr euch aufmacht und Frucht bringt
und daß eure Frucht bleibt. Dann wird euch der Vater alles
geben, um was ihr ihn in meinem Namen bittet.
17Dies trage ich euch auf: Liebt einander.

- *Du nennst uns „Freunde" und offenbarst uns alles vom Vater*
- *Die größte Liebe: deine Lebenshingabe für uns*
- *Nicht wir haben dich erwählt, du hast uns erwählt*
- *In deinem Namen dürfen wir den Vater um alles bitten*
- *Einander lieben, wie du uns geliebt hast*

Samstag *Joh 15,18-19.20.21*

18Wenn die Welt euch haßt, dann wißt, daß sie mich schon vor euch gehaßt hat.
19Wenn ihr von der Welt stammen würdet, würde die Welt euch als ihr Eigentum lieben. Aber weil ihr nicht von der Welt stammt, sondern weil ich euch aus der Welt erwählt habe, darum haßt euch die Welt.

20Denkt an das Wort, das ich euch gesagt habe:
Der Sklave ist nicht größer als sein Herr.
Wenn sie mich verfolgt haben,
werden sie auch euch verfolgen;
wenn sie an meinem Wort festgehalten haben,
werden sie auch an eurem Wort festhalten.

21Das alles werden sie euch um meines Namens willen antun; denn sie kennen den nicht, der mich gesandt hat.

- *Wir, dein Eigentum – nicht von der Welt*
- *An deinem Wort will ich festhalten*
- *Wer dich ablehnt, lehnt den Vater ab*
- *Die Welt hat zuvor auch dich gehaßt*
- *Dein Geschick ist mein Geschick*

Montag *Joh 15,26-27;16,1-4a*

26Wenn aber der Beistand kommt, den ich euch vom Vater
aus senden werde, der Geist der Wahrheit, der vom Vater
ausgeht, dann wird er Zeugnis für mich ablegen. 27Und auch
ihr sollt Zeugnis für mich ablegen, weil ihr von Anfang an bei
mir seid.

1Das habe ich euch gesagt, damit ihr keinen Anstoß nehmt.
2Sie werden euch aus der Synagoge ausstoßen, ja es kommt
die Stunde, in der jeder, der euch tötet, meint, Gott einen heiligen Dienst zu leisten. 3Das werden sie tun, weil sie weder
den Vater noch mich erkannt haben. 4aIch habe es euch gesagt, damit ihr, wenn deren Stunde kommt, euch an meine
Worte erinnert.

- *Der Geist der Wahrheit, der vom Vater ausgeht: unser Beistand*
- *Du bist es, der uns den Geist vom Vater aus sendet*
- *Der Geist bezeugt dich uns*
- *Auch wir sollen Zeugnis geben für das apostolische Zeugnis von Anfang an*
- *Deine Zeugen werden ausgestoßen werden – um Gottes willen*

Dienstag *Joh 16,5-11*

5Jetzt aber gehe ich zu dem, der mich gesandt hat, und keiner
von euch fragt mich: Wohin gehst du? 6Vielmehr ist euer
Herz von Trauer erfüllt, weil ich euch das gesagt habe.
7Doch ich sage euch die Wahrheit: Es ist gut für euch, daß ich
fortgehe. Denn wenn ich nicht fortgehe, wird der Beistand
nicht zu euch kommen; gehe ich aber, so werde ich ihn zu
euch senden.

8Und wenn er kommt, wird er die Welt überführen (und auf-
decken), was Sünde, Gerechtigkeit und Gericht ist:
9Sünde:
daß sie nicht an mich glauben;
10Gerechtigkeit:
daß ich zum Vater gehe und ihr mich nicht mehr seht;
11Gericht:
daß der Herrscher dieser Welt gerichtet ist.

- *Du gehst fort, sendest aber den Deinen als Beistand den Geist*
- *Der Geist wird die Welt überführen und alles aufdecken*
- *Nicht an dich glauben – das ist der Welt Sünde*
- *Gottes Gerechtigkeit und Treue erweisen sich vor aller Welt in deiner Erhöhung*
- *Der Herrscher dieser Welt ist gerichtet in deinem österlichen Sieg*

6. Woche der Osterzeit

Mittwoch *Joh 16,12-15*

12Noch vieles habe ich euch zu sagen, aber ihr könnt es jetzt
nicht tragen.

13Wenn aber jener kommt, der Geist der Wahrheit, wird er
euch in die ganze Wahrheit führen. Denn er wird nicht aus
sich selbst heraus reden, sondern er wird sagen, was er hört,
und euch verkünden, was kommen wird.

14Er wird mich verherrlichen; denn er wird von dem, was
mein ist, nehmen und es euch verkünden. 15Alles, was der Va-
ter hat, ist mein; darum habe ich gesagt: Er nimmt von dem,
was mein ist, und wird es euch verkünden.

- *Deine Worte scheinen schwer verständlich und manchmal kaum erträglich*
- *In die volle Wahrheit einführen wird der Geist der Wahrheit*
- *Der Geist redet, was er hört*
- *Alles, was der Vater hat, ist dein*
- *Der Geist nimmt von dir und verkündet, was dein ist*

Donnerstag *Joh 16,16-20*

16Noch kurze Zeit, dann seht ihr mich nicht mehr, und wieder
eine kurze Zeit, dann werdet ihr mich sehen.
17Da sagten einige von seinen Jüngern zueinander: Was meint
er damit, wenn er zu uns sagt: Noch kurze Zeit, dann seht ihr
mich nicht mehr, und wieder eine kurze Zeit, dann werdet ihr
mich sehen? Und was bedeutet: Ich gehe zum Vater?
18Sie sagten: Was heißt das: eine kurze Zeit? Wir wissen nicht,
wovon er redet.
19Jesus erkannte, daß sie ihn fragen wollten, und sagte zu ih-
nen: Ihr macht euch Gedanken darüber, daß ich euch gesagt
habe: Noch kurze Zeit, dann seht ihr mich nicht mehr, und
wieder eine kurze Zeit, dann werdet ihr mich sehen.
20Amen, amen, ich sage euch: Ihr werdet weinen und klagen,
aber die Welt wird sich freuen; ihr werdet bekümmert sein,
aber euer Kummer wird sich in Freude verwandeln.

- *Du bist zum Vater gegangen*
- *Verlassen von dir – ich sehe dich nicht mehr*
- *Du gibst Trost nur für kurze Zeit*
- *Meine Trostlosigkeit soll sich in Freude verwandeln*
- *Du wirst wiederkommen, und mein Herz wird sich freuen*

Freitag *Joh 16,[20]21-22[23a]*

21 Wenn die Frau gebären soll, ist sie bekümmert, weil ihre
Stunde da ist; aber wenn sie das Kind geboren hat, denkt sie
nicht mehr an die Not über der Freude, daß ein Mensch zur
Welt gekommen ist. 22 So seid auch ihr jetzt bekümmert, aber
ich werde euch wiedersehen; dann wird euer Herz sich freuen,
und niemand nimmt euch eure Freude.

- *Deine Abwesenheit – unser Leid*
- *Der Christen Leid – der Welt Freude*
- *Die Leiden dieser Zeit sind Geburtswehen*
- *Die Stunde ist da – welche Freude*
- *Deine Freude kann niemand nehmen*

Samstag *Joh 16,23b-24[25].26-28*

23b Amen, amen, ich sage euch:
Was ihr vom Vater erbitten werdet,
das wird er euch in meinem Namen geben.
24 Bis jetzt habt ihr noch nichts in meinem Namen erbeten.
Bittet,
und ihr werdet empfangen,
damit eure Freude vollkommen ist …

26 An jenem Tag werdet ihr in meinem Namen bitten,
und ich sage nicht, daß ich den Vater für euch bitten werde;
27 denn der Vater selbst liebt euch, weil ihr mich geliebt
und weil ihr geglaubt habt, daß ich von Gott ausgegangen bin.
28 Vom Vater bin ich ausgegangen
und in die Welt gekommen;
ich verlasse die Welt wieder und gehe zum Vater.

- *Vom Vater bist du ausgegangen und in die Welt gekommen; du hast die Welt wieder verlassen und bist zum Vater zurückgegangen*
- *In deinem Namen wird der Vater alles geben*
- *Ich will es wagen, in deinem Namen den Vater zu bitten*
- *Gebetserhörung schenkt geistliche Freude*
- *Die dich lieben, liebt der Vater*

Montag *Joh 16,(28)29-30.31-33*

[Jesus sagte zu seinen Jüngern:]
28Vom Vater bin ich ausgegangen und in die Welt gekommen; ich verlasse die Welt wieder und gehe zum Vater.
29Da sagten seine Jünger: Jetzt redest du offen und sprichst nicht mehr in Gleichnissen.
30Jetzt wissen wir, daß du alles weißt und von niemand gefragt zu werden brauchst. Darum glauben wir, daß du von Gott gekommen bist.
31Jesus erwiderte ihnen: Glaubt ihr jetzt?
32Die Stunde kommt, und sie ist schon da, in der ihr versprengt werdet, jeder in sein Haus, und mich werdet ihr allein lassen. Aber ich bin nicht allein, denn der Vater ist bei mir.
33Dies habe ich zu euch gesagt, damit ihr in mir Frieden habt. In der Welt seid ihr in Bedrängnis; aber habt Mut: Ich habe die Welt besiegt.

- *Du bist von Gott gekommen und weißt alles*
- *In deiner „Stunde“ warst du auch von den Deinen allein gelassen*
- *Nie warst du allein – der Vater ist immer bei dir*
- *Leben in der Welt ist Drangsal, in dir: Frieden*
- *Unsere Zuversicht: Du hast die Welt überwunden*

Dienstag *Joh 17,1-5[6-11a]*

I.

1Jesus erhob seine Augen zum Himmel und sprach:
Vater, die Stunde ist da.
Verherrliche deinen Sohn,
damit der Sohn dich verherrlicht.

2Denn du hast ihm Macht über alle Menschen gegeben,
damit er allen, die du ihm gegeben hast,
ewiges Leben schenkt.

3Das ist das ewige Leben:
dich, den einzigen wahren Gott, zu erkennen
und Jesus Christus, den du gesandt hast.

4Ich habe dich auf der Erde verherrlicht
und das Werk zu Ende geführt, das du mir aufgetragen hast.

5Vater, verherrliche du mich jetzt bei dir
mit der Herrlichkeit, die ich bei dir hatte,
bevor die Welt war.

- *Vollmacht hast du über alle Menschen*
- *Der Vater hat mich dir gegeben*
- *Den Deinen gibst du ewiges Leben*
- *Dich und den Vater erkennen – das ist ewiges Leben*
- *Du bist und warst von Ewigkeit in der Herrlichkeit Gottes*

Dienstag *Joh 17,1a[1b-5].6-11a*

II.

1a Jesus erhob seine Augen zum Himmel und sprach: …

6 Ich habe deinen Namen den Menschen offenbart,
die du mir aus der Welt gegeben hast.
Sie gehörten dir,
und du hast sie mir gegeben,
und sie haben an deinem Wort festgehalten.
7 Sie haben jetzt erkannt,
daß alles, was du mir gegeben hast, von dir ist.

8 Denn die Worte, die du mir gegeben hast,
gab ich ihnen,
und sie haben sie angenommen.
Sie haben wirklich erkannt, daß ich von dir ausgegangen
bin, und sie sind zu dem Glauben gekommen,
daß du mich gesandt hast.

9 Für sie bitte ich;
nicht für die Welt bitte ich,
sondern für alle, die du mir gegeben hast;
denn sie gehören dir.

10 Alles, was mein ist,
ist dein,
und was dein ist,
ist mein;
in ihnen bin ich verherrlicht.

11 Ich bin nicht mehr in der Welt,
aber sie sind in der Welt,
und ich gehe zu dir.

- *Du hast uns den Namen des Vaters offenbart*
- *Was des Vaters ist, ist dein; was dein ist, ist des Vaters*
- *Ich glaube, daß der Vater dich gesandt hat*
- *Du bist nun unser Fürsprecher beim Vater*
- *Du erweist an uns deine göttliche Macht*

Mittwoch *Joh 17,1a[6a].11b-16[17-19]*

I.

1a Jesus erhob seine Augen zum Himmel und sprach: …
11b Heiliger Vater,
bewahre sie in deinem Namen, den du mir gegeben hast,
damit sie eins sind wie wir.

12 Solange ich bei ihnen war,
bewahrte ich sie in deinem Namen, den du mir gegeben hast.
Und ich habe sie behütet,
und keiner von ihnen ging verloren,
außer dem Sohn des Verderbens,
damit sich die Schrift erfüllt.

13 Jetzt aber gehe ich zu dir.
Doch dies rede ich noch in der Welt,
damit sie meine Freude in Fülle in sich haben.

14 Ich habe ihnen dein Wort gegeben,
und die Welt hat sie gehaßt,
weil sie nicht von der Welt sind,
wie auch ich nicht von der Welt bin.

15 Ich bitte nicht, daß du sie aus der Welt nimmst,
sondern daß du sie vor dem Bösen bewahrst.

16 Sie sind nicht von der Welt,
wie auch ich nicht von der Welt bin.

- *Du bist eins mit dem Vater*
- *Laß uns eins sein untereinander*
- *Auf deine Bitte hin bewahrt der Vater mich vor dem Bösen*
- *Ich bin in der Welt, nicht aus der Welt – mit dir*
- *Ich möchte deine Freude ganz in mir haben*

Mittwoch *Joh 17,1a[6a.11b-16].17-19*

II.

1a Jesus erhob seine Augen zum Himmel und sprach: …

17 (Heiliger Vater,)
heilige sie [meine Jünger] in der Wahrheit;
dein Wort ist Wahrheit.

18 Wie du mich in die Welt gesandt hast,
so habe auch ich sie in die Welt gesandt.

19 Und ich heilige mich für sie,
damit auch sie in der Wahrheit geheiligt sind.

- *Dein Wort ist Wahrheit, die die Wahrheit Gottes eröffnet*
- *Die wahre göttliche Wirklichkeit heiligt*
- *Der Vater hat dich in die Welt gesandt*
- *Du hast mich in die Welt gesandt*
- *Du weihst dich als Opfer für mich*

Donnerstag *Joh 17,1a.20-23[24-26]*

I.

1a Jesus erhob seine Augen zum Himmel und sprach: …

20 (Heiliger Vater,)
ich bitte nicht nur für diese hier,
sondern auch für alle,
die durch ihr Wort an mich glauben.

21 Alle sollen eins sein:
Wie du, Vater, in mir bist und ich in dir bin,
sollen auch sie in uns eins sein,
damit die Welt glaubt, daß du mich gesandt hast.

22 Und ich habe ihnen die Herrlichkeit gegeben,
die du mir gegeben hast;
denn sie sollen eins sein, wie wir eins sind,
23 ich in ihnen und du in mir.
So sollen sie vollendet sein in der Einheit,
damit die Welt erkennt,
daß du mich gesandt hast
und die Meinen ebenso geliebt hast wie mich.

- *Deine Fürbitte umgreift die Glaubensgemeinde überall und zu allen Zeiten*
- *Deine innigste Fürbitte gilt der Einheit der Kirche*
- *Einheit unter uns kann nur die göttliche Herrlichkeit wirken*
- *Der Vater in dir und du in und unter uns – das ist die Einheit*
- *Nur Einheit kann dich und den Vater sichtbar machen in der Welt*

Donnerstag *Joh 17,1a[20-23].24-26*

II.

1a Jesus erhob seine Augen zum Himmel und sprach: …
24 Vater, ich will, daß alle, die du mir gegeben hast,
dort bei mir sind, wo ich bin.
Sie sollen meine Herrlichkeit sehen,
die du mir gegeben hast,
weil du mich schon geliebt hast vor der Erschaffung der Welt.

25 Gerechter Vater, die Welt hat dich nicht erkannt,
ich aber habe dich erkannt,
und sie haben erkannt, daß du mich gesandt hast.

26 Ich habe ihnen deinen Namen bekannt gemacht
und werde ihn bekannt machen,
damit die Liebe, mit der du mich geliebt hast,
in ihnen ist und damit ich in ihnen bin.

- *Du willst mich ewig bei dir haben*
- *Ich soll die ewige Liebe des Vaters zu dir schauen – welche Herrlichkeit*
- *In einer Welt ohne Erkenntnis darf ich dich erkennen*
- *Die ewige Liebe des Vaters zu dir will auch mich*
- *Du willst in mir sein und unter uns*

Freitag *Joh 21,1.15-17.18-19*

1In jener Zeit offenbarte sich Jesus den Jüngern ... am See
von Tiberias:
15Er sagte zu Simon Petrus:
Simon, Sohn des Johannes, liebst du mich mehr als diese? Er
antwortete ihm: Ja, Herr, du weißt, daß ich dich liebe. Jesus
sagte zu ihm: Weide meine Lämmer! 16Zum zweitenmal
fragte er ihn: Simon, Sohn des Johannes, liebst du mich? Er
antwortete ihm: Ja, Herr, du weißt, daß ich dich liebe. Jesus
sagte zu ihm: Weide meine Schafe! 17Zum drittenmal fragte
er ihn: Simon, Sohn des Johannes, liebst du mich? Da wurde
Petrus traurig, weil Jesus ihn zum drittenmal gefragt hatte:
Hast du mich lieb? Er gab ihm zur Antwort: Herr, du weißt alles; du weißt, daß ich dich liebhabe. Jesus sagte zu ihm: Weide
meine Schafe!

18Amen, amen, das sage ich dir: Als du noch jung warst, hast
du dich selbst gegürtet und konntest gehen, wohin du wolltest.
Wenn du aber alt geworden bist, wirst du deine Hände ausstrecken, und ein anderer wird dich gürten und dich führen,
wohin du nicht willst. 19Das sagte Jesus, um anzudeuten,
durch welchen Tod er Gott verherrlichen würde. Nach diesen
Worten sagte er zu ihm: Folge mir nach!

- *Herr, ich weiß, daß du mich liebst*
- *Herr, du weißt, daß ich dich trotzdem liebe*
- *Herr, ich weiß, deine Liebe bindet mich*
- *Herr, ich will dir liebend folgen (auch auf dem Kreuzweg)*
- *Herr, halte mich in deiner Liebe*

Samstag *Joh 21,(19a)20-23.24[25]*

19Nachdem Jesus Petrus [am See von Tiberias] angedeutet
hatte, durch welchen Tod er Gott verherrlichen würde,
20wandte sich Petrus um und sah, wie der Jünger, den Jesus
liebte, (diesem) folgte. Es war der Jünger, der sich bei jenem
Mahl an die Brust Jesu gelehnt und ihn gefragt hatte: Herr,
wer ist es, der dich verraten wird? 21Als Petrus diesen Jünger
sah, fragte er Jesus: Herr, was ist mit ihm?
22Jesus antwortete ihm: Wenn ich will, daß er bis zu meinem
Kommen bleibt, was geht das dich an? Du aber folge mir
nach.
23Da verbreitete sich unter den Brüdern die Meinung: Jener
Jünger stirbt nicht. Doch Jesus hatte zu Petrus nicht gesagt:
Er stirbt nicht, sondern: Wenn ich will, daß er bis zu meinem
Kommen bleibt, was geht das dich an?
24Dieser Jünger ist es, der all das bezeugt und der es aufge-
schrieben hat; und wir wissen, daß sein Zeugnis wahr ist.

- *Herr, ich weiß, daß du bei mir bleibst*
- *Herr, du weißt, daß ich immer bei dir bleiben will*
- *Herr, gib mir, auch im Dunkel bei dir zu bleiben*
- *Herr, ich weiß, daß du auch an meinem Ende bei mir sein wirst*
- *Ich vertraue, daß ich in Ewigkeit bei dir sein darf*

3.

Die Wochen im Jahreskreis (II.)

Lesungen nach Matthäus
(10.-21. Woche)

Montag *Mt 5,[1-4]5[6].7-10*

Jesus sagte (zu seinen Jüngern in der Bergpredigt:)

5 Selig, die keine Gewalt anwenden;
denn sie werden das Land erben ...

7 Selig die Barmherzigen;
denn sie werden Erbarmen finden.

8 Selig, die ein reines Herz haben;
denn sie werden Gott schauen.

9 Selig, die Frieden stiften;
denn sie werden Söhne Gottes genannt werden.

10 Selig, die um der Gerechtigkeit willen verfolgt werden;
denn ihnen gehört das Himmelreich.

- *Sanftmütig und demütig von Herzen bist du*
- *Du erbarmst dich meiner*
- *Gott schauen dürfen in alle Ewigkeit*
- *Du unser Friede*
- *Du Lohn derer, die verfolgt werden*

Dienstag *Mt 5,13-14.15.16*

13 Ihr seid das Salz der Erde.
Wenn das Salz seinen Geschmack verliert,
womit kann man es wieder salzig machen?
Es taugt zu nichts mehr;
es wird weggeworfen und von den Leuten zertreten.

14 Ihr seid das Licht der Welt.
Eine Stadt, die auf einem Berg liegt,
kann nicht verborgen bleiben.

15 Man zündet auch nicht ein Licht an
und stülpt ein Gefäß darüber,
sondern man stellt es auf den Leuchter;
dann leuchtet es allen im Haus.

16 So soll euer Licht vor den Menschen leuchten,
damit sie eure guten Werke sehen
und euren Vater im Himmel preisen.

- *Wohnen darf ich in der Stadt auf dem Berge*
- *Dem schalen Salz gibst du Kraft*
- *Licht bist du – laß mich Leuchter sein*
- *Alles Lichte an mir ist von dir*
- *Im Dunkel laß leuchten dein Licht – auch durch mich*

Mittwoch *Mt 5,[17.18]19*

19Wer auch nur eines von den kleinsten Geboten aufhebt
und die Menschen entsprechend lehrt,
der wird im Himmelreich der Kleinste sein.
Wer sie aber hält und halten lehrt,
der wird groß sein im Himmelreich.

- *Du sagst, was Gottes Wille ist*
- *Du willst die je größere Liebe*
- *Gottes Wille im Kleinen: überaus groß*
- *Nur du warst gänzlich gehorsam*
- *Dein Todesgehorsam heiligte uns Sünder*

Donnerstag *Mt 5,20.21-22a[22b.23-24.25.26]*

(Jesus sprach zu seinen Jüngern:)
20 Ich sage euch:
Wenn eure Gerechtigkeit nicht weit größer ist als die der Pharisäer,
werdet ihr nicht in das Himmelreich kommen.

21 Ihr habt gehört,
daß zu den Alten gesagt worden ist:
Du sollst nicht töten;
wer aber jemand tötet, soll dem Gericht verfallen sein.
22 Ich aber sage euch:
Jeder, der seinem Bruder auch nur zürnt,
soll dem Gericht verfallen sein.

- *Du sprichst in der Vollmacht Gottes*
- *Du weißt, wie Gott denkt und richten wird*
- *Du überbietest die zehn Gebote*
- *Selbst den lieblosen Gedanken unterstellst du dem Gericht*
- *Mitte des Gesetzes ist die Liebe*

Freitag *Mt 5,27-28[29-30.31-32]*

27 Ihr habt gehört, daß gesagt worden ist:
Du sollst nicht die Ehe brechen.
28 Ich aber sage euch:
Wer eine Frau auch nur lüstern ansieht,
hat in seinem Herzen schon Ehebruch mit ihr begangen.

- *Du zeigst den je größeren Gott*
- *Gott sieht die Gedankensünden*
- *Nur du kannst das Herz lauter machen*
- *Nur du hast ein selbst-loses Ich*
- *Leib Christi, mache selig mich*

Samstag *Mt 5.33-34a[34b-36].37*

33 Ihr habt gehört, daß zu den Alten gesagt worden ist:
Du sollst keinen Meineid schwören,
und:
Du sollst halten, was du dem Herrn geschworen hast.
34 Ich aber sage euch:
Schwört überhaupt nicht! …

37 Euer Ja sei ein Ja
euer Nein ein Nein,
alles andere stammt vom Bösen.

- *Geheiligt werde der Name des Vaters*
- *Deine Parole: „Gott, was Gottes ist!“*
- *Gottes Eindeutigkeit duldet keine Zweideutigkeit*
- *Du bist das „Ja“ zu Gottes Verheißung*
- *„Ja“ spricht auch der Geist*

Montag *Mt 5,[38-39a]39b-40.41.42*

(Jesus sagte zu seinen Jüngern:)
39b Wenn dich einer auf die rechte Wange schlägt,
dann halte ihm auch die andere hin.
40 Und wenn dich einer vor Gericht bringen will,
um dir das Hemd wegzunehmen,
dann laß ihm auch den Mantel.

41 Und wenn dich einer zwingen will,
eine Meile mit ihm zu gehen,
dann geh zwei mit ihm.

42 Wer dich bittet,
dem gib,
und wer von dir borgen will,
den weise nicht ab.

- *Reaktionslos gut bist nur du*
- *Deine Feindesliebe läßt Gott erkennen*
- *Du hast Unrecht hingenommen*
- *Du hast uns geliebt, als wir noch Feinde waren*
- *Du gibst jedem, der dich bittet*

Dienstag *Mt 5,[43]44[45].46-47[48]*

44Ich sage euch:
Liebt eure Feinde
und betet für die, die euch verfolgen …

46Denn wenn ihr nur die liebt, die euch lieben,
welchen Lohn könnt ihr dafür erwarten?
Tun das nicht auch die Zöllner?

47Und wenn ihr nur eure Brüder grüßt,
was tut ihr damit Besonderes?
Tun das nicht auch die Heiden?

- *Du hast deine Feinde geliebt*
- *Du bist gut zu mir, der ich böse bin*
- *Lieben, die mich nicht lieben*
- *Wo Fremdheit ist, Bruderschaft stiften*
- *Selbst-los sein heißt sein wie du*

Mittwoch *Mt 6,1.2-4.5-6.16-18*

1Hütet euch,
eure Gerechtigkeit vor den Menschen zur Schau zu stellen;
sonst habt ihr keinen Lohn von eurem Vater im Himmel zu erwarten.

2Wenn du Almosen gibst,
laß es also nicht vor dir herposaunen,
wie es die Heuchler in den Synagogen und auf den Gassen tun,
um von den Leuten gelobt zu werden.
Amen, das sage ich euch:
Sie haben ihren Lohn bereits erhalten.
3Wenn du Almosen gibst,
soll deine linke Hand nicht wissen,
was deine rechte tut.
4Dein Almosen soll verborgen bleiben,
und dein Vater, der auch das Verborgene sieht,
wird es dir vergelten.

5Wenn ihr betet,
macht es nicht wie die Heuchler.
Sie stellen sich beim Gebet gern in die Synagogen und an die Straßenecken,
damit sie von den Leuten gesehen werden.
Amen, das sage ich euch:
Sie haben ihren Lohn bereits erhalten.
6Du aber geh in deine Kammer, wenn du betest,
und schließ die Tür zu;
dann bete zu deinem Vater, der im Verborgenen ist.
Dein Vater, der auch das Verborgene sieht,
wird es dir vergelten.

16 Wenn ihr fastet,
macht kein finsteres Gesicht wie die Heuchler.
Sie geben sich ein trübseliges Aussehen,
damit die Leute merken, daß sie fasten.
Amen, das sage ich euch:
Sie haben ihren Lohn bereits erhalten.
17 Du aber salbe dein Haar, wenn du fastest,
und wasche dein Gesicht,
18 damit die Leute nicht merken, daß du fastest,
sondern nur dein Vater,
der auch das Verborgene sieht;
und dein Vater, der auch das Verborgene sieht,
wird es dir vergelten.

- *Dein Vater ist unser Vater*
- *Deine Vaterbeziehung ist dein verborgenes Geheimnis*
- *Ich bin der Augen-Blick deines Vaters*
- *Du lehrtest, Gott zu gefallen, nicht den Menschen*
- *Was du durch meine Rechte tust, weiß meine Linke nicht*

Donnerstag *Mt 6,7-8[9-13.14-15]*

7Wenn ihr betet,
sollt ihr nicht plappern wie die Heiden,
die meinen, sie werden nur erhört,
wenn sie viele Worte machen.
8Macht es nicht wie sie;
denn euer Vater weiß, was ihr braucht,
noch ehe ihr ihn bittet.

- *Vater, ich weiß: Alles ist dir möglich*
- *Der Vater weiß, was mir not tut*
- *Blut schwitzend hast du deine Bitte nur dreimal gesagt*
- *Nicht wie ich will, Jesus, sondern wie du willst*
- *Möge der Geist in mir beten*

Freitag *Mt 6,19-21.22-23*

19 Sammelt euch nicht Schätze hier auf der Erde,
wo Motte und Wurm sie zerstören
und wo Diebe einbrechen und sie stehlen,
20 sondern sammelt euch Schätze im Himmel,
wo weder Motte noch Wurm sie zerstören
und keine Diebe einbrechen und sie stehlen.
21 Denn wo dein Schatz ist, da ist auch dein Herz.

22 Das Auge gibt dem Körper Licht.
Wenn dein Auge gesund ist,
dann wird dein ganzer Körper hell sein.
23 Wenn aber dein Auge krank ist,
dann wird dein ganzer Körper finster sein.
Wenn nun das Licht in dir Finsternis ist,
wie groß muß dann die Finsternis sein.

- *Ich habe den kostbaren Schatz gefunden*
- *Du hast meinen Schatz im Himmel hinterlegt*
- *Nimm alles von mir, was mich hindert zu dir*
- *Gib mir das neue Herz*
- *Das Licht in mir ist von dir*

Samstag *Mt 6,[24]25-26[27].28-33.34*

25Ich sage euch:
Sorgt nicht um euer Leben
und darum, daß ihr etwas zu essen habt,
noch um euern Leib
und darum, daß ihr etwas anzuziehen habt.
Ist nicht das Leben wichtiger als die Nahrung
und der Leib wichtiger als die Kleidung?

26Seht euch die Vögel des Himmels an:
Sie säen nicht, sie ernten nicht
und sammeln keine Vorräte in Scheunen;
euer himmlischer Vater ernährt sie.
Seid ihr nicht viel mehr wert als sie? …
28Und was sorgt ihr euch um eure Kleidung?
Lernt von den Lilien, die auf dem Feld wachsen:
Sie arbeiten nicht und spinnen nicht.
29Doch ich sage euch:
Selbst Salomo war in all seiner Pracht
nicht gekleidet wie eine von ihnen.
30Wenn aber Gott schon das Gras so prächtig kleidet,
das heute auf dem Feld steht
und morgen ins Feuer geworfen wird,
wieviel mehr dann euch, ihr Kleingläubigen!

31Macht euch also keine Sorgen und fragt nicht:
Was sollen wir essen?
Was sollen wir trinken?
Was sollen wir anziehen?
32Denn um all das geht es den Heiden.
Euer himmlischer Vater weiß, daß ihr das alles braucht.
33Euch aber muß es zuerst um sein Reich
und seine Gerechtigkeit gehen;
dann wird euch alles andere dazugegeben.

34 Sorgt euch also nicht um morgen;
denn der morgige Tag wird für sich selbst sorgen.
Jeder Tag hat genug eigene Plage.

- *Gott läßt keine Alternative zu*
- *Die Gott dienen, bedient Gott*
- *Du hast sorglos gelebt – ohne Rückversicherung*
- *Dein Jüngerkreis war eine Schule der Sorglosigkeit*
- *Ich habe dich heute, da gibt es kein Morgen*

Montag *Mt 7,1-2.3-5*

1Richtet nicht,
damit ihr nicht gerichtet werdet!
2Denn wie ihr richtet,
so werdet ihr gerichtet werden,
und nach dem Maß, mit dem ihr meßt und zuteilt,
wird euch zugeteilt werden.

3Warum siehst du den Splitter im Auge deines Bruders,
aber den Balken in deinem Auge bemerkst du nicht?
4Wie kannst du zu deinem Bruder sagen:
Laß mich den Splitter aus deinem Auge herausziehen! –
und dabei steckt in deinem Auge ein Balken?

- *Nicht zu richten bist du gekommen, sondern um zu retten*
- *Liebe kennt kein Maß*
- *Du siehst meine abgrundtiefe Schuld*
- *Sich selbst richten, nicht andere*
- *Das Urteil über andere ist immer inkompetent*

Dienstag *Mt 7,[6]12[13-14]*

12 Alles, was ihr also von andern erwartet,
das tut auch ihnen!
Darin besteht das Gesetz und die Propheten.

- *Du gabst die „Goldene Regel“*
- *Die innerste Intention aller Gebote legtest du frei*
- *Unser Ich kennt seine Wünsche*
- *Die Wünsche des andern sind mir Befehl*
- *Den Nächsten lieben wie sein eigenes Selbst*

Mittwoch *Mt 7,15[16-20]*

(In jener Zeit sprach Jesus zu seinen Jüngern:)
15 Hütet euch vor den falschen Propheten;
sie kommen zu euch wie (harmlose) Schafe,
in Wirklichkeit aber sind sie reißende Wölfe.

- *Wer dich nicht kennt, ist ein falscher Prophet*
- *Die falschen Propheten sind unter uns zu suchen*
- *Du gibst die Gabe der Unterscheidung*
- *Nur was von dir kommt, trägt Frucht*
- *Du wehrtest den Wölfen unter Einsatz deines Lebens*

Donnerstag *Mt 7,21.22-23[24-27.28-29]*

21 Nicht jeder, der zu mir sagt: Herr! Herr!,
wird in das Himmelreich kommen,
sondern nur,
wer den Willen meines Vaters im Himmel erfüllt.

22 Viele werden an jenem Tag zu mir sagen:
Herr, Herr, sind wir nicht in deinem Namen als Prophetenaufgetreten,
und haben wir nicht in deinem Namen Dämonen ausgetrieben
und in deinem Namen Wunder vollbracht?
23 Dann werde ich ihnen antworten:
Ich kenne euch nicht.
Weg von mir, ihr Übertreter des Gesetzes.

- *Du sagst in Vollmacht Gottes Wort*
- *Der Wille des Vaters – dein tiefstes Anliegen*
- *Das Bekenntnis zu dir genügt nicht*
- *Prophetengabe und Heilungskräfte retten nicht*
- *Den Befolgern deines Wortes versprichst du das Reich*

Freitag *Mt 8,1b-4*

1bJesus folgten viele Menschen. 2Da kam ein Aussätziger, fiel
vor ihm nieder und sagte: Herr, wenn du willst, kannst du ma-
chen, daß ich rein werde. 3Jesus streckte die Hand aus,
berührte ihn und sagte: Ich will es – werde rein! Im gleichen
Augenblick wurde der Aussätzige rein.
4Jesus aber sagte zu ihm: Nimm dich in acht! Erzähl niemand
davon, sondern geh, zeig dich dem Priester und bring das Op-
fer dar, das Mose angeordnet hat. Das soll für sie ein Beweis
(deiner Heilung) sein.

- *Du tust größere Wunder als Mose*
- *Du bist gekommen als Heiland*
- *Deine Nähe deckt meine Unreinheit auf*
- *Herr, wenn du willst, kannst du mich rein machen*
- *Dank dir für die geschenkte Reinigung*

Samstag *Mt 8,5-10[11-12].13[14-15.16-17]*

5Als Jesus nach Kafarnaumkam, trat ein Hauptmann an ihn
heran und bat ihn: 6Herr, mein Diener liegt gelähmt zu Hause
und hat große Schmerzen. 7Jesus sagte zu ihm: Ich will kom-
men und ihn gesund machen.
8Da antwortete der Hauptmann: Herr, ich bin es nicht wert,
daß du mein Haus betrittst; sprich nur ein Wort, dann wird
mein Diener gesund. 9Auch ich muß Befehlen gehorchen, und
ich habe selber Soldaten unter mir; sage ich nun zu einem:
Geh!, so geht er, und zu einem andern: Komm!, so kommt er,
und zu meinem Diener: Tu das!, so tut er es.
10Jesus war erstaunt, als er das hörte, und sagte zu denen, die
ihm nachfolgten: Amen, das sage ich euch: Einen solchen
Glauben habe ich in Israel noch bei niemand gefunden …
13Und zum Hauptmann sagte Jesus: Geh! Es soll geschehen,
wie du geglaubt hast. Und in derselben Stunde wurde der
Diener gesund.

- *O Herr, ich bin nicht würdig, daß du bei mir einkehrst*
- *Herr, sprich nur ein Wort, du kannst mich gesund machen*
- *Du kannst von fern her heilen*
- *Wenn du zu einem Unheil sagst: „Geh!“, so geht es*
- *Du hilfst dem, der glaubt*

Montag *Mt 8,18-20.21-22*

18Als Jesus die vielen Menschen sah, die um ihn waren, befahl
er, ans andere Ufer zu fahren.
19Da kam ein Schriftgelehrter zu Jesus und sagte: Meister, ich
will dir folgen, wohin du auch gehst.
20Jesus antwortete ihm:
Die Füchse haben ihre Höhlen
und die Vögel ihre Nester;
der Menschensohn aber hat keinen Ort,
wo er sein Haupt hinlegen kann.

21Ein anderer aber, einer der Jünger, sagte zu ihm: Herr, laß
mich zuerst heimgehen und meinen Vater begraben!
22Jesus erwiderte:
Folge mir nach;
laß die Toten ihre Toten begraben!

- *Du bist der Einsame und suchst die Einsamkeit*
- *Die Hauslosigkeit ist dein Ge-Schick*
- *Was du forderst, darf kein Mensch fordern*
- *Dein Rufen erlaubt kein Wenn und Aber*
- *Wer deine Stimme hört, ist von den Toten erstanden*

13. Woche im Jahreskreis

Dienstag *Mt 8,23-27*

23 Jesus stieg in das Boot, und seine Jünger folgten ihm.
24 Plötzlich brach auf dem See ein gewaltiger Sturm los, so daß
das Boot von den Wellen überflutet wurde. Jesus aber schlief.
25 Da tratenseine Jünger zu ihm und weckten ihn; sie riefen:
Herr, rette uns, wir gehen zugrunde! 26 Er sagte zu ihnen:
Warum habt ihr solche Angst, ihr Kleingläubigen? Dann
stand er auf, drohte den Winden und dem See, und es trat völ-
lige Stille ein.
27 Die Leute aber staunten und sagten: Was ist das für ein
Mensch, daß ihm sogar die Winde und der See gehorchen?

- *Du bist bei uns im Schiff der Kirche*
- *Du bist die Ruhe im Sturm der Zeiten*
- *Der Glaube an dich nimmt alle Angst*
- *Winde und Wellen gehorchen dir*
- *Was bist du für einer und woher?*

Mittwoch *Mt 8,28-34*

28 Als Jesus an das andere Ufer kam, in das Gebiet von
Gadara, liefen ihm aus den Grabhöhlen zwei Besessene ent-
gegen. Sie waren so gefährlich, daß niemand den Weg benut-
zen konnte, der dort vorbeiführte.
29 Sofort begannen sie zu schreien: Was haben wir mit dir zu
tun, Sohn Gottes? Bist du hergekommen, um uns schon vor
der Zeit zu quälen? 30 In einiger Entfernung weidete gerade
eine große Schweineherde. 31 Da baten ihn die Dämonen:
Wenn du uns austreibst, dann schick uns in die Schweine-
herde! 32 Er sagte zu ihnen: Geht! Da verließen sie die beiden
und fuhren in die Schweine. Und die ganze Herde stürzte sich
den Abhang hinab in den See und kam in den Fluten um.
33 Die Hirten flohen, liefen in die Stadt und erzählten dort al-
les, auch das, was mit den Besessenen geschehen war. 34 Und
die ganze Stadt zog zu Jesus hinaus; als sie ihn trafen, baten
sie ihn, ihr Gebiet zu verlassen.

- *Du zeigst deine Macht im Lande der Heiden und Gottfernen*
- *Die Dämonen erkennen dich als Sohn Gottes*
- *Du erbarmst dich der Besessenen*
- *Gefährliche Bosheit machst du lächerlich*
- *Dich muß man fliehen oder anbeten*

Donnerstag *Mt 9,1-8*

1Jesus stieg in das Boot, fuhr über den See und kam in seine
Stadt. 2Da brachte man auf der Tragbahre einen Gelähmten
zu ihm. Als Jesus ihren Glauben sah, sagte er zu dem Gelähm-
ten: Hab Vertrauen, mein Sohn, deine Sünden sind dir verge-
ben!
3Da dachten einige Schriftgelehrte: Er lästert Gott. 4Jesus
wußte, was sie dachten, und sagte: Warum habt ihr so böse
Gedanken im Herzen? 5Was ist leichter, zu sagen: Deine Sün-
den sind dir vergeben!, oder zu sagen: Steh auf und geh um-
her? 6Ihr sollt aber erkennen, daß der Menschensohn die
Vollmacht hat, hier auf der Erde Sünden zu vergeben. Darauf
sagte er zu dem Gelähmten: Steh auf, nimm deine Tragbahre,
und geh nach Hause! 7Und der Mann stand auf und ging
heim.
8Als die Leute das sahen, erschraken sie und priesen Gott, der
den Menschen solche Vollmacht gegeben hat.

- *Du hast Vollmacht, Sünden zu vergeben*
- *Du kannst jeden heilen, der vertraut*
- *Ein findiger Glaube gefällt dir*
- *Du bist ein Zeichen, dem widersprochen wird*
- *Die du erschrocken machst, preisen Gott*

Freitag *Mt 9,[9]10-12.13b.13a*

10Als Jesus im Haus (des Zöllners Matthäus) beim Essen war,
kamen viele Zöllner und Sünder und aßen zusammen mit ihm
und seinen Jüngern. 11Als die Pharisäer das sahen, sagten sie
zu seinen Jüngern: Wie kann euer Meister zusammen mit
Zöllnern und Sündern essen? 12Er hörte es und sagte:

Nicht die Gesunden brauchen den Arzt,
sondern die Kranken.

13bIch bin gekommen, um die Sünder zu rufen,
nicht die Gerechten.

13aDarum lernt, was es heißt:
Barmherzigkeit will ich, nicht Opfer.

- *Du benimmst dich gesellschaftlich unschicklich*
- *Du Freund der Sünder und Zöllner*
- *Sündern und Kranken bringst du das Heil*
- *Liebesdienst ist dir wichtiger als Opferdienst*
- *Eigengerechtigkeit ist dir ein Greuel*

Samstag *Mt 9,[14-15]16-17*

Jesus sagte zu den Pharisäern:
16 Niemand setzt ein Stück neuen Stoff auf ein altes Kleid;
denn der neue Stoff reißt doch wieder ab,
und es entsteht ein noch größerer Riß.
17 Auch füllt man nicht neuen Wein in alte Schläuche,
der Wein läuft aus,
und die Schläuche sind unbrauchbar.
Neuen Wein füllt man in neue Schläuche,
dann bleibt beides erhalten.

- *Du bringst die Neuheit der Endzeit*
- *Du bist nicht gekommen, die alttestamentliche Frömmigkeit zu reformieren*
- *In der Taufe kleidest du uns neu*
- *Dein Wein ist jung und anregend*
- *Lehre uns, eschatologisch-alternativ zu leben*

Montag *Mt 9,18-19[20-22].23-26*

18Während Jesus redete, kam ein Synagogenvorsteher, fiel
vor ihm nieder und sagte: Meine Tochter ist eben gestorben;
komm doch, leg ihr deine Hand auf, dann wird sie wieder
lebendig. 19Jesus stand auf und folgte ihm mit seinen
Jüngern …
23Als Jesus in das Haus des Synagogenvorstehers kam und die
Flötenspieler und die Menge der klagenden Leute sah, 24sagte
er: Geht hinaus! Das Mädchen ist nicht gestorben, es schläft
nur. Da lachten sie ihn aus. 25Als man die Leute hinausge-
drängt hatte, trat er ein und faßte das Mädchen an der Hand;
da stand es auf.
26Und die Kunde davon verbreitete sich in der ganzen Ge-
gend.

- *Herr über Leben und Tod bist du*
- *Die in dir Verstorbenen schlafen nur*
- *Die Trauernden – befreit werden sie einst lachen*
- *Du nimmst an die Hand und führst ins Leben*
- *Du bist die Auferstehung und das Leben*

Dienstag *Mt 9,32-34[35.36.37-38]*

32In jener Zeit brachte man zu Jesus einen Stummen, der von
einem Dämon besessen war. 33Er trieb den Dämon aus, und
der Stumme konnte reden. Alle Leute staunten und sagten:
So etwas ist in Israel noch nie geschehen.
34Die Pharisäer aber sagten: Mit Hilfe des Anführers der
Dämonen treibt er die Dämonen aus.

- *Du hast Macht über böse Geister*
- *Stummen gibst du die Sprache*
- *Deine Taten sind erstaunlich und erwecken Staunen*
- *Du erlebtest viel ungläubiges Staunen*
- *Du Sohn Gottes – angeklagt des Teufelsbündnisses*

Mittwoch *Mt 10,[1-4]5-6[7]*

5 Jesus sandte die Zwölf aus und gebot ihnen:
Geht nicht auf den Weg zu den Heiden,
und betretet keine Stadt der Samariter,
6 sondern geht zu den verlorenen Schafen des Hauses Israel.

- *Du willst das Zwölfstämmevolk endzeitlich erneuern*
- *Israel ist eine Herde verlorener Schafe*
- *Aus den Verlorenen wirst du das neue Gottesvolk berufen*
- *Auch die Stunde der Samariter und Heiden wird kommen*
- *Am Ende wird ein Hirte und eine Herde sein*

Donnerstag *Mt 10,7-8a[8b.9-10.11.12-13.14.15]*

(Jesus gebot seinen Aposteln:)
7Geht und verkündet:
Das Himmelreich ist nahe.
8Heilt Kranke, weckt Tote auf,
macht Aussätzige rein, treibt Dämonen aus.

- *Das angekündigte Reich Gottes steht schon an*
- *Deinen Sendlingen gabst du Anteil an deiner Geistmächtigkeit*
- *Die Machttaten der Sendlinge beweisen die Heilsgegenwart des Reiches*
- *Das Heil des Reiches ist mehr als „Bewahrung der Schöpfung"*
- *Das anstehende Heil er-mächtigt und verpflichtet*

Freitag *Mt 10,16[17-18.19-20.21.22].23*

16 Seht,
ich sende euch wie Schafe mitten unter die Wölfe;
seid daher klug wie die Schlangen
und arglos wie die Tauben!

23 Wenn man euch in der einen Stadt verfolgt,
so flieht in eine andere.
Amen, ich sage euch:
Ihr werdet nicht zu Ende kommen mit den Städten Israels,
bis der Menschensohn kommt.

- *Vor den Foren der Welt hast du Zeugnis gegeben für die Welt Gottes*
- *Klug und arglos warst nur du*
- *Allen Völkern soll das Evangelium verkündet werden vom nahenden Ende*
- *Ungläubigen Nachstellungen gilt es klug auszuweichen*
- *Du wirst kommen und die Deinen rechtzeitig retten*

14. Woche im Jahreskreis

Samstag *Mt 10,24-25a.25b.26a.26b-27[28.29-31.32-33]*

24 Ein Jünger steht nicht über seinem Meister
und ein Sklave nicht über seinem Herrn.
25 Der Jünger muß sich damit begnügen,
daß es ihm geht wie seinem Meister,
und der Sklave,
daß es ihm geht wie seinem Herrn.

Wenn man schon den Herrn des Hauses Beelzebul nennt,
dann erst recht seine Hausgenossen.

26 Darum fürchtet euch nicht vor ihnen!
Denn nichts ist verhüllt,
was nicht enthüllt wird.

Und nichts ist verborgen,
was nicht bekannt wird.
27 Was ich euch im Dunkeln sage,
davon redet am hellen Tag,
und was man euch ins Ohr flüstert,
das verkündet von den Dächern.

- *Gottes Offenbarung will Öffentlichkeit*
- *Deine Mitteilungen darf ich nicht für mich behalten*
- *Du willst mutiges Bekenntnis*
- *Dein Geschick ist mein Geschick – ich bin zufrieden*
- *Deine Schmach will ich mittragen*

Montag *Mt 10,34.35-36[37.38.39.40.41.42;11,1]*

34Denkt nicht, ich sei gekommen,
um Frieden auf die Erde zu bringen.
Ich bin nicht gekommen, um Frieden zu bringen,
sondern das Schwert.

35Denn ich bin gekommen,
um den Sohn mit seinem Vater zu entzweien
und die Tochter mit ihrer Mutter
und die Schwiegertochter mit ihrer Schwiegermutter;
36und die Hausgenossen eines Menschen werden seine
Feinde sein.

- *Du bist ein Störenfried im beharrenden Milieu*
- *Du bist ein Zeichen, dem widersprochen wird*
- *Um deinetwillen gibt es Streit in den Familien*
- *Nachfolge verlangt Martyriumsbereitschaft*
- *Wer sich zu dir bekennt, muß anders sein*

Dienstag *Mt 11,20.21-22.23-24*

20Jesus begann den Städten, in denen er die meisten Wunder getan hatte, Vorwürfe zu machen, weil sie sich nicht bekehrt hatten:

21Weh dir, Chorazin! Weh dir, Betsaida!
Wenn einst in Tyrus und Sidon die Wunder geschehen wären,
die bei euch geschehen sind –
man hätte dort in Sack und Asche Buße getan.
22Ja, das sage ich euch:
Tyrus und Sidon wird es am Tag des Gerichtes
nicht so schlimm ergehen wie euch.

23Und du, Kafarnaum, meinst du etwa,
du wirst bis zum Himmel gehoben?
Nein, in die Unterwelt wirst du hinabgeworfen.
Wenn in Sodom die Wunder geschehen wären,
die bei dir geschehen sind,
dann stünde es noch heute.
24Ja, das sage ich euch:
Dem Gebiet von Sodom wird es am Tag des Gerichts
nicht so schlimm ergehen wie dir.

- *Nicht zu richten bist du gekommen, sondern uns zu retten*
- *Du hattest viel Mißerfolg*
- *Dein Heilsangebot kann Unheil wirken*
- *Dich ablehnen – die gefährlichste aller Sünden*
- *Was bei Menschen unmöglich scheint, ist noch möglich bei dir*

Mittwoch *Mt 11,25-26.27*

25 In jener Zeit sprach Jesus:
Ich preise dich, Vater,
Herr des Himmels und der Erde,
weil du all das den Weisen und Klugen verborgen,
den Unmündigen aber offenbart hast.
26 Ja, Vater, so hat es dir gefallen.

27 Mir ist von meinem Vater alles übergeben worden;
niemand kennt den Sohn, nur der Vater,
und niemand kennt den Vater, nur der Sohn
und der, dem es der Sohn offenbaren will.

- *Den Weisen und Klugen der Welt bleibt dein Sohnesgeheimnis verborgen*
- *Den Unmündigen offenbart der Vater seinen Sohn*
- *Alles ist dir vom Vater übergeben worden*
- *Dich, den Sohn, erkennt nur der Vater*
- *Erkenntnis des Vaters gibt es nur durch dich*

Donnerstag *Mt 11,28-30*

28Kommt alle zu mir,
die ihr euch plagt und schwere Lasten zu tragen habt.
Ich werde euch Ruhe verschaffen.
29Nehmt mein Joch auf euch und lernt von mir;
denn ich bin gütig und von Herzen demütig;
so werdet ihr Ruhe finden für eure Seele.
30Denn mein Joch drückt nicht,
und meine Last ist leicht.

- *Laß mich dir nahe sein*
- *Deine Nähe gibt Ruhe*
- *Du bist ab-gründig selbst-los und darum so gütig*
- *Dein Joch ist die geistgewirkte Liebe*
- *Die Last der Liebe ist leicht*

Freitag *Mt 12,1-2.3a[3b-4].5-6.7[8]*

1In jener Zeit ging Jesus an einem Sabbat durch die Kornfel-
der. Seine Jünger hatten Hunger; sie rissen deshalb Ähren ab
und aßen davon. 2Die Pharisäer sahen es und sagten zu ihm:
Sieh her, deine Jünger tun etwas, das am Sabbat verboten ist.
3Da sagte er zu ihnen:
5Habt ihr nicht im Gesetz gelesen, daß am Sabbat die Priester
den Tempel des Herrn entweihen, ohne sich schuldig zu ma-
chen? 6Ich sage euch:
Hier ist einer,
der größer ist als der Tempel.
7Wenn ihr begriffen hättet, was das heißt:
Barmherzigkeit will ich,
nicht Opfer,
dann hättet ihr nicht Unschuldige verurteilt.

- *Gott ist gegenwärtig in dir*
- *Dein Kreuzesopfer war das Ende des Tempelkults*
- *Der Vorhang des Tempels riß entzwei*
- *Barmherzigkeit ist mehr als Kultopfer*
- *„Als aber der Sabbat vorüber war und der erste Tag der Woche anbrach …“*

Samstag *Mt 12,[14-15a]15b-21*

15bViele folgten Jesus, und er heilte alle Kranken. 16Aber er
verbot ihnen, in der Öffentlichkeit von ihm zu reden. 17Auf
diese Weise sollte sich erfüllen, was durch den Propheten Je-
saja gesagt worden ist:

18Seht, das ist mein Knecht, den ich erwählt habe,
mein Geliebter, an dem ich Gefallen gefunden habe.
Ich werde meinen Geist auf ihn legen,
und er wird den Völkern das Recht verkünden.
19Er wird nicht zanken und nicht schreien,
und man wird seine Stimme nicht auf den Straßen hören.
20Das geknickte Rohr wird er nicht zerbrechen
und den glimmenden Docht nicht auslöschen,
bis er dem Recht zum Sieg verholfen hat.
21Und auf seinen Namen werden die Völker ihre Hoffnung
setzen.

- *Des Vaters lieber Sohn bist du*
- *Du Knecht Gottes, wirkend im Geist*
- *Allen Völkern verkündest du, was Recht ist*
- *Du wirkst gewaltlos und ohne Propaganda*
- *Durch Sanftmut bringst du das Recht zum Sieg*

Montag *Mt 12,38-40[41-42]*

38Zu dieser Zeit sagten einige Schriftgelehrte und Pharisäer
zu Jesus: Meister, wir möchten von dir ein Zeichen sehen.
39Er antwortete ihnen:

Diese böse und treulose Generation
fordert ein Zeichen,
aber es wird ihr kein anderes gegeben werden
als das Zeichen des Propheten Jona.

40Denn wie Jona drei Tage und drei Nächte
im Bauch des Fisches war,
so wird auch der Menschensohn drei Tage und drei Nächte
im Innern der Erde sein.

- *Ein Zeichen Gottes bist du*
- *Du Zeichen, dem widersprochen wird*
- *Deine Auferweckung nach drei Tagen: das manifeste Zeichen Gottes*
- *Der Vater hat dich uns offenbart*
- *Ein sündiges Herz versteht Gottes Zeichen nicht*

Dienstag *Mt 12,46-50*

46Als Jesus noch mit den Leuten redete, standen seine Mutter
und seine Brüder vor dem Haus und wollten mit ihm spre-
chen. 47Da sagte jemand zu ihm: Deine Mutter und deine
Brüder stehen draußen und wollen mit dir sprechen. 48Dem,
der ihm das gesagt hatte, erwiderte er: Wer ist meine Mutter,
und wer sind meine Brüder? 49Und er streckte die Hand über
seine Jünger aus und sagte: Das hier sind meine Mutter und
meine Brüder.

50Denn wer den Willen meines himmlischen Vaters erfüllt,
der ist für mich Bruder und Schwester und Mutter.

- *Mutter und Brüder hast du verlassen, Haus und Beruf gelassen*
- *Alles wurde dir wiedergeschenkt*
- *Die den Willen des Vaters tun, sind dir Familie*
- *Der Wille des Vaters ist, dein Wort zu hören und zu befolgen*
- *Du hast mich aufgenommen in deine Familie*

Mittwoch *Mt 13,[1-3a]3b-8.9*

3(Jesus) sagte (zur Volksmenge:)
Ein Sämann ging aufs Feld, um zu säen. 4Als er säte, fiel ein
Teil der Körner auf den Weg, und die Vögel kamen und
fraßen sie.
5Ein anderer Teil der Körner fiel auf felsigen Boden, wo es
nur wenig Erde gab, und ging sofort auf, weil das Erdreich
nicht tief war; 6als aber die Sonne hochstieg, wurde die Saat
versengt und verdorrte, weil sie keine Wurzeln hatte.
7Wieder ein anderer Teil fiel in die Dornen, und die Dornen wuchsen auf und erstickten die Saat.
8Ein anderer Teil schließlich fiel auf guten Boden und brachte Frucht, teils hundertfach, teils sechzigfach, teils dreißigfach.

9Wer Ohren hat, der höre!

- *Du bist der Sämann und das Wort und säst dich selber in deinen Worten*
- *Dein Wort hat weltweit Mißerfolg*
- *Du lehrst, im Mißerfolg den Erfolg zu erkennen*
- *Der Vater macht deinen Mißerfolg fruchtbar*
- *Laß dein Wort Frucht bringen in meinem Herzen*

Donnerstag *Mt 13,10-11.12[13-15].16-17*

10 Die Jünger kamen zu Jesus und sagten: Warum redest du
(zur Volksmenge) in Gleichnissen? 11 Er antwortete:
Euch ist es gegeben,
die Geheimnisse des Himmelreiches zu erkennen;
ihnen aber ist es nicht gegeben.

12 Denn wer hat,
dem wird gegeben, und er wird im Überfluß haben;
wer aber nicht hat,
dem wird auch noch weggenommen, was er hat …

16 Ihr aber seid selig,
denn eure Augen sehen und eure Ohren hören.
17 Amen, ich sage euch:
Viele Propheten und Gerechte haben sich danach gesehnt,
zu sehen, was ihr seht,
und haben es nicht gesehen,
und zu hören, was ihr hört,
und haben es nicht gehört.

- *Nur du, Sohn Gottes, offenbarst uns den Vater*
- *Die Geheimnisse des Himmelreiches werden unter uns offenbar*
- *Reich sind wir beschenkt, und Gottes Schenken kennt kein Maß*
- *Deine Taten sehen und deine Worte hören dürfen – das ist die Seligkeit*
- *Gottes Heilswille ist unergründlich*

Freitag *Mt 13,18-23*

(Jesus sagte den Jüngern:)
18 Hört,
was das Gleichnis vom Sämann bedeutet:

19 Immer, wenn ein Mensch das Wort vom Reich hört und
es nicht versteht, kommt der Böse und nimmt alles weg, was
diesem Menschen ins Herz gesät wurde; hier ist der Samen
auf den Weg gefallen.
20 Auf felsigen Boden ist der Samen bei dem gefallen, der
das Wort hört und sofort freudig aufnimmt, 21 aber keine
Wurzeln hat, sondern unbeständig ist; sobald er um des
Wortes willen bedrängt oder verfolgt wird, kommt er zu
Fall.
22 In die Dornen ist der Samen bei dem gefallen, der das
Wort zwar hört, aber dann ersticken es die Sorgen dieser
Welt und der trügerische Reichtum, und es bringt keine
Frucht.
Auf guten Boden ist der Same bei dem gesät, der das Wort
hört und es auch versteht; er bringt dann Frucht, hundert-
fach oder sechzigfach oder dreißigfach.

- *Du säst dein Wort in die Herzen*
- *Der Feind deines Wortes ist der Böse*
- *Unverständnis, Unbeständigkeit und Profitstreben sind die Hindernisse geistlicher Fruchtbarkeit*
- *Ein offenes Herz kannst nur du geben*
- *Unglaublich viel kannst du durch mich wirken*

Samstag *Mt 13,24-30*

24 Jesus erzählte noch ein anderes Gleichnis:
Mit dem Himmelreich ist es wie mit einem Mann, der guten
Samen auf seinen Acker säte. 25 Während nun die Leute
schliefen, kam sein Feind, säte Unkraut unter den Weizen
und ging wieder weg. 26 Als die Saat aufging und sich die
Ähren bildeten, kam auch das Unkraut zum Vorschein.
27 Da gingen die Knechte zu dem Gutsherrn und sagten:
Herr, hast du nicht guten Samen auf deinen Acker gesät?
Woher kommt dann das Unkraut? 28 Er antwortete: Das hat
ein Feind von mir getan. Da sagten die Knechte zu ihm: Sol-
len wir gehen und es ausreißen? 29 Er entgegnete: Nein,
sonst reißt ihr zusammen mit dem Unkraut auch den Wei-
zen aus. Laßt beides wachsen bis zur Ernte. Wenn dann die
Zeit der Ernte da ist, werde ich den Arbeitern sagen: Sam-
melt zuerst das Unkraut und bindet es in Bündel, um es zu
verbrennen; den Weizen aber bringt in meine Scheune.

- *Du hast dich entäußert in die Freiheit des Menschen hinein*
- *Dem Wirken des Bösen siehst du gelassen zu*
- *Du ließest dich ans Kreuz schlagen*
- *Nur deine Gelassenheit kann uns gelassen machen*
- *Das Geheimnis des Bösen ist bis ans Ende verwahrt in der Gelassenheit Gottes*

Montag *Mt 13,[31-32]33[34-35]*

33 Jesus erzählte noch ein Gleichnis:
Mit dem Himmelreich ist es wie mit dem Sauerteig, den eine Frau unter einen großen Trog Mehl mischte, bis das Ganze durchsäuert war.

- *Deine Gleichnisse offenbaren Gottes Geheimnis*
- *In deinen Gleichnissen erzählst du von dir selbst*
- *Unscheinbar und erfolglos scheint dein Wirken*
- *Du lehrst uns, im kleinen Anfang Gottes großen Erfolg zu sehen*
- *Extensiv und intensiv wird Gottes Reich dereinst alles durchdringen*

Dienstag *Mt 13,36.37-43*

36Jesus verließ die Menge und ging nach Hause. Und seine
Jünger kamen zu ihm und sagten: Erkläre uns das Gleichnis
vom Unkraut auf dem Acker.
37Er antwortete:
Der Mann, der den guten Samen sät, ist der Menschensohn;
38der Acker ist die Welt; der gute Samen, das sind die
Söhne des Reiches; das Unkraut sind die Söhne des Bösen;
39der Feind, der es gesät hat, ist der Teufel; die Ernte ist das
Ende der Welt; die Arbeiter bei dieser Ernte sind die Engel.
40Wie nun das Unkraut aufgesammelt und im Feuer verbrannt wird, so wird es auch am Ende der Welt sein:
41Der
Menschensohn wird seine Engel aussenden, und sie werden
aus seinem Reich alle zusammenholen, die andere verführt
und Gottes Gesetz übertreten haben,
42und sie werden sie
in den Ofen werfen, in dem das Feuer brennt. Dort werden
sie heulen und mit den Zähnen knirschen.
43Dann werden
die Gerechten im Reich ihres Vaters wie die Sonne leuchten.

Wer Ohren hat, der höre!

- *Die Welt ist dein Herrschaftsbereich*
- *Dein Reich steht an in der Kirche*
- *Wir Kinder des Reiches sind Geschöpfe deines Wortes*
- *Du verwehrst uns hienieden allen Perfektionismus und Zelotismus*
- *Im Reiche Gottes werden wir dereinst sonnenhell leuchten*

Mittwoch *Mt 13,44.45-46*

(Jesus sagte zu seinen Jüngern:)
44Mit dem Himmelreich ist es wie mit einem Schatz, der in einem Acker vergraben war. Ein Mann entdeckte ihn, grub ihn aber wieder ein. Und in seiner Freude verkaufte er alles, was er besaß, und kaufte den Acker.

45Auch ist es mit dem Himmelreich wie mit einem Kaufmann, der schöne Perlen suchte.
46Als er eine besonders wertvolle Perle fand, verkaufte er alles, was er besaß, und kaufte sie.

- *Du erzählst, warum du Nazaret verlassen hast*
- *Das verheißene Gottesreich war dein ein und alles*
- *Die Frohbotschaft vom Heil des Vaters wurde dein Geschick im Leben und im Tod*
- *Wir müssen suchen und werden dann Kostbares finden*
- *Wer die Perle gefunden hat, braucht sonst nichts mehr*

Donnerstag *Mt 13,47-50.51-52[53]*

(Jesus sagte weiter:)
47Weiter ist es mit dem Himmelreich wie mit einem Netz,
das man ins Meer warf, um Fische aller Art zu fangen. 48Als
es voll war, zogen es die Fischer ans Ufer; sie setzten sich,
lasen die guten Fische aus und legten sie in Körbe, die
schlechten aber warfen sie weg.
49So wird es auch am Ende der Welt sein: Die Engel wer-
den kommen und die Bösen von den Gerechten trennen
50und in den Ofen werfen, in dem das Feuer brennt. Dort
werden sie heulen und mit den Zähnen knirschen.

51Habt ihr das alles verstanden?
Sie antworteten: Ja. 52Da sagte er zu ihnen:
Jeder Schriftgelehrte also, der ein Jünger des Himmelreiches geworden ist, gleicht einem Hausherrn, der aus seinem reichen Vorrat Neues und Altes hervorholt.

- *Am Ende wird Gut und Böse geschieden*
- *Herr, laß mich gut sein und gerettet werden*
- *Wer dich verstanden hat, hat alles verstanden*
- *Dein Wort macht reich*
- *Dein Wort ist Kriterium für alle Lehrtraditionen*

17. Woche im Jahreskreis

Freitag *Mt 13,54-58*

54(Jesus) kam in seine Heimatstadt und lehrte die Menschen
dort in der Synagoge. Da staunten alle und sagten: Woher hat
er diese Weisheit und diese Kraft, Wunder zu tun? 55Ist das
nicht der Sohn des Zimmermanns? Heißt seine Mutter nicht
Maria, und sind nicht Jakobus, Josef, Simon und Judas seine
Brüder? 56Leben nicht alle seine Schwestern unter uns? Wo-
her also hat er das alles? 57Und sie nahmen Anstoß an ihm
und lehnten ihn ab.
Da sagte Jesus zu ihnen: Nirgends hat ein Prophet so wenig
Ansehen wie in seiner Heimat und in seiner Familie. 58Und
wegen ihres Unglaubens tat er dort nur wenige Wunder.

- *Weil du die Weisheit Gottes bist, redest du Weisheit*
- *In der Macht Gottes tust du Machttaten*
- *Weisheit und Macht Gottes hattest du als einer von uns*
- *Gottes Weisheit in menschlicher Umwelt ist ärgerlich*
- *Ablehnung war dein Ge-Schick*

Samstag *Mt 14,1-2[3-12]*

1Zu dieser Zeit hörte der Tetrarch Herodes, was man von Je-
sus erzählte. 2Er sagte zu seinem Gefolge: Das ist Johannes
der Täufer. Er ist von den Toten auferstanden; deshalb wir-
ken solche Kräfte in ihm.

- *Du bist mehr als „der letzte Prophet“*
- *Die Mächtigen der Erde zittern vor dir*
- *Seit dem Martyrertod des Täufers mußtest auch du mit dem Martyrium rechnen*
- *Zu fürchten sind nicht die, die nur den Leib töten können*
- *Du gingst deinen Weg ohne Menschenfurcht*

Montag *Mt 14,[13-14]15-21*

15Als es Abend wurde, kamen die Jünger zu Jesus und sagten:
Der Ort ist abgelegen, und es ist schon spät geworden. Schick
doch die Menschen weg, damit sie in die Dörfer gehen und
sich etwas zu essen kaufen können.
16Jesus antwortete: Sie brauchen nicht wegzugehen. Gebt ihr
ihnen zu essen! 17Sie sagten zu ihm: Wir haben nur fünf Brote
und zwei Fische bei uns.
18Darauf antwortete er: Bringt sie her! 19Dann ordnete er an,
die Leute sollten sich ins Gras setzen. Und er nahm die fünf
Brote und die zwei Fische, blickte zum Himmel auf, sprach
den Lobpreis, brach die Brote und gab sie den Jüngern; die
Jünger aber gaben sie den Leuten, 20und alle aßen und wur-
den satt.
Als die Jünger die übriggebliebenen Brotstücke einsammel-
ten, wurden zwölf Körbe voll. 21Es waren etwa fünftausend
Männer, die an dem Mahl teilnahmen, dazu noch Frauen und
Kinder.

- *Voller Mitleid bist du da für die Notleidenden*
- *Wie Gott gabst du Brot in der Wüste*
- *Den Deinen befiehlst du, Hungrige zu speisen*
- *Wir erfahren dich beim heiligen Mahl dienend und im Dienst der Diener*
- *Dereinst wirst du alle Hungernden sättigen*

Dienstag *Mt 14,22-33[34-36]*

22Nachdem Jesus die Menge gespeist hatte, forderte er die
Jünger auf, ins Boot zu steigen und an das andere Ufer vor-
auszufahren. Inzwischen wollte er die Leute nach Hause
schicken. 23Nachdem er sie weggeschickt hatte, stieg er auf ei-
nen Berg, um in der Einsamkeit zu beten. Spät am Abend war
er immer noch allein auf dem Berg. 24Das Boot aber war
schon viele Stadien vom Land entfernt und wurde von den
Wellen hin und her geworfen; denn sie hatten Gegenwind.
25In der vierten Nachtwache kam Jesus zu ihnen; er ging auf
dem See. 26Als ihn die Jünger über den See kommen sahen,
erschraken sie, weil sie meinten, es sei ein Gespenst, und sie
schrien vor Angst. 27Doch Jesus begann mit ihnen zu reden
und sagte: Habt Vertrauen, ich bin es; fürchtet euch nicht!
28Darauf erwiderte ihm Petrus: Herr, wenn du es bist, so be-
fiehl, daß ich auf dem Wasser zu dir komme. 29Jesus sagte:
Komm! Da stieg Petrus aus dem Boot und ging über das Was-
ser auf Jesus zu. 30Als er aber sah, wie heftig der Wind war,
bekam er Angst und begann unterzugehen. Er schrie: Herr,
rette mich! 31Jesus streckte sofort die Hand aus, ergriff ihn
und sagte zu ihm: Du Kleingläubiger, warum hast du gezwei-
felt?
32Und als sie ins Boot gestiegen waren, legte sich der Wind.
33Die Jünger im Boot aber fielen vor Jesus nieder und sagten:
Wahrhaftig, du bist Gottes Sohn.

- *In nächtlichem Gebet allein auf dem Berge*
- *Wandelnd über den wogenden Wassern*
- *Du sagst: „Ich bin es“ und gibst dich zu erkennen*
- *Du streckst deine Hand aus und rettest vorm Untergang*
- *Du bist wahrhaftig Gottes Sohn*

Mittwoch *Mt 15,21-28*

21 Jesus zog sich in das Gebiet von Tyrus und Sidon zurück.
Da kam eine kanaanäische Frau aus jener Gegend zu ihm und
rief: Hab Erbarmen mit mir, Herr, du Sohn Davids! Meine
Tochter wird von einem Dämon gequält. 23 Jesus aber gab ihr
keine Antwort.
Da traten seine Jünger zu ihm und baten: Befrei sie (von
ihrer Sorge), denn sie schreit hinter uns her. 24 Er antwortete:
Ich bin nur zu den verlorenen Schafen des Hauses Israel
gesandt.
25 Doch die Frau kam, fiel vor ihm nieder und sagte: Herr, hilf
mir! 26 Er erwiderte: Es ist nicht recht, das Brot den Kindern
wegzunehmen und den Hunden vorzuwerfen. 27 Da ent-
gegnete sie: Ja, du hast recht, Herr! Aber selbst die Hunde be-
kommen von den Brotresten, die vom Tisch ihrer Herren fal-
len. 28 Darauf antwortete ihr Jesus: Frau, dein Glaube ist groß.
Was du willst, soll geschehen. Und von dieser Stunde an war
ihre Tochter geheilt.

- *Du Sohn Davids, Heiland der Welt*
- *Du Herrlichkeit für dein Volk Israel*
- *Du Licht zur Erleuchtung der Heiden*
- *Du hilfst dem, der zu dir schreit*
- *Unser Glaube kann uns helfen*

Donnerstag *Mt 16,[13-14]15-20[21-23]*

15(Jesus fragte seine Jünger:) Ihr ..., für wen haltet ihr mich?
16Simon Petrus antwortete: Du bist der Messias, der Sohn des
lebendigen Gottes! 17Jesus sagte zu ihm:
Selig bist du, Simon Barjona;
denn nicht Fleisch und Blut haben dir das offenbart,
sondern mein Vater im Himmel.
18Ich aber sage dir:
Du bist Petrus,
und auf diesen Felsen werde ich meine Kirche bauen,
und die Mächte der Unterwelt werden sie nicht überwältigen.
19Ich werde dir die Schlüssel des Himmelreiches geben;
was du auf Erden binden wirst,
das wird auch im Himmel gebunden sein,
und was du auf Erden lösen wirst,
das wird auch im Himmel gelöst sein.
20Dann befahl er den Jüngern, niemand zu sagen, daß er der
Messias sei.

- *Du bist der Messias, der Sohn des lebendigen Gottes*
- *Dich, den Sohn, erkennt niemand als nur der Vater und wem der Vater es offenbaren will*
- *Dein Wort begründet die messianische Gemeinde der Glaubenden als deine Kirche, die der Endzeit*
- *Du gründest sie auf dem „Felsen“ des erstberufenen Jüngers, dem der Vater den Sohn offenbart hat*
- *Dem Petrus gibst du die Vollmacht, dein Offenbarungswort gültig zu tradieren*

Freitag *Mt 16,[24.25]26.27.28*

Jesus sagte zu seinen Jüngern:
26Was nützt es einem Menschen, wenn er die ganze Welt gewinnt,
dabei aber sein Leben einbüßt?
Um welchen Preis kann ein Mensch sein Leben rückkaufen?

27Der Menschensohn wird mit seinen Engeln
in der Hoheit seines Vaters kommen
und jedem Menschen vergelten,
wie es seine Taten verdienen.

28Amen, ich sage euch:
Von denen, die hier stehen,
werden einige den Tod nicht erleiden,
bis sie den Menschensohn kommen sehen
in seiner königlichen Macht.

- *Das ewige Leben ist mehr wert als der Besitz der ganzen Welt*
- *Mein Leben bist du*
- *Nimm mich mir und gib mich dir*
- *Du wirst dich am Ende zu mir bekennen und so mich retten*
- *Die Macht des kommenden Menschensohnes ist schon zu sehen*

Samstag *Mt 17,14-20a[20b]*

14In jener Zeit trat ein Mann auf Jesus zu, fiel vor ihm auf die
Knie 15und sagte: Herr, hab Erbarmen mit meinem Sohn! Er
ist mondsüchtig und hat schwer zu leiden. Immer wieder fällt
er ins Feuer oder ins Wasser. 16Ich habe ihn schon zu deinen
Jüngern gebracht, aber sie konnten ihn nicht heilen.
17Da sagte Jesus: O du ungläubige und unbelehrbare Genera-
tion! Wie lange muß ich noch bei euch sein? Wie lange muß
ich euch noch ertragen? Bringt ihn her zu mir! 18Dann drohte
Jesus dem Dämon. Der Dämon verließ den Jungen, und der
Junge war von diesem Augenblick an geheilt.
19Als die Jünger mit Jesus allein waren, wandten sie sich an
ihn und fragten: Warum konnten denn wir den Dämon nicht
austreiben? 20Er antwortete: Weil euer Glaube so klein ist.

- *Ein Fremder bist du in diesem glaubenslosen und verkehrten Geschlecht*
- *Das Leben inmitten deiner glaubensschwachen Jünger ist für dich schwer*
- *Du hieltest aus in einer Welt, die krank ist und dämonisiert*
- *Du drohtest einem Dämon, und die Welt wurde heil*
- *Nimm von uns unsern „Kurzglauben", der Gottes Großmut nichts zutraut*

19. Woche im Jahreskreis

Montag *Mt 17,[22-23]24-27*

24 Als Jesus und die Jünger nach Kafarnaum kamen, gingen
die Männer, die die Tempelsteuer einzogen, zu Petrus und
fragten: Zahlt euer Meister die Doppeldrachme nicht? 25 Er
antwortete: Doch! Als er dann ins Haus hineinging, kam ihm
Jesus mit der Frage zuvor: Was meinst du, Simon, von wem
erheben die Könige dieser Welt Zölle und Steuern? Von
ihren eigenen Söhnen oder von den anderen Leuten? 26 Als
Petrus antwortete: Von den anderen!, sagte Jesus zu ihm:
Also sind die Söhne frei.
27 Damit wir aber bei niemand Anstoß erregen, gehe an den
See und wirf die Angel aus; den ersten Fisch, den du herauf-
holst, nimm, öffne ihm das Maul, und du wirst ein Vierdrach-
menstück finden. Das gib den Männern als Steuer für mich
und dich.

- *Du bist der Sohn des lebendigen Gottes*
- *Du machst uns zu Söhnen/Töchtern des Vaters*
- *Nur in Gemeinschaft mit dir sind wir Freie*
- *Deine Liebe vermochte auf Freiheit zu verzichten*
- *Den aus Liebe Verzichtenden gibt der Vater das Notwendige*

Dienstag *Mt 18,[1-4.5]10.12-13.14*

(Jesus sagte zu seinen Jüngern:)
10Hütet euch davor, einen von diesen Kleinen zu verachten!
Denn ich sage euch:
Ihre Engel im Himmel
sehen stets das Angesicht meines himmlischen Vaters.[11]

12Was meint ihr?
Wenn jemand hundert Schafe hat und eines von ihnen
sich verirrt, läßt er dann nicht die neunundneunzig auf
den Bergen zurück und sucht das verirrte? 13Und wenn
er es findet – amen, ich sage euch: er freut sich über die-
ses eine mehr als über die neunundneunzig, die sich nicht
verirrt haben.
14So will auch euer himmlischer Vater nicht, daß einer von
diesen Kleinen verlorengeht.

- *Alle Deklassierten haben einen Engel-Anwalt vor dem Antlitz Gottes*
- *Gottes Vaterliebe engagiert sich für einen Abseitigen mehr als für alle Insider*
- *Der Vater freut sich über jeden, den er findet und der sich finden läßt*
- *Die Gemeinde darf keinen abschreiben, der ins Abseits geriet*
- *Die Stolzen stößt Gott von ihrem Thron, und die Niedrigen erhöht er*

Mittwoch *Mt 18,15-17.18.19.20*

(Jesus sagte zu seinen Jüngern:)
15 Wenn dein Bruder sündigt, dann geh zu ihm und weise
ihn unter vier Augen zurecht. Hört er auf dich, so hast du
deinen Bruder zurückgewonnen. 16 Hört er aber nicht auf
dich, dann nimm einen oder zwei Männer mit, denn jede
Sache muß durch die Aussage von zwei oder drei Zeugen
entschieden werden. 17 Hört er auch auf sie nicht, dann sag
es der Gemeinde. Hört er aber auch auf die Gemeinde
nicht, dann sei er für dich wie ein Heide oder ein Zöllner.

18 Amen, ich sage euch:
Alles, was ihr auf Erden binden werdet,
das wird auch im Himmel gebunden sein,
und alles, was ihr auf Erden lösen werdet,
das wird auch im Himmel gelöst sein.

19 Weiter sage ich euch:
Alles, was zwei von euch auf Erden gemeinsam erbitten,
werden sie von meinem himmlischen Vater erhalten.

20 Denn wo zwei oder drei in meinem Namen versammelt sind,
da bin ich mitten unter ihnen.

- *Du bist mitten unter uns, wenn wir in deinem Namen beisammen sind*
- *Versammle uns in deinem Namen*
- *Du wirst uns erhören, wenn wir uns einig werden über ein Gebetsanliegen*
- *Durch Buße reinigst du deine Gemeinde*
- *Ein jeder ist der Hüter seines Bruders*

Donnerstag *Mt 18,21-22[23-35;19,1]*

21Petrus trat zu Jesus und fragte: Herr, wie oft muß ich meinem Bruder vergeben, wenn er sich gegen mich versündigt? Siebenmal?
22Jesus sagte zu ihm: Nicht siebenmal, sondern siebenundsiebzigmal.

- *Du vergibst uns täglich neu*
- *Dein Vergeben ist Neuschöpfung*
- *Dein Vergeben schenkt Kraft zur Vergebung*
- *Ohn' Ende abermals vergeben*
- *Möge mein Vergeben dein Vergeben sichtbar machen*

Freitag *Mt 19,[3-6.7-9.10]11-12*

11 Jesus sagte zu [den Jüngern]:
Nicht alle können dieses Wort erfassen,
sondern nur die, denen es gegeben ist.
12 Denn es ist so:
Manche sind von Geburt an zur Ehe unfähig,
manche sind von den Menschen dazu gemacht,
und manche haben sich selbst dazu gemacht –
um des Himmelreiches willen.
Wer es erfassen kann, der erfasse es.

- *Deine Ehelosigkeit bis ins hohe Mannesalter wurde in Nazaret von vielen nicht verstanden*
- *Du hattest schon früh den kostbaren Schatz gefunden*
- *Gottes bereichernde Herrschaft und sein herrschaftliches Reich waren dir zum Ge-Schick geworden*
- *Es gibt Ehelose um des Himmelreiches willen*
- *Du lehrst verstehen, was nur wenige verstehen*

Samstag *Mt 19,13-15*

13Man brachte Kinder zu Jesus, damit er ihnen die Hände auf-
legte und für sie betete. Die Jünger aber wiesen die Leute
schroff ab. 14Doch Jesus sagte:
Laßt die Kinder zu mir kommen;
hindert sie nicht daran!
Denn Menschen wie ihnen gehört das Himmelreich.
15Dann legte er ihnen die Hände auf und zog weiter.

- *Du wendest dich den Kindern zu und segnest sie*
- *Deine Option für Kinder ist eine Verheißung für alle Deklassierten*
- *Selig die Armen, die Hungernden, die Weinenden*
- *Wo Leere ist, da kommt dein Heil in Fülle*
- *Dein Segen vermittelt schon das Heil des kommenden Reiches*

Montag *Mt 19,16-22*

16Es kam ein Mann zu Jesus und fragte: Meister, was muß ich
Gutes tun, um das ewige Leben zu gewinnen?
17Er antwortete: Was fragst du mich nach dem Guten? Nur ei-
ner ist „der Gute". Wenn du aber das Leben erlangen willst,
halte die Gebote!
18Darauf fragte er ihn: Welche? Jesus antwortete:
Du sollst nicht töten,
du sollst nicht die Ehe brechen,
du sollst nicht stehlen,
du sollst nicht falsch aussagen;
19ehre Vater und Mutter!
Und: Du sollst deinen Nächsten lieben wie dich selbst!
20Der junge Mann erwiderte ihm: Alle diese Gebote habe ich
befolgt. Was fehlt mir jetzt noch?
21Jesus antwortete ihm: Wenn du vollkommen sein willst, geh,
verkauf deinen Besitz und gib das Geld den Armen; so wirst
du einen bleibenden Schatz im Himmel haben; dann komm
und folge mir nach.
22Als der junge Mann das hörte, ging er traurig weg; denn er
hatte ein großes Vermögen.

- *Guter Meister – du weißt, wer allein der Gute ist*
- *Du, Guter, sagst, was gut ist*
- *Das Verhalten gegenüber dem Nächsten entscheidet über das ewige Leben*
- *Du rätst, das Vermögen den Armen zu geben*
- *Du rufst in deine Nachfolge*

Dienstag *Mt 19,[23-26]27-28[29-30]*

27(Petrus fragte Jesus:) Du weißt, wir haben alles verlassen
und sind nachgefolgt. Was werden wir dafür bekommen?
28Jesus erwiderte ihnen:
Amen, ich sage euch:
Wenn die Welt neu geschaffen wird
und der Menschensohn
sich auf den Thron seiner Herrlichkeit setzt,
werdet ihr, die ihr mir nachgefolgt seid,
auf zwölf Thronen sitzen
Und die zwölf Stämme Israels richten.

- *Eine neue Welt wirst du schaffen*
- *Du wirst thronen in Herrlichkeit*
- *Du führst das zerstreute Zwölfstämmevolk zusammen und schaffst es neu*
- *Deine zwölf Jünger werden deine Mitregenten sein*
- *Wer deinetwillen arm wurde, wird königlich beschenkt*

Mittwoch *Mt 20,1-15[16]*

[1]Mit dem Himmelreich ist es wie mit einem Gutsbesitzer, der
früh am Morgen sein Haus verließ, um Arbeiter für seinen
Weinberg anzuwerben. [2]Er einigte sich mit den Arbeitern auf
einen Denar für den Tag und schickte sie in seinen Weinberg.
[3]Um die dritte Stunde ging er wieder auf den Markt und sah
andere dastehen, die keine Arbeit hatten. [4]Er sagte zu ihnen:
Geht auch ihr in meinen Weinberg! Ich werde euch geben,
was recht ist. [5]Und sie gingen. Um die sechste und um die
neunte Stunde ging der Gutsherr wieder auf den Markt und
machte es ebenso. [6]Als er um die elfte Stunde noch einmal
hinging, traf er wieder einige, die dort herumstanden. Er sagte
zu ihnen: Was steht ihr den ganzen Tag untätig herum? [7]Sie
antworteten: Niemand hat uns angeworben. Da sagte er zu ih-
nen: Geht auch ihr in meinen Weinberg!
[8]Als es nun Abend geworden war, sagte der Besitzer des
Weinbergs zu seinem Verwalter: Ruf die Arbeiter, und zahl
ihnen den Lohn aus, angefangen bei den letzten, bis hin zu
den ersten. [9]Da kamen die Männer, die er um die elfte Stunde
angeworben hatte, und jeder erhielt einen Denar. [10]Als dann
die ersten an der Reihe waren, glaubten sie, mehr zu bekom-
men. Aber auch sie erhielten nur einen Denar.
[11]Da begannen sie, über den Gutsherrn zu murren, [12]und sag-
ten:Diese letzten haben nur eine Stunde gearbeitet, und du
hast sie uns gleichgestellt; wir aber haben den ganzen Tag
über die Last der Arbeit und die Hitze ertragen. [13]Da erwi-
derte er einem von ihnen: Mein Freund, dir geschieht kein
Unrecht. Hast du nicht einen Denar mit mir vereinbart?
[14]Nimm dein Geld und geh! Ich will dem letzten ebensoviel
geben wie dir. [15]Darf ich mit dem, was mir gehört, nicht tun,
was ich will? Oder bist du neidisch, weil ich [zu anderen] gütig
bin?

- *Du siehst uns vom Vater in Dienst genommen*
- *Unser Dienst wird vom Vater belohnt*
- *Nur du kannst uns sagen, wie Gott belohnt*
- *Des Vaters Güte ist erhaben über alle Gerechtigkeit*
- *Schenk du uns Mitfreude über Gottes unverständliche Güte*

20. Woche im Jahreskreis

Donnerstag *Mt 22,1-7.8-13[14]*

1 Jesus erzählte (den Hohenpriestern und Ältesten) das fol-
gende Gleichnis:
2 Mit dem Himmelreich ist es wie mit einem König, der die
Hochzeit seines Sohnes vorbereitete. 3 Er schickte seine Die-
ner, um die eingeladenen Gäste zur Hochzeit rufen zu lassen.
Sie aber wollten nicht kommen. 4 Da schickte er noch einmal
Diener und trug ihnen auf: Sagt den Eingeladenen: Mein
Mahl ist fertig, die Ochsen und das Mastvieh sind geschlach-
tet, alles ist bereit. Kommt zur Hochzeit! 5 Sie aber kümmer-
ten sich nicht darum, sondern der eine ging auf seinen Acker,
der andere in seinen Laden, 6 wieder andere fielen über seine
Diener her, mißhandelten sie und brachten sie um. 7 Da wurde
der König zornig; er schickte sein Heer, ließ die Mörder töten
und ihre Stadt in Schutt und Asche legen.
8 Dann sagte er zu seinen Dienern: Das Hochzeitsmahl ist vor-
bereitet, aber die Gäste waren es nicht wert (eingeladen zu
werden). 9 Geht also hinaus auf die Straßen und ladet alle, die
ihr trefft, zur Hochzeit ein. 10 Die Diener gingen auf die
Straßen hinaus und holten alle zusammen, die sie trafen, Böse
und Gute, und der Festsaal füllte sich mit Gästen.

11 Als sie sich gesetzt hatten und der König eintrat, um sich die
Gäste anzusehen, bemerkte er unter ihnen einen Mann, der
kein Hochzeitsgewand anhatte. 12 Er sagte zu ihm: Mein
Freund, wie konntest du hier ohne Hochzeitsgewand erschei-
nen? Darauf wußte der Mann nichts zu sagen. 13 Da befahl der
König seinen Dienern: Bindet ihm Hände und Füße, und
werft ihn hinaus in die äußerste Finsternis! Dort wird er heu-
len und mit den Zähnen knirschen.

- *Geladen zu deinem Hochzeitsmahl*
- *Große Freude – alles muß stehen- und liegenbleiben*
- *Die Ablehnung der Einladung – eine Kränkung Gottes*
- *Zur Mitfeier auserwählt zusammen mit Abseits- und Fernstehenden*
- *Dank für das geschenkte Festgewand*

Freitag *Mt 22,[34]35-40*

35Einer (der Pharisäer), ein Gesetzeslehrer, wollte (Jesus) auf
die Probe stellen und fragte ihn: 36Meister, welches Gebot im
Gesetz ist das wichtigste? 37Er antwortete ihm:
Du sollst den Herrn, deinen Gott, lieben
mit ganzem Herzen,
mit ganzer Seele
und mit all deinen Gedanken.
38Das ist das wichtigste und erste Gebot.
39Ebenso wichtig ist das zweite:
Du sollst deinen Nächsten lieben wie dich selbst.
40An diesen beiden Geboten hängt das ganze Gesetz und die
Propheten.

- *Du bist gekommen, Gesetz und Prophetie zu erfüllen*
- *Du kennst den Willen des Vaters in, unter und hinter den Gesetzen*
- *Nur du konntest lieben mit ganzem Herzen, ganzer Seele, ganzem Denken*
- *Menschen selbst-los zu lieben in göttlicher Selbstvergessenheit vermochtest nur du*
- *Gottes Liebe ist Selbst-Mitteilung von Ewigkeit zu Ewigkeit*

Samstag *Mt 23,1.2-3.4[5-7.8-10.11.12]*

1Jesus wandte sich an das Volk und an seine Jünger
2und sagte:
Die Schriftgelehrten und die Pharisäer haben sich auf den Stuhl des Mose gesetzt.
3Tut und befolgt alles, was sie euch sagen,
aber richtet euch nicht nach dem, was sie tun;
denn sie reden nur, tun selbst aber nicht, was sie sagen.

4Sie schnüren schwere Lasten zusammen
und legen sie den Menschen auf die Schultern,
wollen selber aber keinen Finger rühren,
um die Lasten zu tragen.

- *Die Schriftgelehrten werden nach ihrer Orthopraxie gefragt*
- *Du brachtest die Frohbotschaft, nicht Gesetzlichkeit*
- *Deine Last ist leicht, und dein Joch ist süß*
- *Ein Joch ist es, von dir geliebt zu sein*
- *Dein Liebesgebot ist keine Last für den, der sich geliebt weiß*

Montag *Mt 23,13.15[16-22]*

I.

(Jesus sagte:)
13 Weh euch, ihr Schriftgelehrten und Pharisäer,
ihr Heuchler!
Ihr verschließt den Menschen das Himmelreich.
Ihr selbst geht nicht hinein;
aber ihr laßt auch die nicht hinein,
die hineingehen wollen. [14]

15 Weh euch, ihr Schriftgelehrten und Pharisäer,
ihr Heuchler!
Ihr zieht über Land und Meer,
um einen einzigen Menschen
zu gewinnen für euren Glauben;
und wenn er gewonnen ist,
dann macht ihr ihn zu einem Sohn der Hölle,
der doppelt so schlimm ist wie ihr selbst.

- *Du hast die Schlüsselgewalt über den Himmel und die Unterwelt*
- *Du hast die Schlüssel des Himmelreiches dem Petrus übergeben*
- *Du willst Einheit in der Wahrheit*
- *Du suchtest Kranke und Sünder*
- *Du preist selig die Armen im Geiste*

Montag *Mt 23,[13.15]16-22*

II.

(Jesus sagte zu den Schriftgelehrten und Pharisäern:)
16 Weh euch, ihr seid blinde Führer! Ihr sagt:
Wenn einer beim Tempel schwört,
so ist das kein Eid;
wer aber beim Gold des Tempels schwört,
der ist an seinen Eid gebunden.
17 Ihr blinden Narren!
Was ist wichtiger: das Gold oder der Tempel,
der das Gold erst heilig macht?

18 Auch sagt ihr:
Wenn einer beim Altar schwört,
so ist das kein Eid;
wer aber beim Opfer schwört, das auf dem Altar liegt,
der ist an seinen Eid gebunden.
19 Ihr Blinden!
Was ist wichtiger: das Opfer oder der Altar,
der das Opfer erst heilig macht?

20 Wer beim Altar schwört,
der schwört bei ihm
und bei allem, was darauf liegt,
21 und wer beim Tempel schwört,
der schwört bei ihm und bei dem, der darin wohnt.
22 Und wer beim Himmel schwört,
der schwört beim Thron Gottes
und bei dem, der darauf sitzt.

- *Dein Wunsch: „Geheiligt werde der Name des Vaters“*
- *Du willst unser Ja in einfacher Einfalt*
- *Kasuistik kann vor dir nicht bestehen*
- *Gott ist uns gegenwärtig allüberall*
- *Du bist das „Ja“ Gottes*

Dienstag *Mt 23,[23]24.25-26*

(Jesus sprach zu den Schriftgelehrten und Pharisäern:)
24 Blinde Führer seid ihr:
Ihr siebt Mücken aus und verschluckt Kamele.

25 Weh euch, ihr Schriftgelehrten und Pharisäer,
ihr Heuchler!
Ihr haltet Becher und Schüsseln außen sauber,
innen aber sind sie voll von dem,
was ihr in eurer Maßlosigkeit zusammengeraubt habt.
26 Du blinder Pharisäer!
Mach den Becher zuerst innen sauber,
dann ist er auch außen rein.

- *Dein großer Wunsch: Des Vaters Wille geschehe wie im Himmel, so auf Erden*
- *Der pharisäischen Gesetzesauslegung tratst du entgegen*
- *Hinter Ersatzhandlungen verbirgt sich leicht sittliches Versagen*
- *Gerechtigkeit, Barmherzigkeit und Treue will Gott*
- *Du legst die innere Intention des Gesetzes frei*

Mittwoch *Mt 23,27-28[29-32]*

27 Weh euch, ihr Schriftgelehrten und Pharisäer,
ihr Heuchler!
Ihr seid wie die Gräber,
die außen weiß angestrichen sind und schön aussehen;
innen aber sind sie voll Knochen,
Schmutz und Verwesung.
28 So erscheint auch ihr von außen den Menschen gerecht,
innen aber seid ihr voll Heuchelei
und Ungehorsam gegen Gottes Gesetz.

- *Du kennst das Herz der Menschen*
- *Unseren frommen Schein entlarvst du*
- *Unsere Eigengerechtigkeit ist dir ein Greuel*
- *Vor Gott ist niemand ein Guter*
- *Du haßt den Irrtum und liebst die Irrenden*

Donnerstag *Mt 24,[42]43-44[45-51a.51b]*

(Jesus sagte zu seinen Jüngern:)
43 Bedenkt:
Wenn der Herr des Hauses wüßte,
zu welcher Stunde in der Nacht der Dieb kommt,
würde er wach bleiben und nicht zulassen,
daß man in sein Haus einbricht.
44 Darum haltet auch ihr euch bereit!
Denn der Menschensohn
kommt zu einer Stunde, in der ihr es nicht erwartet.

- *Du wirst zu einer Stunde kommen, in der wir nicht damit rechnen*
- *Dein Anblick bedeutet Gericht*
- *Aus unserer unbekümmerten Selbstsicherheit möchtest du uns herausretten*
- *Stete Bereitschaft ist verlangt, Tag und Nacht*
- *Nur Liebe ist immer in Erwartung*

Freitag — *Mt 25,1-12[13]*

1Es wird mit dem Himmelreich sein wie mit zehn Jungfrauen,
die ihre Lampen nahmen und dem Bräutigam entgegengin-
gen. 2Fünf von ihnen waren töricht, und fünf waren klug. 3Die
törichten nahmen ihre Lampen mit, aber kein Öl, 4die klugen
aber nahmen außer den Lampen noch Öl in Krügen mit. 5Als
nun der Bräutigam lange nicht kam, wurden alle müde und
schliefen ein.
6Mitten in der Nacht aber hörte man plötzlich laute Rufe: Der
Bräutigam kommt! Geht ihm entgegen! 7Da standen die
Jungfrauen alle auf und machten ihre Lampen zurecht. 8Die
törichten aber sagten zu den klugen: Gebt uns von eurem Öl,
sonst gehen unsere Lampen aus. 9Die klugen erwiderten ih-
nen: Dann reicht es weder für uns noch für euch; geht doch zu
den Händlern und kauft, was ihr braucht.
10Während sie noch unterwegs waren, um das Öl zu kaufen,
kam der Bräutigam; die Jungfrauen, die bereit waren, gingen
mit ihm in den Hochzeitssaal, und die Tür wurde geschlossen.
11Später kamen auch die anderen Jungfrauen und riefen:
Herr, Herr, mach uns auf! 12Er aber antwortete ihnen: Amen,
ich sage euch: Ich kenne euch nicht.

- *Wer die Braut hat, ist der Bräutigam*
- *Der Geist und die Braut rufen: Komm!*
- *Du bleibst gar lange aus*
- *Du erwartest ein vorsorgliches Gerüstetsein*
- *Für dich bereit sein ist alles*

Samstag *Mt 25,14-28[29].30*

[14]Es ist (mit dem Himmelreich) wie mit einem Mann, der auf
Reisen ging: Er rief seine Diener und vertraute ihnen sein
Vermögen an. [15]Dem einen gab er fünf Talente Silbergeld, ei-
nem anderen zwei, wieder einem anderen eins, jedem nach
seinen Fähigkeiten. Dann reiste er ab. Sofort [16]begann der
Diener, der fünf Talente erhalten hatte, mit ihnen zu wirt-
schaften, und er gewann noch fünf dazu. [17]Ebenso gewann
der, der zwei erhalten hatte, noch zwei dazu. [18]Der aber, der
das eine Talent erhalten hatte, ging und grub ein Loch in die
Erde und versteckte das Geld seines Herrn.
[19]Nach langer Zeit kehrte der Herr zurück, um von den Die-
nern Rechenschaft zu verlangen. [20]Da kam der, der die fünf
Talente erhalten hatte, brachte fünf weitere und sagte: Herr,
fünf Talente hast du mir gegeben; sieh her, ich habe noch fünf
dazugewonnen. [21]Sein Herr sagte zu ihm: Sehr gut, du bist ein
tüchtiger und treuer Diener. Du bist im Kleinen ein treuer
Verwalter gewesen, ich will dir eine große Aufgabe übertra-
gen. Komm, nimm teil an der Freude deines Herrn!
[22]Dann kam der Diener, der zwei Talente erhalten hatte, und
sagte: Herr, du hast mir zwei Talente gegeben; sieh her, ich
habe noch zwei dazugewonnen. [23]Sein Herr sagte zu ihm:
Sehr gut, du bist ein tüchtiger und treuer Diener. Du bist im
Kleinen ein treuer Verwalter gewesen, ich will dir eine große
Aufgabe übertragen. Komm, nimm teil an der Freude deines
Herrn!
[24]Zuletzt kam auch der Diener, der das eine Talent erhalten
hatte, und sagte: Herr, ich wußte, daß du ein strenger Mann
bist; du erntest, wo du nicht gesät hast, und sammelst, wo du
nicht ausgestreut hast; [25]weil ich Angst hatte, habe ich dein
Geld in der Erde versteckt. Hier hast du es wieder.

26Sein Herr antwortete ihm: Du bist ein schlechter und fauler
Diener! Du hast doch gewußt, daß ich ernte, wo ich nicht ge-
sät habe, und sammle, wo ich nicht ausgestreut habe. 27Hät-
test du mein Geld wenigstens auf die Bank gebracht, dann
hätte ich es bei meiner Rückkehr mit Zinsen zurückerhalten.
28Darum nehmt ihm das Talent weg und gebt es dem, der die
zehn Talente hat! …
30Werft den nichtsnutzigen Diener hinaus in die äußerste
Finsternis! Dort wird er heulen und mit den Zähnen knir-
schen.

- *Von dir in Dienst genommen*
- *Du bist weit weg*
- *Du hast mir reiche Gaben gegeben*
- *Deine Gaben sind Aufgaben*
- *Der aufgegebene Dienst setzt Selbst-Aufgabe voraus*

Lesungen nach Lukas
(22.-34. Woche)

Montag *Lk 4,16-24[25-30]*

16 Jesus kam auch nach Nazaret, wo er aufgewachsen war, und
ging, wie gewohnt, am Sabbat in die Synagoge. Als er auf-
stand, um aus der Schrift vorzulesen, 17 reichte man ihm das
Buch des Propheten Jesaja. Er schlug das Buch auf und fand
die Stelle, wo es heißt:
18 Der Geist des Herrn ruht auf mir;
denn der Herr hat mich gesalbt.
Er hat mich gesandt,
damit ich Armen eine gute Nachricht bringe;
damit ich den Gefangenen die Entlassung verkünde
und den Blinden das Augenlicht;
damit ich die Zerschlagenen in Freiheit setze
19 und ein Gnadenjahr des Herrn ausrufe.
20 Dann schloß er das Buch, gab es dem Synagogendiener und
setzte sich. Die Augen aller in der Synagoge waren auf ihn ge-
richtet. 21 Da begann er, ihnen darzulegen: Heute hat sich das
Schriftwort, das ihr eben gehört habt, erfüllt.
22 Seine Rede fand bei allen Beifall; sie staunten darüber, wie
begnadet er redete, und sagten: Ist das nicht der Sohn Josefs?
23 Da entgegnete er ihnen: Sicher werdet ihr mir das Sprich-
wort vorhalten: Arzt, heile dich selbst! Wenn du in Ka-
farnaum so große Dinge getan hast, wie wir gehört haben,
dann tu sie auch hier in deiner Heimat!
24 Und er setzte hinzu:
Amen, das sage ich euch:
Kein Prophet wird in seiner Heimat anerkannt.

- *Der Geist des Herrn ruht auf dir*
- *Mit dir brach die Heilszeit an*
- *Du bringst uns Heil, Licht und Freiheit*
- *Du bist unser Heute*
- *Von den Deinen verkannt*

Dienstag *Lk 4,31-32.33-36.37*

31Jesus ging hinab nach Kafarnaum, einer Stadt in Galiläa,
und lehrte die Menschen am Sabbat. 32Sie waren sehr betrof-
fen von seiner Lehre, denn er redete mit (göttlicher) Voll-
macht.
33In der Synagoge saß ein Mann, der von einem Dämon,
einem unreinen Geist, besessen war. Der begann laut zu
schreien: 34Was haben wir mit dir zu tun, Jesus von Nazaret?
Bist du gekommen, um uns ins Verderben zu stürzen? Ich
weiß, wer du bist: der Heilige Gottes! 35Da befahl ihm Jesus:
Schweig und verlaß ihn! Der Dämon warf den Mann mitten in
der Synagoge zu Boden und verließ ihn, ohne ihn jedoch zu
verletzen. 36Da waren alle erstaunt und erschrocken, und ei-
ner fragte den andern: Was ist das für ein Wort? Mit Voll-
macht und Kraft befiehlt er den unreinen Geistern, und sie
fliehen.
37Und sein Ruf verbreitete sich in der ganzen Gegend.

- *Du bist der Heilige Gottes*
- *In Kafarnaum setztest du den Anfang der Zeichen*
- *Du kamst, die Macht des Satans zu brechen*
- *Mit Kraft und Vollmacht befiehlst du den unreinen Geistern*
- *Gottes Wort sagst du in Vollmacht*

Mittwoch *Lk 4,38-39[40-41.42-43.44]*

38Jesus … ging in das Haus des Simon. Die Schwiegermutter
des Simon hatte hohes Fieber, und sie baten ihn, ihr zu helfen.
39Er trat zu ihr hin, beugte sich über sie und befahl dem Fie-
ber zu weichen. Da wich es von ihr, und sie stand sofort auf
und sorgte für sie.

- *Simon Petrus nahm dich in sein Haus*
- *Du hast Petrus später die Schlüssel des Himmelreiches gegeben*
- *Du bist dabei, wenn die Deinen Hausgemeinden bilden*
- *Du gibst dein Heil in die Häuser*
- *Von Anfang an waren Frauen dir zu Diensten*

Donnerstag *Lk 5,1-11*

1Als Jesus am Ufer des Sees Gennesaret stand, drängte sich
das Volk um ihn und wollte das Wort Gottes hören. 2Da sah
er zwei Boote am Ufer liegen. Die Fischer waren ausgestiegen
und wuschen ihre Netze. 3Jesus stieg in das Boot, das dem Si-
mon gehörte, und bat ihn, ein Stück weit vom Land wegzufah-
ren. Dann setzte er sich und lehrte das Volk vom Boot aus.
4Als er seine Rede beendet hatte, sagte er zu Simon: Fahr hin-
aus auf den See! Dort werft eure Netze zum Fang aus! 5Simon
antwortete ihm: Meister, wir haben die ganze Nacht gearbei-
tet und nichts gefangen. Doch wenn du es sagst, werde ich die
Netze auswerfen. 6Das taten sie, und sie fingen eine so große
Menge Fische, daß ihre Netze zu reißen drohten. 7Deshalb
winkten sie ihren Gefährten im andern Boot, sie sollten kom-
men und ihnen helfen. Sie kamen, und gemeinsam füllten sie
beide Boote bis zum Rand, so daß sie fast untergingen. 8Als
Simon Petrus das sah, fiel er Jesus zu Füßen und sagte: Herr,
geh weg von mir; ich bin ein Sünder. 9Denn er und alle seine
Begleiter waren erstaunt und erschrocken, weil sie so viele Fi-
sche gefangen hatten; 10ebenso ging es Jakobus und Johannes,
den Söhnen, die mit Simon zusammenarbeiteten. Da sagte Je-
sus zu Simon: Fürchte dich nicht! Von jetzt an wirst du Men-
schen fangen. 11Und sie zogen die Boote an Land, ließen alles
zurück und folgten ihm nach.

- *Du lehrst im Schiff der Kirche durch Worte und Zeichen*
- *Deine Zeichen versprechen übergroßen Missionserfolg*
- *Herr, geh fort von mir, ich bin ein Sünder*
- *Die du rufst, ermutigst du zur Nachfolge*
- *Ich will dir folgen, Herr, wohin du auch gehst*

Freitag *Lk 5,[33-35]36-38.39*

36Jesus erzählte … ein Gleichnis:
Niemand schneidet ein Stück von einem neuen Kleid ab
und setzt es auf ein altes Kleid;
denn das neue Kleid wäre zerschnitten,
und zu dem alten Kleid würde das Stück von dem neuen nicht passen.

37Auch füllt niemand neuen Wein in alte Schläuche.
Denn der neue Wein zerreißt die Schläuche;
er läuft aus, und die Schläuche sind unbrauchbar.
38Neuen Wein muß man in neue Schläuche füllen.

39Und niemand, der alten Wein getrunken hat,
will neuen;
denn er sagt:
Der alte Wein ist besser.

- *Siehe, du wirst alles erneuern*
- *Du brachtest schon den neuen Wein der Endzeit*
- *Du bist ein unbequemer Neuerer*
- *Du institutionalisierst viele Novitäten*
- *Gib uns Mut, deine Neuerungen zu akzeptieren*

Samstag *Lk 6,1-4.5*

1Als Jesus an einem Sabbat durch die Kornfelder ging, rissen seine Jünger Ähren ab, zerrieben sie mit den Händen und aßen sie. 2Da sagten einige Pharisäer: Was tut ihr da? Das ist doch am Sabbat verboten! 3Jesus erwiderte ihnen: Habt ihr nicht gelesen, was David getan hat, als er und seine Begleiter hungrig waren – 4wie er in das Haus Gottes ging und die heiligen Brote nahm, die nur die Priester essen dürfen, und wie er sie aß und auch seinen Begleitern davon gab?
5Und Jesus fügte hinzu:
Der Menschensohn ist Herr über den Sabbat.

- *Größer als David bist du*
- *Du himmlischer Menschensohn – Herr der Gezeiten*
- *Am siebten Tag ruhte Gott, am achten begann die Neuschöpfung*
- *Deine Auferstehung und Erhöhung: der „Tag des Herrn“*
- *Der Ostertag kennt keinen Abend, seine Sonne keinen Untergang*

Montag *Lk 6,6-11*

6An einem ... Sabbat ging Jesus in die Synagoge und lehrte.
Dort saß ein Mann, dessen rechte Hand verdorrt war. 7Die
Schriftgelehrten und die Pharisäer gaben acht, ob er am Sab-
bat heilen werde; sie suchten nämlich einen Grund zur An-
klage gegen ihn.
8Er aber wußte, was sie im Sinn hatten, und sagte zu dem
Mann mit der verdorrten Hand: Steh auf und stell dich in die
Mitte! Der Mann stand auf und trat vor. 9Dann sagte Jesus zu
ihnen: Ich frage euch: Was ist am Sabbat erlaubt: Gutes zu tun
oder Böses, ein Leben zu retten oder es zugrunde gehen zu
lassen? 10Und er sah sie alle der Reihe nach an und sagte
dann zu dem Mann: Streck deine Hand aus! Er tat es, und
seine Hand war wieder gesund.
11Da wurden sie von sinnloser Wut erfüllt und berieten, was
sie gegen Jesus unternehmen könnten.

- *Furchtlos sagst du, was recht ist vor Gott*
- *Zeichenhaft demonstrierst du dein Gesetzesverständnis*
- *Lieblose Gesetzestreue erfüllt das Sabbatgebot nicht*
- *Unsere Unterlassungssünden machen uns abgründig schuldig*
- *Dein Gesetzesverständnis bringt dir tödliche Feindschaft ein*

Dienstag *Lk 6,12-13[14-16.17-19]*

12In jenen Tagen ging Jesus auf einen Berg, um zu beten: Und
er verbrachte die ganze Nacht im Gebet zu Gott. 13Als es Tag
wurde, rief er seine Jünger zu sich und wählte aus ihnen zwölf
aus; sie nannte er auch Apostel.

- *Du auf dem heiligen Berg*
- *In nächtlichem Gebet vor dem Vater, der im Dunkeln sieht*
- *Betend begründest du das Zwölferkollegium*
- *Die endzeitliche Wiederherstellung des Zwölfstämmevolkes prophezeist du zeichenhaft*
- *Die du senden wirst, berufst du*

Mittwoch *Lk 6,20-21.22-23.24-26*

20 Jesus richtete seine Augen auf seine Jünger und sagte:
Selig, ihr Armen,
denn euch gehört das Reich Gottes.
21 Selig, die ihr jetzt hungert,
denn ihr werdet satt werden
Selig, die ihr jetzt weint,
denn ihr werdet lachen.

22 Selig seid ihr,
wenn euch die Menschen hassen
und aus ihrer Gemeinschaft ausschließen,
wenn sie euch beschimpfen
und euch in Verruf bringen um des Menschensohnes willen.
23 Freut euch und jauchzt an jenem Tag;
euer Lohn im Himmel wird groß sein.
Denn ebenso haben es ihre Väter mit den Propheten gemacht.

24 Aber weh euch, die ihr reich seid;
denn ihr habt keinen Trost mehr zu erwarten.
25 Weh euch, die ihr jetzt satt seid;
denn ihr werdet hungern.
Weh euch, die ihr jetzt lacht;
denn ihr werdet klagen und weinen.

26 Weh euch, wenn euch alle Menschen loben;
denn ebenso haben es ihre Väter mit den falschen Propheten gemacht.

- *Unsertwegen wurdest du arm*
- *Die Niedrigen werden erhöht werden*
- *Am Ende wird der Trug der Welt als lächerlich entlarvt*
- *Das Leiden mit dir kannst du zum Fest machen*
- *Die Mächtigen stürzt du vom Thron und läßt die Reichen leer ausgehn*

Donnerstag *Lk 6,27-28[29.30.31]. 32-33[34].35a.c.d[39.37a.b.c.38]*

(Jesus sprach:)
27Liebt eure Feinde;
tut Gutes denen, die euch hassen.
28Segnet die, die euch verfluchen;
betet für die, die euch mißhandeln. …

32Wenn ihr nur die liebt, die euch lieben,
welchen Dank erwartet ihr dafür?
Auch die Sünder lieben die, von denen sie geliebt werden.
33Und wenn ihr nur denen Gutes tut,
die euch Gutes tun,
welchen Dank erwartet ihr dafür?
Das tun auch die Sünder.

35Ihr aber sollt eure Feinde lieben
und sollt Gutes tun …,
auch wenn ihr nichts dafür erhoffen könnt.

Dann wird euer Lohn groß sein,
und ihr werdet Söhne des Höchsten sein;
denn auch er ist gütig gegen die Undankbaren und Bösen.

- *Du zeigst und den Vater als radikal und reaktionslos gut*
- *Deine Mitteilsamkeit offenbarte Gott als die Liebe*
- *Du hast am Kreuz für deine Henker gebetet*
- *Du wolltest der Gesellschaft reaktionslose Güte einstiften*
- *Du gehst mit deinen Forderungen nicht über Leichen, sondern über deinen eigenen Leichnam*

Freitag *Lk 6,39.40[41-42]*

39 Jesus gebrauchte einen Vergleich und sagte:
Kann ein Blinder einen Blinden führen?
Werden nicht beide in eine Grube fallen?

40 Der Jünger steht nicht über seinem Meister;
jeder aber, der alles gelernt hat, wird wie sein Meister sein.

- *Du allein bist unser Lehrer*
- *Du sagtest uns Gottes letztes Wort*
- *Wir sind blind und bedürfen der Führung*
- *Du bist der Weg, die Wahrheit und das Leben*
- *Niemand kann bei dir auslernen*

Samstag *Lk 6,43-44a.44b.45[46.47-49]*

43Es gibt keinen guten Baum,
der schlechte Früchte hervorbringt,
noch einen schlechten Baum,
der gute Früchte hervorbringt.
44Jeden Baum erkennt man an seinen Früchten:

Von den Disteln pflückt man keine Feigen,
und vom Dornstrauch erntet man keine Trauben.

45Ein guter Mensch bringt Gutes hervor,
weil in seinem Herzen Gutes ist;
und ein böser Mensch bringt Böses hervor,
weil in seinem Herzen Böses ist.
Wovon das Herz voll ist, davon spricht der Mund.

- *Du sagst, welchen Lehrern man trauen kann*
- *Wer dich nicht kennt, kann nicht gut lehren*
- *Bin ich ein schlechter Baum mit schlechten Früchten?*
- *Bringe ich Feigen und Trauben hervor?*
- *Ist mein Reden in Liebe auferbauend?*

24. Woche im Jahreskreis

Montag *Lk 7,1b-10*

1bJesus ging nach Kafarnaum hinein. 2Ein Hauptmann hatte
einen Diener, der todkrank war und den er sehr schätzte. 3Als
der Hauptmann von Jesus hörte, schickte er einige von den
jüdischen Ältesten zu ihm mit der Bitte, zu kommen und sei-
nen Diener zu retten. 4Sie gingen zu Jesus und baten ihn in-
ständig. Sie sagten: Er verdient es, daß du seine Bitte erfüllst;
5denn er liebt unser Volk und hat uns die Synagoge erbaut.
6Da ging Jesus mit ihnen.
Als er nicht mehr weit von dem Haus entfernt war, schickte
der Hauptmann Freunde und ließ ihm sagen: Herr, bemüh
dich nicht! Denn ich bin es nicht wert, daß du mein Haus be-
trittst. 7Deshalb habe ich mich auch nicht für würdig gehalten,
selbst zu dir zu kommen. Sprich nur ein Wort, dann muß mein
Diener gesund werden. 8Auch ich muß Befehlen gehorchen,
und ich habe selber Soldaten unter mir; sage ich zu einem:
Geh!, so geht er, und zu einem andern: Komm!, so kommt er,
und zu meinem Diener: Tu das!, so tut er es.
9Jesus war erstaunt über ihn, als er das hörte. Und er wandte
sich um und sagte zu den Leuten, die ihm folgten: Ich sage
euch: Nicht einmal in Israel habe ich einen solchen Glauben
gefunden.
10Und als die Männer, die der Hauptmann geschickt hatte, in
das Haus zurückkehrten, stellten sie fest, daß der Diener ge-
sund war.

- *Herr, ich bin nicht würdig, daß du Einkehr bei mir hältst*
- *Mächtig ist dein Wort*
- *Du hilfst dem, der glaubt*
- *Von den Deinen verkannt, von Fremden anerkannt*
- *Du Herr über Leben und Tod*

Dienstag *Lk 7,11-17*

11(Jesus) ging ... in eine Stadt namens Nain; seine Jünger und
eine große Menschenmenge folgten ihm. 12Als er in die Nähe
des Stadttors kam, trug man gerade einen Toten heraus. Es
war der einzige Sohn seiner Mutter, einer Witwe. Und viele
Leute aus der Stadt begleiteten sie.
13Als der Herr die Frau sah, hatte er Mitleid mit ihr und sagte
zu ihr: Weine nicht! 14Dann ging er zu der Bahre hin und
faßte sie an. Die Träger blieben stehen, und er sagte: Ich be-
fehle dir, junger Mann: Steh auf! 15Da richtete sich der Tote
auf und begann zu sprechen, und Jesus gab ihn seiner Mutter
zurück.
16Alle wurden von Furcht ergriffen; sie priesen Gott und sag-
ten: Ein großer Prophet ist unter uns aufgetreten: Gott hat
sich seines Volkes angenommen. 17Und die Kunde davon ver-
breitete sich überall in Judäa und im ganzen Gebiet ringsum.

- *Das Leid einer Witwe leidest du mit*
- *Die Stunde ist da, da die Toten deine Stimme hören werden*
- *Dein Wort macht lebendig*
- *Du bist „der Prophet“ nach dem letzten Propheten*
- *In dir hat Gott sein Volk heimgesucht*

Mittwoch *Lk 7,31-32.33-34.35*

(Jesus sprach zu der Menge:)
31 Mit wem soll ich die Menschen dieser Generation vergleichen?
Wem sind sie ähnlich?
32 Sie sind wie Kinder,
die auf dem Marktplatz sitzen
und einander zurufen:
Wir haben für euch auf der Flöte (Hochzeitslieder) gespielt,
und ihr habt nicht getanzt;
wir haben Klagelieder gesungen,
und ihr habt nicht geweint.

33 Johannes der Täufer ist gekommen,
er ißt kein Brot und trinkt keinen Wein,
und ihr sagt:
Er ist von einem Dämon besessen.
34 Der Menschensohn ist gekommen,
er ißt und trinkt;
darauf sagt ihr:
Dieser Fresser und Säufer,
dieser Freund der Zöllner und Sünder!

35 Und doch hat die Weisheit durch alle ihre Kinder recht bekommen.

- *Du Freund von Zöllnern und Sündern*
- *Du willst mit uns Hochzeit spielen*
- *Auch unser Leid spielst du mit uns durch*
- *Verzeih uns unsere Launenhaftigkeit*
- *Nur Kinder der Weisheit verstehen dich*

Donnerstag *Lk 7,36-47.48.49.50*

36Jesus ging in das Haus eines Pharisäers, der ihn zum Essen
eingeladen hatte, und legte sich zu Tisch. 37Als nun eine Sünde-
rin, die in der Stadt lebte, erfuhr, daß er im Haus des Pharisäers
bei Tisch war, kam sie mit einem Alabastergefäß voll wohlrie-
chendem Öl 38und trat von hinten an ihn heran. Dabei weinte
sie, und ihre Tränen fielen auf seine Füße. Sie trocknete seine
Füße mit ihrem Haar, küßte sie und salbte sie mit dem Öl.
39Als der Pharisäer, der ihn eingeladen hatte, das sah, dachte
er: Wenn er wirklich ein Prophet wäre, müßte er wissen, was
das für eine Frau ist, von der er sich berühren läßt; er wüßte,
daß sie eine Sünderin ist.
40Da wandte sich Jesus an ihn und sagte: Simon, ich möchte
dir etwas sagen. Er erwiderte: Sprich, Meister! 41Jesus sagte:
Ein Geldverleiher hatte zwei Schuldner; der eine war ihm
fünfhundert Denare schuldig, der andere fünfzig. 42Als sie
ihre Schulden nicht bezahlen konnten, erließ er sie beiden.
Wer von ihnen wird ihn nun mehr lieben? 43Simon antwor-
tete: Ich nehme an, der, dem er mehr erlassen hat. Jesus sagte
zu ihm: Du hast recht.
44Dann wandte er sich der Frau zu und sagte zu Simon: Siehst
du diese Frau? Als ich in dein Haus kam, hast du mir kein
Wasser zum Waschen der Füße gegeben; sie aber hat ihre
Tränen über meinen Füßen vergossen und sie mit ihrem Haar
abgetrocknet. 45Du hast mir zur Begrüßung keinen Kuß gege-
ben; sie aber hat mir, seit ich hier bin, unaufhörlich die Füße
geküßt. 46Du hast mir nicht das Haar mit Öl gesalbt; sie aber
hat mir mit ihrem wohlriechenden Öl die Füße gesalbt. 47Des-
halb sage ich dir: Ihr sind ihre vielen Sünden vergeben, weil
sie mir so viel Liebe gezeigt hat. Wem aber nur wenig verge-
ben wird, der zeigt auch nur wenig Liebe.

48Dann sagte er zu ihr: Deine Sünden sind dir vergeben. 49Da
dachten die anderen Gäste: Wer ist das, daß er sogar Sünden
vergibt? 50Er aber sagte zu der Frau: Dein Glaube hat dir ge-
holfen. Geh in Frieden!

- *Dein Wort hat mich verwandelt*
- *Du kennst mich und weißt alles*
- *Meine große Schuld hast du vergeben*
- *Du hast mir große Liebe geschenkt*
- *Mein Leben soll Dienst sein für dich*

Freitag *Lk 8,1-3*

1(Jesus) wanderte … von Stadt zu Stadt und von Dorf zu Dorf
und verkündete das Evangelium vom Reich Gottes. Die
Zwölf begleiteten ihn, 2außerdem einige Frauen, die er von
bösen Geistern und von Krankheiten geheilt hatte: Maria
Magdalene, aus der sieben Dämonen ausgefahren waren, 3Jo-
hanna, die Frau des Chuzas, eines Beamten des Herodes, Su-
sanna und viele andere. Sie alle unterstützten Jesus und die
Jünger mit dem, was sie besaßen.

- *Du bist der Freudenbote Gottes*
- *In jede Stadt und in jedes Dorf begibst du dich*
- *Du duldest auch Frauen in deinem Gefolge*
- *Du willst den Dienst der Frauen*
- *Dein Verhalten formt eine neue Gesellschaft*

Samstag *Lk 8,4-8[9-10.11-15]*

4Als die Leute aus allen Städten zusammenströmten und sich viele Menschen um Jesus versammelten, erzählte er ihnen dieses Gleichnis:

5Ein Sämann ging aufs Feld, um seinen Samen auszusäen. Als er säte, fiel ein Teil der Körner auf den Weg; sie wurden zertreten, und die Vögel des Himmels fraßen sie.
6Ein anderer Teil fiel auf Felsen, und als die Saat aufging, verdorrte sie, weil es ihr an Feuchtigkeit fehlte.
7Wieder ein anderer Teil fiel mitten in die Dornen, und die Dornen wuchsen zusammen mit der Saat hoch und erstickten sie.
8Ein anderer Teil schließlich fiel auf guten Boden, ging auf und brachte hundertfach Frucht.

Als Jesus das gesagt hatte, rief er:
Wer Ohren hat zum Hören, der höre!

- *Du bist der Sämann*
- *Du säst den Samen deines Wortes*
- *Dein Mißerfolg ist ein Ärgernis*
- *Gott weiß aus dem kleinen Erfolg einen großen zu machen*
- *Einer sät, ein anderer erntet*

Montag *Lk 8,16.17[18]*

(Jesus sagte:)
16Niemand zündet ein Licht an
und deckt es mit einem Gefäß zu
oder stellt es unter das Bett,
sondern man stellt das Licht auf den Leuchter,
damit alle, die eintreten, es leuchten sehen.

17Es gibt nichts Verborgenes,
das nicht offenbar wird,
und nichts Geheimes,
das nicht bekannt wird und an den Tag kommt.

- *Dein Wort ist Licht und Wahrheit*
- *Dein Licht macht die Gemeinde zu einem Verstehensraum*
- *Dein lichtvolles Wort wird Außenstehende anziehen*
- *Gottes Offenbarung will Öffentlichkeit*
- *Dein Licht in uns soll leuchten vor den Menschen*

Dienstag *Lk 8,19-21*

19Eines Tages kamen seine Mutter und seine Brüder zu Jesus;
sie konnten aber wegen der vielen Leute nicht zu ihm gelan-
gen. 20Da sagte man zu ihm: Deine Mutter und deine Brüder
stehen draußen und möchten dich sehen. 21Er erwiderte:
Meine Mutter und meine Brüder sind die,
die das Wort Gottes hören und danach handeln.

- *Du bist Gottes letztes Wort*
- *Du sagst Gottes Wort letztverbindlich*
- *Wer dein Wort hört, gehört zu deiner Familie*
- *Du hast Mutter, Brüder und dein Haus verlassen um der Frohbotschaft willen*
- *Im Haus Gottes hast du Mutter und Brüder zurückerhalten*

Mittwoch *Lk 9,1-2[3.4.5].6*

1Jesus rief die Zwölf zu sich und gab ihnen die Kraft und die
Vollmacht, alle Dämonen auszutreiben und die Kranken ge-
sund zu machen. 2Und er sandte sie aus mit dem Auftrag, das
Reich Gottes zu verkünden und zu heilen …
6Die Zwölf machten sich auf den Weg und wanderten von
Dorf zu Dorf. Sie verkündeten das Evangelium und heilten
überall die Kranken.

- *Du gibst Anteil an deiner Vollmacht, Kraft und Macht*
- *Du sendest, das Kommen des Gottesreiches und seines Heils zu verkünden*
- *Die weltverwandelnde Gottesherrschaft ist es, die dereinst alles Unheil wegnehmen wird*
- *Du gibst Auftrag, Unheil abzuwenden und zu heilen*
- *Die das schon anstehende Heil vermelden, heilen auch*

Donnerstag *Lk 9,7-9*

7Der Tetrarch Herodes hörte von allem, was geschah, und
wußte nicht, was er davon halten sollte. Denn manche sagten:
Johannes ist von den Toten auferstanden. 8Andere meinten:
Elija ist wiedererschienen. Wieder andere: Einer der alten
Propheten ist auferstanden.
9Herodes aber sagte: Johannes habe ich selbst enthaupten lassen. Wer ist dann dieser Mann, von dem man solche Dinge erzählt? Und er hatte den Wunsch, ihn einmal zu sehen.

- *Sag, was wir von dir halten sollen*
- *Du wurdest von den Toten auferweckt*
- *Wer bist du, und woher kommst du?*
- *Du bist mehr als Johannes und alle Propheten*
- *Ich habe den Wunsch, dich kennenzulernen*

Freitag *Lk 9,18-21.22*

18Jesus betete einmal in der Einsamkeit, und die Jünger wa-
ren bei ihm. Da fragte er sie: Für wen halten mich die Leute?
19Sie antworteten: Einige für Johannes den Täufer, andere für
Elija; wieder andere sagen: Einer der alten Propheten ist auf-
erstanden. 20Da sagte er zu ihnen: Ihr aber, für wen haltet ihr
mich? Petrus antwortete: Für den Messias Gottes. 21Doch
verbot er ihnen streng, es jemand weiterzusagen.

22Und er fügte hinzu:
Der Menschensohn muß vieles erleiden
und von den Ältesten, den Hohenpriestern
und den Schriftgelehrten verworfen werden;
er wird getötet werden,
aber am dritten Tag wird er auferstehen.

- *Aus der Gebetseinheit mit dem Vater offenbarst du dein Geheimnis*
- *Du Messias Gottes, mehr als ein Davidssohn*
- *Messias bist du als der himmlische Menschensohn*
- *Du verworfener und getöteter Menschensohn*
- *Von Gott erweckt und erhöht*

Samstag *Lk 9,43b-45*

43b Jesus sagte zu seinen Jüngern: 44 Merkt euch genau, was ich
jetzt sage:
Der Menschensohn
wird den Menschen ausgeliefert werden.
45 Doch die Jünger verstanden den Sinn seiner Worte nicht; er
blieb ihnen verborgen, so daß sie ihn nicht begriffen. Aber sie
scheuten sich, Jesus zu fragen, was er damit sagen wollte.

- *Sohn Gottes, vom Vater dahingegeben*
- *Als Menschensohn den Händen der Menschen ausgeliefert*
- *Fügsam in der Verfügung des Vaters*
- *Der Ratschluß des Vaters bleibt unverständlich*
- *Du offenbarst uns den Vater als unbegreifliches Geheimnis*

Montag *Lk 9,[46-47a]47b-48a[48b.c.49-50]*

47 Jesus nahm ein Kind, stellte es neben sich 48 und sagte:
Wer dieses Kind um meinetwillen aufnimmt,
der nimmt mich auf.

- *Um unsertwillen wurdest du klein und arm*
- *Du identifizierst dich mit einem hilfsbedürftigen Kind*
- *Du liebst die Armen und Hilfsbedürftigen*
- *Die Hilfsbedürftigen sind deine Legaten und Nuntien an uns*
- *Wer deine Sendlinge aufnimmt, nimmt dich auf*

26. Woche im Jahreskreis

Dienstag *Lk 9,51-52a.52b-56*

51 Als die Zeit herankam, in der er in den Himmel aufgenom-
men werden sollte, entschloß sich Jesus, nach Jerusalem zu
gehen. 52 Und er schickte Boten vor sich her.
Diese kamen in ein samaritisches Dorf und wollten eine Un-
terkunft für ihn besorgen. 53 Aber man nahm ihn nicht auf,
weil er auf dem Weg nach Jerusalem war.
54 Als die Jünger Jakobus und Johannes das sahen, sagten sie:
Herr, sollen wir befehlen, daß Feuer vom Himmel fällt und sie
vernichtet? 55 Da wandte er sich um und wies sie zurecht.
56 Und sie gingen zusammen in ein anderes Dorf.

- *Du gehst deiner Erhöhung entgegen*
- *Hoheitlich sendest du Boten vor dir her*
- *Du kommst zu retten, nicht zu richten*
- *Wer dich aufnimmt, nimmt den auf, der dich gesandt hat*
- *Wer dein Wort hört, hat den besten Teil erwählt*

Mittwoch *Lk 9,[57-58.59-60]61-62*

61 Es sagte einer: Ich will dir nachfolgen, Herr. Zuvor aber laß
mich von meiner Familie Abschied nehmen.
62 Jesus erwiderte ihm:
Keiner, der die Hand an den Pflug gelegt hat
und nochmals zurückblickt,
taugt für das Reich Gottes.

- *Wer sich für die Nachfolge entschieden hat, muß sich fragen lassen, ob er berufen ist*
- *Dein Ruf ist fordernder als der des Propheten Elija*
- *Dein Ruf in die Nachfolge erlaubt keinen Aufschub*
- *Keine Pflicht ist dem Reich-Gottes-Auftrag vorzuziehen*
- *Dein Dienst beansprucht total*

Donnerstag *Lk 10,1.2a[2b].3.4.5-6.7[8-11.12]*

1Der Herr suchte zweiundsiebzig andere (Jünger) aus und
sandte sie zu zweit voraus in alle Städte und Ortschaften, in
die er selbst gehen wollte.
2aEr sagte zu ihnen:
3Geht!
Ich sende euch wie Schafe mitten unter die Wölfe.

4Nehmt keinen Geldbeutel mit, keine Vorratstasche und keine Schuhe!
Grüßt niemand unterwegs!

5Wenn ihr in ein Haus kommt,
so sagt als erstes: Friede diesem Haus!
6Und wenn dort ein Mann des Friedens wohnt,
wird der Friede, den ihr ihm wünscht, auf ihm ruhen;
andernfalls wird er zu euch zurückkehren.

7Bleibt in diesem Haus,
eßt und trinkt, was man euch anbietet;
denn wer arbeitet, hat ein Recht auf seinen Lohn.
Zieht nicht von einem Haus in ein anderes!

- *Du sendest Boten, die dein Kommen ankündigen*
- *Du sendest in gefährliche Situationen*
- *Du willst die Sendlinge arm und genügsam*
- *Wer deine Sendlinge aufnimmt, erfährt Friede und Heil*
- *Deine Sendlinge haben Anspruch auf Unterhalt*

Freitag *Lk 10,[13-14.15]16*

(Jesus sagte zu seinen Jüngern:)
16 Wer euch hört,
der hört mich,
und wer euch ablehnt,
der lehnt den ab, der mich gesandt hat.

- *Du legitimierst unsere Verkündigung*
- *Laß mein Wort dein Wort sein*
- *Auch du erlittest Ablehnung*
- *Wer dich ablehnt, lehnt den ab, der dich gesandt hat*
- *Im Mißerfolg bin ich eins mit dir und dem Vater*

Samstag *Lk 10,17-18.19-20[21-22.23-24]*

17Die [ausgesandten] Zweiundsiebzig kehrten zurück und berichteten voll Freude: Herr, sogar die Dämonen gehorchen uns, wenn wir deinen Namen aussprechen.
18Da sagte er zu ihnen: Ich sah den Satan wie einen Blitz vom Himmel fallen.

19Seht, ich habe euch Vollmacht gegeben,
auf Schlangen und Skorpione zu treten
und die ganze Macht des Feindes zu überwinden.
Nichts wird euch schaden können.

20Doch freut euch nicht darüber,
daß euch die Geister gehorchen,
sondern freut euch darüber,
daß eure Namen im Himmel verzeichnet sind.

- *Du hast die Macht des Satans gebrochen*
- *Unser Kampf geht nicht gegen Fleisch und Blut*
- *In deinem Namen gehorchen uns die bösen Geister*
- *Meine Erfolge sind deine Erfolge*
- *Mein Name ist im Himmel verzeichnet, welche Freude*

Montag *Lk 10,25a[25b-28].29-37*

25 Es stand ein Gesetzeslehrer auf, und um Jesus auf die Probe
zu stellen, fragte er ihn: 29 Wer ist mein Nächster?
30 Darauf antwortete ihm Jesus:
Ein Mann ging von Jerusalem nach Jericho hinab und wurde von Räubern überfallen. Sie plünderten ihn aus und schlugen ihn nieder; dann gingen sie weg und ließen ihn halbtot liegen.
31 Zufällig kam ein Priester denselben Weg herab; er sah ihn
und ging weiter. 32 Auch ein Levit kam zu der Stelle; er sah
ihn und ging weiter.
33 Dann kam ein Mann aus Samarien, der auf der Reise war.
Als er ihn sah, hatte er Mitleid, 34 ging zu ihm hin, goß Öl
und Wein auf seine Wunden und verband sie. Dann hob er
ihn auf sein Reittier, brachte ihn zu einer Herberge und
sorgte für ihn. 35 Am andern Morgen holte er zwei Denare
hervor, gab sie dem Wirt und sagte: Sorge für ihn, und wenn du mehr für ihn brauchst, werde ich es dir bezahlen, wenn ich wiederkomme.
36 Was meinst du: Wer von diesen dreien hat sich als der
Nächste dessen erwiesen, der von den Räubern überfallen
wurde? 37 Der Gesetzeslehrer antwortete: Der, der barm-
herzig an ihm gehandelt hat. Da sagte Jesus zu ihm: Dann geh und handle genauso!

- *Mein Nächster ist jeder Notleidende, dem ich begegne*
- *Der Blick der Liebe ist konkret eingeengt und weltweit entschränkt*
- *Lehr mich, in den Notleidenden deinen Bruder und dich selbst zu sehen*
- *Wahre Liebe ist praktisch und effektiv*
- *Der not-wendende Samariterdienst hat Vorrang vor Entwicklungshilfe*

Dienstag *Lk 10,38-42*

38Jesus kam in ein Dorf. Eine Frau namens Marta nahm ihn
freundlich auf. 39Sie hatte eine Schwester, die Maria hieß.
Maria setzte sich dem Herrn zu Füßen und hörte seinen Wor-
ten zu. 40Marta aber war ganz davon in Anspruch genommen,
für ihn zu sorgen. Sie kam zu ihm und sagte: Herr, kümmert
es dich nicht, daß meine Schwester die ganze Arbeit mir allein
überläßt? Sag ihr doch, sie soll mir helfen! 41Der Herr ant-
wortete: Marta, Marta, du machst dir viele Sorgen und
Mühen. 42Aber nur eines ist notwendig. Maria hat das Bes-
sere gewählt, das soll ihr nicht genommen werden.

- *Wo zwei in deinem Namen beisammen sind, bist du mitten unter ihnen*
- *Du sagst ihnen Gottes Wort*
- *Du warst unter uns wie einer, der dient*
- *Nur eins ist notwendig: das Hören auf dein Wort*
- *Dein Wort ruft in den Dienst und gibt ewiges Leben*

Mittwoch *Lk 11,1-2[3-4]*

1Jesus betete einmal an einem Ort; und als er das Gebet been-
det hatte, sagte einer seiner Jünger zu ihm: Herr, lehre uns be-
ten, wie schon Johannes seine Jünger beten gelehrt hat.
2Da sagte er zu ihnen:

Wenn ihr betet, so sprecht:

Vater,
dein Name werde geheiligt.
Dein Reich komme.

- *Herr, lehre uns beten*
- *Der Geist ruft in uns: Abba, Vater*
- *Ehre wird dem Vater nur durch dich im Heiligen Geiste*
- *Gottes Herrschaft und Reich: dein Wunsch und dein Geschick*
- *Gottes Reich: Heil aller Welt*

Donnerstag *Lk 11,5-8[9-10.11-12]*

5(Jesus) sagte:
Wenn einer von euch einen Freund hat und um Mitternacht
zu ihm geht und sagt: Freund, leih mir drei Brote; 6denn einer
meiner Freunde, der auf Reisen ist, ist zu mir gekommen, und
ich habe ihm nichts anzubieten!, 7wird dann etwa der Mann
drinnen antworten: Laß mich in Ruhe, die Tür ist schon ver-
schlossen, und meine Kinder schlafen bei mir; ich kann nicht
aufstehen und dir etwas geben?
8Ich sage euch: Wenn er schon nicht deswegen aufsteht und
ihm seine Bitte erfüllt, weil er sein Freund ist, so wird er doch
wegen seiner Zudringlichkeit aufstehen und ihm geben, was
er braucht.

- *In jedem Gast begegnest du*
- *Alle Bitten der Not sind deine Bitten*
- *Niemand kann deinen Bitten widerstehen*
- *Wer einen Geringen aufnimmt, nimmt dich auf*
- *Jede Guttat vergiltst du hundertfach*

Freitag *Lk 11,[14-15.16.17-18.19-20.21-22]23.24-26*

23(Jesus sagte:)
Wer nicht für mich ist,
der ist gegen mich;
wer nicht mit mir sammelt,
der zerstreut.

24Ein unreiner Geist, der einen Menschen verlassen hat, wan-
dert durch die Wüste und sucht einen Ort, wo er bleiben
kann. Wenn er keinen findet, sagt er: Ich will in mein Haus
zurückkehren, das ich verlassen habe. 25Und wenn er es bei
seiner Rückkehr sauber und geschmückt antrifft, 26dann geht
er und holt sieben andere Geister, die noch schlimmer sind als
er selbst. Sie ziehen dort ein und lassen sich nieder.
So wird es mit diesem Menschen am Ende schlimmer werden als vorher.

- *Du willst unsere Mitarbeit*
- *Du willst, daß wir sammeln helfen*
- *Herr, wehre dem Versucher*
- *Nur du bist unser Halt*
- *Bewahre uns vor dem Abfall*

Samstag *Lk 11,27-28*

27Damals rief eine Frau aus der Menge Jesus zu: Selig die Frau, deren Leib dich getragen und deren Brust dich genährt hat.
28Er aber erwiderte:
Selig sind vielmehr die,
die das Wort Gottes hören und es befolgen.

- *Das Wort Gottes bist du*
- *Gottes Wort sagst du uns*
- *Wer deine Mutter preist, preist dich*
- *Deine Mutter: der Sitz der Weisheit*
- *Die dein Wort hören und befolgen, sind dir wie Mutter, Schwester und Bruder*

Montag *Lk 11,[29-30]31-32*

(Jesus sagte zu der Menge:)
31 Die Königin des Südens
wird beim Gericht gegen die Männer dieser Generation auftreten und sie verurteilen;
denn sie kam vom Ende der Erde,
um die Weisheit Salomos zu hören.
Hier aber ist einer, der mehr ist als Salomo.

32 Die Männer von Ninive
werden beim Gericht gegen diese Generation auftreten und sie verurteilen;
denn sie haben sich nach der Predigt des Jona bekehrt.
Hier aber ist einer, der mehr ist als Jona.

- *Weisheit Gottes bist du – mehr als ein Weisheitslehrer*
- *Erfüllung aller Prophetie bist du – mehr als ein Prophet*
- *Du hast Worte ewigen Lebens*
- *Wer dein Wort annimmt, kommt nicht ins Gericht*
- *Wer dich ablehnt, ist schon gerichtet*

Dienstag *Lk 11,37-38.39-40.41*

37Ein Pharisäer lud Jesus zum Essen ein. Jesus ging zu ihm
und setzte sich zu Tisch. 38Als der Pharisäer sah, daß er sich
vor dem Essen nicht die Hände wusch, war er verwundert.
39Da sagte der Herr zu ihm:

O ihr Pharisäer!
Ihr haltet zwar Becher und Teller außen sauber,
innen aber seid ihr voll Raubgier und Bosheit.
40Ihr Unverständigen!
Hat nicht der, der das Äußere schuf,
auch das Innere geschaffen?
41Gebt lieber, was in den Schüsseln ist, den Armen,
dann ist für euch alles rein.

- *Du kennst und sagst den Willen des Vaters*
- *Deine Gotthörigkeit gibt dir große Freiheit*
- *Du kennst die Bosheit und Habgier des Menschenherzens*
- *Du durchschaust den frommen Schein*
- *Almosen deckt eine Menge Sünden zu*

Mittwoch *Lk 11,42[43.44.45-46]*

(Der Herr sagte zu den Pharisäern:)
42Weh euch Pharisäern!
Ihr gebt den Zehnten von Minze, Gewürzkraut und allem Gemüse,
die Gerechtigkeit aber und die Liebe zu Gott vergeßt ihr.
Man muß das eine tun, ohne das andere zu unterlassen.

- *Du bringst unerbittlich den Willen Gottes zur Geltung*
- *Werke der Übergebühr führen leicht zu Eigengerechtigkeit*
- *Gerechtigkeit und Liebe sind dir letzter Maßstab*
- *Immer das Rechte tun und Gott über alles lieben*
- *Die Liebe kann vieles tun und tut nie zuviel*

Donnerstag *Lk 11,47-48.49-51[52.53-54]*

(Jesus sagte:)
47Weh euch (Gesetzeslehrern)!
Ihr errichtet Denkmäler für die Propheten,
die von euren Vätern umgebracht wurden.
48Damit bestätigt und billigt ihr, was eure Väter getan haben.
Sie haben die Propheten umgebracht,
ihr errichtet ihnen Bauten.

49Deshalb hat auch die Weisheit Gottes gesagt:
Ich werde Propheten und Apostel zu ihnen senden,
und sie werden einige von ihnen töten und andere verfolgen,
50damit das Blut aller Propheten,
das seit der Erschaffung der Welt vergossen worden ist,
an dieser Generation gerächt wird,
51vom Blut Abels bis zum Blut des Zacharias,
der im Vorhof zwischen Altar und Tempel umgebracht wurde.
Ja, das sage ich euch:
An dieser Generation wird es gerächt werden.

- *Kreuzverehrung und Martyrerkult verpflichten*
- *Du und deine Boten werden immer wieder verworfen*
- *Wer dich und deine Sendlinge verwirft, verwirft Gott*
- *Dein Kreuzestod machte das Maß der Prophetenfeindschaft voll*
- *Dein Kreuz: Gericht und Heilszeichen in der Welt*

Freitag *Lk 12,[1a]1b[2.3].4-5.6-7*

1b Jesus wandte sich zuerst an seine Jünger:
4 Euch, meinen Freunden, sage ich:
Fürchtet euch nicht vor denen,
die den Leib töten,
euch aber sonst nichts tun können.
5 Ich will euch zeigen, wen ihr fürchten sollt:
Fürchtet euch vor dem,
der nicht nur töten kann,
sondern die Macht hat,
euch auch noch in die Hölle zu werfen.
Ja, das sage ich euch: Ihn sollt ihr fürchten.

6 Verkauft man nicht fünf Spatzen für ein paar Pfennig?
Und doch vergißt Gott nicht einen von ihnen.
7 Bei euch aber sind sogar die Haare auf dem Kopfe alle gezählt.
Fürchtet euch nicht!
Ihr seid mehr wert als viele Spatzen.

- *Zeugnis für dich bringt Feindschaft ein*
- *Gottesfurcht nimmt Menschenfurcht*
- *Gott weiß um mich und vergißt mich nicht*
- *Ich bin Gott viel wert*
- *Noch im Tod ist Gott uns nah*

Samstag *Lk 12,[8-9]10.11-12*

(Den Jüngern sagte Jesus:)
10 Jedem, der etwas gegen den Menschensohn sagt,
wird vergeben werden;
wer aber den Heiligen Geist lästert,
dem wird nicht vergeben werden.

11 Wenn man euch vor die Gerichte der Synagogen
und vor die Herrscher und Machthaber schleppt,
dann macht euch keine Sorgen,
wie ihr euch verteidigen
oder was ihr sagen sollt.
12 Denn der Heilige Geist wird euch in der gleichen Stunde eingeben,
was ihr sagen müßt.

- *Du bist als Menschensohn dem Vater nahe*
- *Du bekennst dich im Gericht zu uns, die wir dich auf Erden bekennen*
- *Wer deinem machtvollen Geistwirken widersteht, ist verloren*
- *Das Bekenntnis zu dir bringt in Gerichtssituationen*
- *Sorglosen Zeugen gibst du den Geist und die Worte des Zeugnisses*

29. Woche im Jahreskreis

Montag *Lk 12,13-14.15.16-20.21*

13 Einer aus der Volksmenge bat Jesus: Meister, sag meinem
Bruder, er soll das Erbe mit mir teilen.
14 Er erwiderte ihm: Mensch, wer hat mich zum Richter oder
Schlichter bei euch gemacht?

15 Dann sagte er zu den Leuten:
Gebt acht und hütet euch vor jeder Art von Habgier.
Denn der Sinn des Lebens besteht nicht darin,
daß ein Mensch aufgrund seines großen Vermögens im
Überfluß lebt.

16 Und er erzählte ihnen folgendes Beispiel:
Auf den Feldern eines reichen Mannes stand eine gute
Ernte. 17 Da überlegte er hin und her: Was soll ich tun? Ich
weiß nicht, wo ich meine Ernte unterbringen soll. 18 Schließ-
lich sagte er: So will ich es machen: Ich werde meine Scheu-
nen abreißen und größere bauen; dort werde ich mein
ganzes Getreide und meine Vorräte unterbringen. 19 Dann
kann ich zu mir selber sagen: Nun hast du einen großen
Vorrat, der für viele Jahre reicht. Ruh dich aus, iß und
trink, und freu dich des Lebens!
20 Da sprach Gott zu ihm: Du Narr! Noch in dieser Nacht
wird man dein Leben von dir zurückfordern. Wem wird all
das gehören, was du angehäuft hast?

21 So geht es jedem, der nur für sich selbst Schätze sammelt,
aber vor Gott nicht reich ist.

- *Deine Aufgaben waren nicht irdischer Art*
- *Du lehrst uns, mit dem Ende zu rechnen*
- *Der Gedanke an das Ende schenkt geistlichen Realismus*
- *Du willst uns reich bei Gott*
- *Gott allein genügt*

Dienstag *Lk 12,35-38*

(Jesus sprach zu seinen Jüngern:)
35 Legt euren Gürtel nicht ab, und laßt eure Lampen brennen!
36 Seid wie Menschen, die auf die Rückkehr ihres Herrn warten, der auf einer Hochzeit ist, und die ihm öffnen, sobald er kommt und anklopft.
37 Selig die Knechte,
die der Herr wach findet, wenn er kommt.
Amen, ich sage euch:
Er wird sich gürten, sie am Tisch Platz nehmen lassen
und sie der Reihe nach bedienen.
Und kommt er erst in der zweiten oder dritten Nachtwache und findet sie wach –
selig sind sie.

- *Du kommst zu später Stunde*
- *Selig, wer dich erwartet*
- *Wen du wachend findest, lädst du ein zum Festmahl*
- *Meine Wachsamkeit belohnst du überreich*
- *Du selbst bist mein übergroßer Lohn*

Mittwoch *Lk 12,[39-40]41-46[47-48a.48b]*

41Petrus sagte: Herr, meinst du mit diesem Gleichnis nur uns
oder auch all die anderen? 42Der Herr antwortete:
Wer ist denn der treue und kluge Verwalter, den der Herr
einsetzen wird, damit er seinem Gesinde zur rechten Zeit
die Nahrung zuteilt? 43Selig der Knecht, den der Herr da-
mit beschäftigt findet, wenn er kommt. 44Wahrhaftig, das
sage ich euch: Er wird ihn zum Verwalter seines ganzen
Vermögens machen.
45Wenn aber der Knecht denkt: Mein Herr kommt noch
lange nicht zurück!, und anfängt, die Knechte und Mägde
zu schlagen; wenn er ißt und trinkt und sich berauscht,
46dann wird der Herr an einem Tag kommen, an dem der
Knecht es nicht erwartet, und zu einer Stunde, die er nicht
kennt; und der Herr wird ihn in Stücke hauen und ihm sei-
nen Platz unter den Ungläubigen zuweisen.

- *Du kommst unerwartet*
- *Du hast mich in Dienst genommen*
- *Die Deinen hast du mir anvertraut*
- *Mein Dienst soll die Brüder nähren*
- *Du versprichst großen Lohn*

Donnerstag *Lk 12,49-50[51-53]*

(Jesus sagte:)
49 Ich bin gekommen, um Feuer auf die Erde zu werfen.
Wie froh wäre ich, es würde schon brennen!
50 Ich muß mit einer Taufe getauft werden,
und ich bin sehr bedrückt, solange sie noch nicht vollzogen ist.

- *Deine Verkündigung wollte einen Feuerbrand entzünden*
- *Die Ankündigung der Gottesherrschaft wurde dir zum Ge-Schick*
- *Die Todestaufe hatte dir der Vater zugedacht*
- *Du bangtest deiner „Stunde“ entgegen*
- *Unter das Weltgericht hast du dich stellvertretend gestellt*

Freitag *Lk 12,54-56.57.58-59*

54 Jesus sagte zu den Leuten:
Sobald ihr im Westen Wolken aufsteigen seht,
sagt ihr: Es gibt Regen.
Und es kommt so.
55 Und wenn der Südwind weht,
dann sagt ihr: Es wird heiß.
Und es trifft ein.
56 Ihr Heuchler!
Das Aussehen der Erde und des Himmels
könnt ihr deuten.
Warum könnt ihr die Zeichen dieser Zeit
nicht deuten?

57 Warum findet ihr nicht schon von selbst das rechte Urteil?
58 Wenn du mit deinem Gegner vor Gericht gehst,
bemüh dich noch auf dem Weg,
dich mit ihm zu einigen.
Sonst wird er dich vor den Richter schleppen,
und der Richter wird dich dem Gerichtsdiener übergeben,
und der Gerichtsdiener wird dich ins Gefängnis werfen.
59 Ich sage dir:
Du kommst von dort nicht heraus,
bis du auch den letzten Pfennig bezahlt hast.

- *Die Zeichen des Endes zeigen sich an*
- *Herr, laß mich erkennen, was zu tun ist*
- *Mein Lebensweg – ein Weg zum Gericht*
- *Immer bin ich beim andern in der Schuld*
- *Meine Schuld hast du bis auf den letzten Pfennig bezahlt*

Samstag — *Lk 13,1-5.6-9*

[1]Einige Leute kamen zu Jesus und berichteten ihm von den
Galiläern, die Pilatus beim Opfern umbringen ließ, so daß
sich ihr Blut mit dem ihrer Opfertiere vermischte. [2]Da sagte
er zu ihnen:

Meint ihr, daß nur diese Galiläer Sünder waren,
weil das mit ihnen geschehen ist,
alle anderen Galiläer aber nicht?
[3]Nein, im Gegenteil:
Ihr alle werdet genauso umkommen,
wenn ihr euch nicht bekehrt.

[4]Oder jene achtzehn Menschen, die beim Einsturz des
Turms von Schiloach erschlagen wurden –
meint ihr, daß nur sie Schuld auf sich geladen hatten,
alle anderen Einwohner von Jerusalem aber nicht?
[5]Nein, im Gegenteil:
Ihr alle werdet genauso umkommen,
wenn ihr euch nicht bekehrt.

[6]Und er erzählte ihnen dieses Gleichnis:
Ein Mann hatte in seinem Weinberg einen Feigenbaum;
und als er kam und nachsah, ob er Früchte trug, fand er
keine. [7]Da sagte er zu seinem Weingärtner: Jetzt komme
ich schon drei Jahre und sehe nach, ob dieser Feigenbaum
Früchte trägt, und finde nichts. Hau ihn um! Was soll er
weiter dem Boden seine Kraft nehmen?
[8]Der Weingärtner erwiderte: Herr, laß ihn dieses Jahr noch
stehen; ich will den Boden um ihn herum aufgraben und
düngen. [9]Vielleicht trägt er doch noch Früchte; wenn nicht,
dann laß ihn umhauen.

- *Du, Heiland, hast das Heil gebracht*
- *Bekehrung heißt gläubige Umkehr zu dir*
- *Wer dein Gnadenangebot ausschlägt, kommt ins Gericht*
- *Du gibst noch eine Gnadenfrist*
- *Du wartest auf Früchte der Umkehr*

30. Woche im Jahreskreis

Montag *Lk 13,10-13.14-17*

[10]Am Sabbat lehrte Jesus in einer Synagoge. [11]Dort saß eine
Frau, die seit achtzehn Jahren krank war, weil sie von einem
Dämon geplagt wurde; ihr Rücken war verkrümmt, und sie
konnte nicht mehr aufrecht gehen. [12]Als Jesus sie sah, rief er
sie zu sich und sagte: Frau, du bist von deinem Leiden erlöst.
[13]Und er legte ihr die Hände auf. Im gleichen Augenblick
richtete sie sich auf und pries Gott.
[14]Der Synagogenvorsteher aber war empört darüber, daß Je-
sus am Sabbat heilte, und sagte zu den Leuten: Sechs Tage
sind zum Arbeiten da. Kommt also an diesen Tagen und laßt
euch heilen, nicht am Sabbat! [15]Der Herr erwiderte ihm: Ihr
Heuchler! Bindet nicht jeder von euch am Sabbat seinen Och-
sen oder Esel von der Krippe los und führt ihn zur Tränke?
[16]Diese Tochter Abrahams aber, die der Satan schon seit
achtzehn Jahren gefesselt hielt, sollte am Sabbat nicht davon
befreit werden dürfen?
[17]Durch diese Worte wurden alle seine Gegner beschämt; das
ganze Volk aber freute sich über all die großen Taten, die er
vollbrachte.

- *Du Arzt der Kranken*
- *Du hast heilende Hände*
- *Du heilst auch am Sabbat*
- *Deine Heilstaten bezeugen die neue Schöpfung*
- *Dein Heil bringt Freude in die Welt*

Dienstag *Lk 13,18-19[20-21]*

18 Jesus sagte:
Wem ist das Reich Gottes ähnlich,
womit soll ich es vergleichen?
19 Es ist wie ein Senfkorn, das ein Mann in seinem Garten
in die Erde steckte; es wuchs und wurde zu einem Baum,
und die Vögel des Himmels nisteten in seinen Zweigen.

- *Deine Reich-Gottes-Verkündigung hatte viel Mißerfolg*
- *Das Kleine lehrt das Große sehen*
- *Gott läßt sich finden in allen Dingen*
- *Gottes Reich kam in deinem Scheitern*
- *Am Ende wird Gott unendlichen Erfolg haben*

Mittwoch *Lk 13,[22.23-24.25.26-27]28-29.30*

(Jesus sagte:)
28 Ihr werdet heulen und mit den Zähnen knirschen,
wenn ihr seht, daß Abraham, Isaak und Jakob
und alle Propheten im Reich Gottes sind,
ihr selbst aber ausgeschlossen seid.
29 Und man wird von Osten und Westen
und von Norden und Süden kommen
und im Reich Gottes zu Tisch sitzen.

30 Dann werden manche von den Letzten die Ersten sein
und manche von den Ersten die Letzten.

- *Die prophezeite Wallfahrt der Heidenvölker kam in Gang*
- *Das Gottesvolk aus allen Völkern formiert sich*
- *Das große Mahl der Endzeit hat begonnen*
- *Israels Patriarchen und Propheten haben die ersten Plätze inne*
- *Du drohst deinen Zeitgenossen den Ausschluß aus der endzeitlichen Tischgemeinschaft an*

Donnerstag *Lk 13,31-32.33[34-35a.35b]*

31 Zu dieser Zeit kamen einige Pharisäer zu Jesus und sagten:
Geh weg, verlaß dieses Gebiet, denn Herodes will dich töten.
32 Er antwortete ihnen:
Ich treibe Dämonen aus und heile Kranke,
heute und morgen,
und am dritten Tag werde ich mein Werk vollenden.

33 Doch heute und morgen und am folgenden Tag
muß ich weiterwandern;
denn ein Prophet darf nirgendwo anders
als in Jerusalem umkommen.

- *Tagtäglich mußtest du mit deinem Tod rechnen*
- *Du fürchtetest nicht die, die nur den Leib töten können*
- *Dein Gottvertrauen sollte sich am dritten Tag erfüllen*
- *Jerusalem – von jeher die Stadt der Prophetenmörder*
- *Gekreuzigt, gestorben und begraben in der unheiligen „Heiligen Stadt“*

Freitag *Lk 14,1-6*

1Als Jesus an einem Sabbat in das Haus eines führenden
Pharisäers zum Essen kam, beobachtete man ihn genau. 2Da
stand auf einmal ein Mann vor ihm, der an Wassersucht litt.
3Jesus wandte sich an die Gesetzeslehrer und die Pharisäer
und fragte:
Ist es am Sabbat erlaubt zu heilen, oder nicht?
4Sie schwiegen. Da berührte er den Mann, heilte ihn und ließ
ihn gehen. 5Zu ihnen aber sagte er:
Wer von euch wird seinen Sohn oder seinen Ochsen,
der in den Brunnen fällt,
nicht sofort herausziehen,
auch am Sabbat?
6Darauf konnten sie ihm nichts erwidern.

- *Du weist uns den Willen Gottes*
- *Gottes Schöpfung und das Gesetz Gottes künden deine Menschenfreundlichkeit*
- *Zu helfen und zu heilen, bist du gekommen*
- *Der Sabbat ist um des Menschen willen da*
- *Gottes Güte und deine Heilstaten interpretieren die Intention Gottes*

Samstag *Lk 14,[1.7]8-10.11*

(Jesus sagte zu den Pharisäern:)
8Wenn du zu einer Hochzeit eingeladen bist, such dir nicht
den Ehrenplatz aus. Denn es könnte ein anderer eingeladen
sein, der vornehmer ist als du, 9und dann würde der Gastge-
ber, der dich und ihn eingeladen hat, kommen und zu dir sa-
gen: Mach diesem hier Platz! Du aber wärst beschämt und
müßtest den untersten Platz einnehmen.
10Wenn du also eingeladen bist, setz dich lieber, wenn du hin-
kommst, auf den untersten Platz; dann wird der Gastgeber zu
dir kommen und sagen: Mein Freund, rück weiter hinauf! Das
wird für dich eine Ehre sein vor allen anderen Gästen.

11Denn wer sich selbst erhöht,
wird erniedrigt,
und wer sich selbst erniedrigt,
wird erhöht werden.

- *Du warst der Geringste und Diener aller*
- *Du warst unter uns wie der Tischdiener*
- *Du wirst umhergehen und uns bedienen*
- *Mit dir am letzten Platz*
- *Du hast dich selbst erniedrigt und erhöht*

Montag *Lk 14,12-14*

12Jesus sagte zu [seinem] Gastgeber:
Wenn du mittags oder abends ein Essen gibst,
so lade nicht deine Freunde
oder deine Brüder,
deine Verwandten
oder reiche Nachbarn ein;
sonst laden auch sie dich ein,
und damit ist dir wieder alles vergolten.

13Nein, wenn du ein Essen gibst,
dann lade Arme,
Krüppel,
Lahme und
Blinde ein.
14Du wirst selig sein,
denn sie können es dir nicht vergelten;
es wird dir vergolten werden
bei der Auferstehung der Gerechten.

- *Du bist gekommen, Sünder zu laden*
- *Du warst unter uns wie ein Tischdiener*
- *Du revolutionierst die Umgangssitten*
- *Du willst keine Kasten und Klassen*
- *Die dich ausladen, lädst du ein*

Dienstag *Lk 14,15.16-24*

15 Einer der Gäste sagte zu Jesus: Selig, wer im Reich Gottes
am Mahl teilnehmen darf.
16 Jesus sagte zu ihm:
Ein Mann veranstaltete ein großes Festmahl und lud viele
dazu ein. 17 Als das Fest beginnen sollte, schickte er seinen
Diener und ließ den Gästen, die er eingeladen hatte, sagen:
Kommt, es steht alles bereit!
18 Aber einer nach dem andern ließ sich entschuldigen. Der
erste ließ ihm sagen: Ich habe einen Acker gekauft und
muß jetzt gehen und ihn besichtigen. Bitte, entschuldige
mich!
19 Ein anderer sagte: Ich habe fünf Ochsengespanne gekauft
und bin auf dem Weg, sie mir genauer anzusehen. Bitte,
entschuldige mich!
20 Der Diener kehrte zurück und berichtete alles seinem
Herrn. Da wurde der Herr zornig und sagte zu seinem Die-
ner: Geh schnell auf die Straßen und Gassen der Stadt und
hol die Armen und die Krüppel, die Blinden und die Lah-
men herbei.
22 Bald meldete der Diener: Herr, dein Auftrag ist ausge-
führt; aber es ist immer noch Platz. 23 Da sagte der Herr zu
dem Diener: Dann geh auf die Landstraßen und vor die
Stadt hinaus und nötige die Leute zu kommen, damit mein
Haus voll wird. 24 Das aber sage ich euch: Keiner von denen,
die eingeladen waren, wird an meinem Mahl teilnehmen.

- *Geladen zum Mahl Gottes – überschwengliche Freude*
- *Nichts kann solcher Einladung vorgezogen werden*
- *Arm und debil – und doch geladen*
- *Abseits und fern – und doch geladen*
- *Du wirst herumgehen und uns bedienen*

Mittwoch *Lk 14,25.26a-c[26d].27.28-32.33*

25 Viele Menschen begleiteten Jesus; da wandte er sich an sie
und sagte:

26 Wenn jemand zu mir kommt
und nicht Vater und Mutter,
Frau und Kinder,
Brüder und Schwestern … gering achtet,
dann kann er nicht mein Jünger sein.

27 Wer nicht sein Kreuz trägt und mir nachfolgt,
der kann nicht mein Jünger sein.

28 Wenn einer von euch einen Turm bauen will, setzt er sich
dann nicht zuerst hin und rechnet, ob seine Mittel für das
ganze Vorhaben ausreichen? 29 Sonst könnte es geschehen,
daß er das Fundament gelegt hat, dann aber den Bau nicht
fertigstellen kann. Und alle, die es sehen, würden ihn verspot-
ten 30 und sagen: Der da hat einen Bau begonnen und konnte
ihn nicht zu Ende führen.

31 Oder wenn ein König gegen einen andern in den Krieg
zieht, setzt er sich dann nicht zuerst hin und überlegt, ob er
sich mit seinen zehntausend Mann dem entgegenstellen kann,
der mit zwanzigtausend gegen ihn anrückt? 32 Kann er es
nicht, dann schickt er eine Gesandtschaft, solange der andere
noch weit weg ist, und bittet um Frieden.

33 Darum kann keiner von euch mein Jünger sein,
wenn er nicht auf seinen ganzen Besitz verzichtet.

- *Kein Mensch dürfte solche Trennung einfordern*
- *Jüngerschaft Jesu heißt Kreuzesnachfolge*
- *Entschluß zur alternativen Lebensweise des Rätestandes setzt kluge Selbstprüfung voraus*
- *Jüngerschaft verlangt Trennung vom Besitz*
- *Ein Jünger möchte dir ähnlich sein*

31. Woche im Jahreskreis

Donnerstag *Lk 15,1-2.3-7.8-10*

1 Alle Zöllner und Jünger kamen zu Jesus, um ihn zu hören.
2 Die Pharisäer und die Schriftgelehrten empörten sich dar-
über und sagten: Er gibt sich mit Sündern ab und ißt sogar mit
ihnen.
3 Da erzählte er ihnen ein Gleichnis und sagte:
4 Wenn einer von euch hundert Schafe hat und eins davon
verliert, läßt er dann nicht die neunundneunzig in der
Steppe zurück und geht dem verlorenen nach, bis er es fin-
det? 5 Und wenn er es gefunden hat, nimmt er es voll
Freude auf die Schultern, 6 und wenn er nach Hause kommt,
ruft er seine Freunde und Nachbarn zusammen und sagt zu
ihnen: Freut euch mit mir; ich habe mein Schaf wiederge-
funden, das verloren war.
7 Ich sage euch: Ebenso wird auch im Himmel mehr Freude
herrschen über einen einzigen Sünder, der umkehrt, als
über neunundneunzig Gerechte, die es nicht nötig haben
umzukehren.

8 Oder wenn eine Frau zehn Drachmen hat und eine davon
verliert, zündet sie dann nicht eine Lampe an, fegt das
ganze Haus und sucht unermüdlich, bis sie das Geldstück
findet? 9 Und wenn sie es gefunden hat, ruft sie ihre Freun-
dinnen und Nachbarinnen zusammen und sagt: Freut euch
mit mir; ich habe die Drachme wiedergefunden, die ich ver-
loren hatte.
10 Ich sage euch: Ebenso herrscht auch bei den Engeln
Gottes Freude über einen einzigen Sünder, der umkehrt.

- *Du läßt dich mit Sündern ein*
- *Du suchst das Verlorene*
- *Du demonstrierst die Sünderliebe Gottes*
- *Gott freut sich über jeden Sünder, der sich bekehrt*
- *Du rufst zur Mitfreude über die Bekehrung der Sünder*

Freitag *Lk 16,1-8*

1Jesus sagte zu den Jüngern:
Ein reicher Mann hatte einen Verwalter. Diesen beschuldigte man bei ihm, er verschleudere sein Vermögen.
2Darauf ließ er ihn rufen und sagte zu ihm: Was höre ich über dich? Leg Rechenschaft ab über deine Verwaltung! Du kannst nicht länger mein Verwalter sein.
3Da überlegte der Verwalter: Mein Herr entzieht mir die Verwaltung. Was soll ich jetzt tun? Zu schwerer Arbeit tauge ich nicht, und zu betteln schäme ich mich.
4Doch – ich weiß, was ich tun muß, damit mich die Leute in ihre Häuser aufnehmen, wenn ich als Verwalter abgesetzt bin.
5Und er ließ die Schuldner seines Herrn, einen nach dem andern, zu sich kommen und fragte den ersten: Wieviel bist du meinem Herrn schuldig?
6Er antwortete: Hundert Faß Öl. Da sagte er zu ihm: Nimm deinen Schuldschein, setz dich gleich hin, und schreib „fünfzig".
7Dann fragte er einen andern: Wieviel bist du schuldig? Der antwortete: Hundert Sack Weizen. Da sagte er zu ihm: Nimm deinen Schuldschein, und schreib „achtzig".
8Und der Herr lobte die Klugheit des unehrlichen Verwalters und sagte: Die Kinder dieser Welt sind im Umgang mit ihresgleichen klüger als die Kinder des Lichtes.

- *Ich darf deine Güter verwalten*
- *Du verlangst von mir Rechenschaft*
- *Ich verdiene, fristlos entlassen zu werden*
- *Erlaß mir, was ich schuldig blieb, und vergib, daß ich vor dir schuldig wurde*
- *Auch ich will keine Schulden eintreiben und meinen Schuldnern vergeben*

Samstag *Lk 16,9.10.11-12.13[14-15]*

(Jesus sagte:)
9Ich sage euch:
Macht euch Freunde mit Hilfe des ungerechten Mammons, damit ihr in die ewigen Wohnungen aufgenommen werdet, wenn es (mit euch) zu Ende geht.

10Wer in den kleinsten Dingen zuverlässig ist,
der ist es auch in den großen,
und wer bei den kleinsten Dingen Unrecht tut,
der tut es auch bei den großen.

11Wenn ihr im Umgang mit dem ungerechten Reichtum nicht zuverlässig gewesen seid,
wer wird euch dann das wahre Gut anvertrauen?
12Und wenn ihr im Umgang mit dem fremden Gut
nicht zuverlässig gewesen seid,
wer wird euch dann euer (wahres) Eigentum geben?

13Kein Sklave kann zwei Herren dienen;
er wird entweder den einen hassen
und den andern lieben,
oder er wird zu dem einen halten
und den andern verachten.
Ihr könnt nicht beiden dienen,
Gott und dem Mammon.

- *Der Umgang mit den Erdengütern hat Heilsbedeutung*
- *Du rätst zu „wertbeständiger" Anlage*
- *Dir zuliebe Treue im Kleinen*
- *Mammondienst verdirbt Gottesdienst*
- *Gott allein genügt*

Montag *Lk 17,[1-2.3-4]5-6*

5Die Apostel baten den Herrn: Stärke unsern Glauben! 6Der
Herr erwiderte:

Wenn euer Glaube auch nur so groß wäre wie ein Senfkorn,
würdet ihr zu dem Maulbeerfeigenbaum hier sagen:
Heb dich samt deinen Wurzeln aus dem Boden,
und verpflanz dich ins Meer!,
und er würde euch gehorchen.

- *Wir sollen uns keine wundermächtigen Glaubenscharismen wünschen*
- *Der Glaube, der Gottes große Taten tut, ist winzig klein*
- *Gottes große Macht wirkt in unserer Schwachheit*
- *„Kleinglaube" darf aber kein „Kurzglaube" sein, der Gott nichts Schweres zutraut*
- *Gottgewirkter Kleinglaube vermag in der Welt tief Verwurzeltes auszureißen und Gottes Wort in bodenlosem Grund einzupflanzen*

Dienstag *Lk 17,7-10*

(Jesus sagte zu seinen Jüngern:)
[7]Wenn einer von euch einen Sklaven hat, der pflügt oder das
Vieh hütet, wird er etwa zu ihm, wenn er vom Feld kommt,
sagen: Nimm gleich Platz zum Essen? [8]Wird er nicht vielmehr
zu ihm sagen: Mach mir etwas zu essen, gürte dich, und be-
diene mich; wenn ich gegessen und getrunken habe, kannst
auch du essen und trinken. [9]Bedankt er sich etwa bei dem
Sklaven, weil er getan hat, was ihm befohlen wurde?
[10]So soll es auch bei euch sein: Wenn ihr alles getan habt, was
euch befohlen wurde, sollt ihr sagen: Wir sind unnütze Skla-
ven; wir haben nur unsere Schuldigkeit getan.

- *Du Herr meines Lebens – ich bin dein Sklave*
- *Mein Dienst ist selbstverständliche Schuldigkeit*
- *Lohn kann ich nicht erwarten*
- *Du bist unter uns wie ein Tischdiener*
- *Du wirst umhergehen und uns bedienen*

Mittwoch *Lk 17,11-19*

11Auf dem Weg nach Jerusalem zog Jesus durch das Grenzge-
biet von Samarien und Galiläa. 12Als er in ein Dorf hineinge-
hen wollte, kamen ihm zehn Aussätzige entgegen. Sie blieben
in der Ferne stehen 13und riefen: Jesus, Meister, hab Erbar-
men mit uns!
14Als er sie sah, sagte er zu ihnen: Geht, zeigt euch den Prie-
stern! Und während sie zu den Priestern gingen, wurden sie
rein. 15Einer von ihnen aber kehrte um, als er sah, daß er ge-
heilt war; und er lobte Gott mit lauter Stimme. 16Er warf sich
vor den Füßen Jesu zu Boden und dankte ihm. Dieser Mann
war aus Samarien.
17Da sagte Jesus: Es sind doch alle zehn rein geworden. Wo
sind die übrigen neun? 18Ist denn keiner umgekehrt, um Gott
zu ehren, außer diesem Fremden? 19Und er sagte zu ihm: Steh
auf und geh! Dein Glaube hat dir geholfen.

- *Aussätzig bin ich, unrein, ausgestoßen und verlassen*
- *Hab Erbarmen mit mir*
- *Du heilst aus der Ferne*
- *Undankbarkeit tut dir weh*
- *Für alles allezeit Dank*

Donnerstag *Lk 17,20-21.22.23-24[25]*

20 Als Jesus von den Pharisäern gefragt wurde, wann das
Reich Gottes komme, antwortete er:
Das Reich Gottes kommt nicht so,
daß man es an äußeren Zeichen erkennen könnte.
21 Man kann auch nicht sagen:
Seht, hier ist es!, oder: Dort ist es!
Denn:
Das Reich Gottes ist (schon) mitten unter euch.

22 Er sagte zu den Jüngern:
Es wird eine Zeit kommen,
in der ihr euch danach sehnt,
auch nur einen von den Tagen des Menschensohnes zu erleben;
aber ihr werdet ihn nicht erleben.

23 Und wenn man zu euch sagt:
Dort ist er! Hier ist er!,
so geht nicht hin und lauft nicht hinterher.
24 Denn wie der Blitz von einem Ende des Himmels bis zum
andern leuchtet,
so wird auch der Menschensohn an seinem Tag erscheinen.

- *Das Reich Gottes steht aus und steht an*
- *Du bist unsere Sehnsucht*
- *Du kommst von oben als Heilbringer*
- *Irdische Heilsgestalten sollen uns nicht bewegen*
- *Deine Verwerfung ist unsere Rettung*

Freitag *Lk 17,26-30.[31.32-33].34-35.36-37*

(Jesus sagte:)
26 Wie es zur Zeit des Noach war,
so wird es auch in den Tagen des Menschensohnes sein.
27 Die Menschen aßen und tranken und heirateten
bis zu dem Tag, an dem Noach in die Arche ging,
dann kam die Flut und vernichtete alle.

28 Und es wird ebenso sein, wie es zur Zeit des Lot war:
Sie aßen und tranken, kauften und verkauften,
pflanzten und bauten.
29 Aber an dem Tag, als Lot Sodom verließ,
regnete es Feuer und Schwefel vom Himmel,
und alle kamen um.
30 Ebenso wird es an dem Tag sein,
an dem sich der Menschensohn offenbart.

34 Ich sage euch:
Von zwei Männern, die in jener Nacht auf einem Bett liegen,
wird der eine mitgenommen
und der andere zurückgelassen.
35 Von zwei Frauen, die mit derselben Mühle Getreide mahlen,
wird die eine mitgenommen
und die andere zurückgelassen. [36]

37 Da fragten sie ihn: Wo wird das geschehen, Herr? Er antwortete:
Wo ein Aas ist,
da sammeln sich auch die Geier.

- *Du kommst als Richter, wenn dich niemand erwartet*
- *Laß mich stets bereit sein*
- *Entreiße mich dem verweltlichten Leben – und dem verdienten Gericht*
- *Die Deinen sammelst du ein*
- *Du bist gekommen, zu retten, nicht zu richten*

32. Woche im Jahreskreis

Samstag *Lk 18,1a[1b].2-8a.b*

1 Jesus sagte (den Jüngern) ein Gleichnis:
2 In einer Stadt lebte ein Richter, der Gott nicht fürchtete
und auf keinen Menschen Rücksicht nahm. 3 In der gleichen
Stadt lebte auch eine Witwe, die immer wieder zu ihm kam
und sagte: Verschaff mir Recht gegen meinen Feind!
4 Lange wollte er nichts davon wissen. Dann aber sagte er
sich: Ich fürchte zwar Gott nicht und nehme auch auf kei-
nen Menschen Rücksicht; 5 trotzdem will ich dieser Witwe
zu ihrem Recht verhelfen, denn sie läßt mich nicht in Ruhe.
Sonst kommt sie am Ende noch und schlägt mich ins Ge-
sicht.
6 Und der Herr fügte hinzu:
Bedenkt, was der ungerechte Richter sagt. 7 Sollte Gott sei-
nen Auserwählten, die Tag und Nacht zu ihm schreien,
nicht zu ihrem Recht verhelfen, sondern zögern? 8 Ich sage
euch: Er wird ihnen unverzüglich ihr Recht verschaffen.

Wird jedoch der Menschensohn, wenn er kommt,
auf der Erde (noch) Glauben vorfinden?

- *Du kennst unsere Bedrängnis*
- *Du ermunterst zu inständigem Bitten*
- *Du verweist auf den immer hilfsbereiten Vater*
- *Uns Recht zu verschaffen ist Gottes Sache*
- *Herr, ich glaube, hilf meinem Unglauben*

33. Woche im Jahreskreis

Montag *Lk 18,35-43*

35 Als Jesus in die Nähe von Jericho kam, saß ein Blinder an
der Straße und bettelte. 36 Er hörte, daß viele Menschen vor-
beigingen, und fragte: Was hat das zu bedeuten? 37 Man sagte
ihm: Jesus von Nazaret geht vorüber. 38 Da rief er: Jesus, Sohn
Davids, hab Erbarmen mit mir! 39 Die Leute, die vorausgin-
gen, wurden ärgerlich und befahlen ihm zu schweigen. Er
aber schrie noch viel lauter: Sohn Davids, hab Erbarmen mit
mir!
40 Jesus blieb stehen und ließ ihn zu sich herführen. Als der
Mann vor ihm stand, fragte ihn Jesus: 41 Was soll ich dir tun?
Er antwortete: Herr, ich möchte wieder sehen können. 42 Da
sagte Jesus zu ihm: Du sollst wieder sehen. Dein Glaube hat
dir geholfen.
43 Im gleichen Augenblick konnte er wieder sehen. Da pries er
Gott und folgte Jesus. Und alle Leute, die das gesehen hatten,
lobten Gott.

- *Jesus, Sohn Davids, erbarme dich meiner*
- *Die Blinden rufst du zu dir*
- *Herr, mach mich sehend*
- *In deinem Lichte sehen wir das Licht*
- *Ich will dir folgen, wohin du auch gehst*

Dienstag *Lk 19,1-9.10*

[1]Dann kam Jesus nach Jericho und ging durch die Stadt.
[2]Dort wohnte ein Mann namens Zachäus; er war der oberste
Zollpächter und war sehr reich. [3]Er wollte gern sehen, wer
dieser Jesus sei, doch die Menschenmenge versperrte ihm die
Sicht; denn er war klein. [4]Darum lief er voraus und stieg auf
einen Maulbeerfeigenbaum, um Jesus zu sehen, der dort vor-
beikommen mußte.
[5]Als Jesus an die Stelle kam, schaute er hinauf und sagte zu
ihm: Zachäus, komm schnell herunter! Denn ich muß heute in
deinem Haus zu Gast sein. [6]Da stieg er schnell herunter und
nahm Jesus freudig bei sich auf.
[7]Als die Leute das sahen, empörten sie sich und sagten: Er ist
bei einem Sünder eingekehrt. [8]Zachäus aber wandte sich an
den Herrn und sagte: Herr, die Hälfte meines Vermögens will
ich den Armen geben, und wenn ich von jemand zu viel gefor-
dert habe, gebe ich ihm das Vierfache zurück. [9]Da sagte Jesus
zu ihm: Heute ist diesem Haus das Heil geschenkt worden,
weil auch dieser Mann ein Sohn Abrahams ist.

[10]Denn der Menschensohn ist gekommen, um zu suchen
und zu retten, was verloren ist.

- *Du siehst mich und kennst mich mit Namen*
- *Bei mir Sünder willst du wohnen*
- *Dein Kommen – das ist das Heil*
- *Dein Eintritt weckt Freude und Offenheit, Umkehr und Gebebereitschaft*
- *Du bist gekommen, das Verlorene zu suchen und zu retten*

Mittwoch *Lk 19,11.12-13[14-15a].15b-19[20-26.27-28]*

I.

11Weil Jesus schon nahe bei Jerusalem war, meinten die Menschen, die von all dem hörten, das Reich Gottes werde sofort erscheinen. Daher erzählte er ihnen ein weiteres Gleichnis.

12Er sagte:
Ein Mann von vornehmer Herkunft wollte in ein fernes Land reisen, um die Königswürde zu erlangen und dann
zurückzukehren. 13Er rief zehn seiner Diener zu sich, verteilte unter sie Geld im Wert von zehn Minen und sagte: Macht Geschäfte damit, bis ich wiederkomme …
15bNach seiner Rückkehr ließ er die Diener, denen er das Geld gegeben hatte, zu sich rufen. Er wollte sehen, welchen Gewinn jeder bei seinen Geschäften erzielt hatte.
16Der erste kam und sagte: Herr, ich habe mit deiner Mine
zehn Minen erwirtschaftet. 17Da sagte der König zu ihm: Sehr gut, du bist ein tüchtiger Diener. Weil du im Kleinsten zuverlässig warst, sollst du Herr über zehn Städte werden.
18Der zweite kam und sagte: Herr, ich habe mit deiner Mine
fünf Minen erwirtschaftet. 19Zu ihm sagte der König: Du sollst über fünf Städte herrschen.

- *Christus König, entrückt und erhöht*
- *Deinen Dienern gabst du Aufgaben*
- *Du wirst wiederkommen in Herrlichkeit*
- *Du erwartest einträgliche Ergebnisse*
- *Auch den kleinen Dienst wirst du überreich belohnen*

Mittwoch *Lk 19,[11.12-13.14-15a.15b-19]20-26[27-28]*

II.

20Nun kam ein anderer und sagte: Herr, hier hast du dein
Geld zurück. Ich habe es in ein Tuch eingebunden und auf-
bewahrt; 21denn ich hatte Angst vor dir, weil du ein stren-
ger Mann bist: Du hebst ab, was du nicht eingezahlt hast,
und erntest, was du nicht gesät hast.
22Der König antwortete: Aufgrund deiner eigenen Worte
spreche ich dir das Urteil. Du bist ein schlechter Diener. Du
hast gewußt, daß ich ein strenger Mann bin? Daß ich ab-
hebe, was ich nicht eingezahlt habe, und ernte, was ich nicht
gesät habe? 23Warum hast du dann mein Geld nicht auf die
Bank gebracht? Dann hätte ich es bei der Rückkehr mit
Zinsen abheben können. 24Und zu den anderen, die dabei-
standen, sagte er: Nehmt ihm das Geld weg, und gebt es
dem, der die zehn Minen hat.
25Sie sagten zu ihm: Herr, er hat doch schon zehn.
26(Da erwiderte er:)
Ich sage euch:
Wer hat,
dem wird gegeben werden,
wer aber nicht hat,
dem wird auch noch weggenommen, was er hat.

- *Du gabst mir Talente*
- *Du willst von deinem Knecht Leistung sehen*
- *Was erwartest du von mir?*
- *Ich bin ein unnützer Knecht*
- *Du nimmst dich der Sünder an*

Donnerstag *Lk 19,41-44*

41 Als Jesus näher kam und die Stadt sah, weinte er über sie
42 und sagte:
Wenn doch auch du an diesem Tag erkannt hättest,
was dir Frieden bringt.
Jetzt aber bleibt es vor deinen Augen verborgen.
43 Es wird eine Zeit für dich kommen,
in der deine Feinde rings um dich einen Wall aufwerfen,
dich einschließen
und von allen Seiten bedrängen.
44 Sie werden dich und deine Kinder zerschmettern
und keinen Stein auf dem andern lassen;
denn du hast die Zeit der Gnade nicht erkannt.

- *Jerusalem verpaßt seine Chance und kommt ins Gericht*
- *Jerusalems Unglaube ist dir Leid, sein grauenvoller Untergang ist zum Weinen*
- *Dein Weinen offenbart Gottes Leid*
- *Die Zeit der Gnade kann verpaßt werden*
- *Du wurdest zum Fall vieler in Israel*

Freitag *Lk 19,45-46.47-48*

45Jesus ging in den Tempel und begann, die Händler hinaus-
zutreiben. 46Er sagte zu ihnen: In der Schrift steht:
Mein Haus soll ein Haus des Gebetes sein.
Ihr aber habt es zu einer Räuberhöhle gemacht.

47Er lehrte täglich im Tempel. Die Hohenpriester, die Schrift-
gelehrten und die übrigen Führer des Volkes aber suchten ihn
umzubringen. 48Sie wußten jedoch nicht, wie sie es machen
sollten, denn das ganze Volk hing an ihm und hörte ihn gern.

- *Von den Führern des Volkes verworfen*
- *Du Lehrer des neuen Gottesvolkes*
- *Die Kirche, Ort der Anbetung Gottes für alle Völker*
- *Die Kirche, dein Leib: der Tempel des Neuen Bundes*
- *Dereinst wird Gott selbst unser Tempel sein*

Samstag *Lk 20,27-36[37-38.39-40]*

27Von den Sadduzäern, die die Auferstehung leugnen, kamen
einige zu Jesus und fragten ihn: 28Meister, Mose hat uns vor-
geschrieben: Wenn ein Mann, der einen Bruder hat, stirbt und
eine Frau hinterläßt, ohne Kinder zu haben, dann soll sein
Bruder die Frau heiraten und seinem Bruder Nachkommen
verschaffen.
29Nun lebten einmal sieben Brüder. Der erste nahm sich eine
Frau, starb aber kinderlos. 30Da nahm sie der zweite, 31da-
nach der dritte und ebenso die andern bis zum siebten; sie alle
hinterließen keine Kinder, als sie starben. 32Schließlich starb
auch die Frau. 33Wessen Frau wird sie nun bei der Auferste-
hung der Toten sein? Alle sieben haben sie doch zur Frau ge-
habt.
34Da sagte Jesus zu ihnen:
Nur in dieser Welt heiraten die Menschen. 35Die aber, die
Gott für würdig hält, an jener Welt und an der Auferstehung
von den Toten teilzuhaben, werden dann nicht mehr heiraten.
36Sie können auch nicht mehr sterben, weil sie den Engeln
gleich und durch die Auferstehung zu Söhnen Gottes gewor-
den sind.

- *Nur du bist unser Lehrer*
- *Der Exeget Gottes bist du*
- *Wir werden leibhaftig selig sein*
- *Das Leben in Gott wird ganz anders sein*
- *Wir werden „Söhne Gottes“ heißen*

Montag *Lk 21,1-4*

1Jesus blickte auf und sah, wie die Reichen ihre Gaben in den Opferkasten legten. 2Dabei sah er auch eine arme Witwe, die zwei kleine Münzen hineinwarf.

3Da sagte er: Wahrhaftig, ich sage euch: Diese arme Witwe hat mehr hineingeworfen als alle anderen. 4Denn sie alle haben nur etwas von ihrem Überfluß geopfert; diese Frau aber, die kaum das Nötigste zum Leben hat, sie hat ihren ganzen Lebensunterhalt hergegeben.

- *Du sagst, worauf es ankommt*
- *Du weißt, wie der Vater urteilt*
- *Der Vater will uns ganz*
- *Barmherzigkeit, nicht Opfer will Gott*
- *Die alles hergeben, bekommen das notwendige Brot*

Dienstag *Lk 21,5-6.7-9.10-11*

5Als einige darüber sprachen, daß der Tempel mit schönen
Steinen und Weihegeschenken geschmückt sei, sagte Jesus:
6Es wird eine Zeit kommen, da wird von allem, was ihr hier
seht, kein Stein auf dem andern bleiben; alles wird niedergerissen werden.

7Sie fragten ihn: Meister, wann wird das geschehen, und an
welchem Zeichen wird man erkennen, daß es beginnt? 8Er
antwortete:

Gebt acht, daß man euch nicht irreführt!
Denn viele werden unter meinem Namen auftreten und sagen:
Ich bin es!,
und:
Die Zeit ist da. –
Lauft ihnen nicht nach!
9Und wenn ihr von Kriegen und Unruhen hört,
laßt euch dadurch nicht erschrecken!
Denn das muß als erstes geschehen,
aber das Ende kommt noch nicht sofort.

10Dann sagte er zu ihnen:
Ein Volk wird sich gegen das andere erheben
und ein Reich gegen das andere.
11Es wird gewaltige Erdbeben
und an vielen Orten Seuchen und Hungersnöte geben;
schreckliche Dinge werden geschehen,
und am Himmel wird man gewaltige Zeichen sehen.

- *In Ewigkeit wirst du unser Tempel sein*
- *Das Gericht über Israel ist noch nicht das Endgericht*
- *Wer auf dich hofft, lebt nicht in Katastrophenstimmung*
- *Erst wenn du kommst, kommt das Ende*
- *Wenn du kommst, naht unsere Erlösung*

Mittwoch *Lk 21,12-13[14-15].16-17[18].19*

(Jesus sagte zu seinen Jüngern:)
12 Bevor das alles geschieht, wird man euch festnehmen
und euch verfolgen.
Man wird euch um meines Namens willen
den Gerichten der Synagogen übergeben,
ins Gefängnis werfen
und vor Könige und Statthalter bringen.
13 Dann werdet ihr Zeugnis ablegen können …

16 Sogar eure Eltern und Geschwister,
eure Verwandten und Freunde werden euch ausliefern,
und manche von euch wird man töten.
17 Und ihr werdet um meines Namens willen von allen gehaßt werden …

19 Wenn ihr standhaft bleibt,
werdet ihr das Leben gewinnen.

- *Auch du gibst öffentlich Zeugnis vor jüdischen und heidnischen Gerichten*
- *Nächste Verwandte und Freunde werden zu Verfolgern*
- *Daß Christen von allen gehaßt werden, scheint normal*
- *Es wird einige Märtyrer geben und viele bewährte Bekenner*
- *Wer aushält, wird ewig leben*

Donnerstag *Lk 21,20-22[23-24].25-27.28*

20(Jesus sagte:)
Wenn ihr seht, daß Jerusalem von einem Heer eingeschlossen wird, dann könnt ihr daran erkennen, daß die Stadt bald verwüstet wird.
21Dann sollen die Bewohner von Judäa
in die Berge fliehen;
wer in der Stadt ist, soll sie verlassen,
und wer auf dem Land ist, soll nicht in die Stadt gehen.
22Denn das sind die Tage der Vergeltung, an denen alles in Erfüllung gehen soll, was in der Schrift steht …

25Es werden Zeichen sichtbar werden an Sonne, Mond und Sternen,
und auf der Erde werden die Völker bestürzt und ratlos sein über das Toben und Donnern des Meeres.
26Die Menschen werden vor Angst vergehen
in der Erwartung der Dinge, die über die Erde kommen;
denn die Kräfte des Himmels werden erschüttert werden.
27Dann wird man den Menschensohn
mit großer Macht und Herrlichkeit auf einer Wolke kommen sehen.

28Wenn (all) das beginnt,
dann richtet euch auf, und erhebt eure Häupter;
denn eure Erlösung ist nahe.

- *Die Zerstörung Jerusalems und die Verstreuung der Juden waren ein zeitliches Gericht Gottes*
- *Gott hat sein Volk nicht auf ewig verworfen*
- *Dein Kommen am Ende der Tage wird den Kosmos erschüttern*
- *Du kommst als unser Erlöser*
- *Dein Wort richtet auf und gibt Mut: Unsere Erlösung ist nahe*

Freitag *Lk 21,29-31.32.33*

29 Jesus gebrauchte einen Vergleich und sagte:
Seht euch den Feigenbaum und die anderen Bäume an:
30 Sobald ihr merkt, daß sie Blätter treiben,
wißt ihr, daß der Sommer nahe ist.
31 Genauso sollt ihr erkennen,
wenn ihr (all) das geschehen seht,
daß das Reich Gottes nahe ist.

32 Amen, ich sage euch:
Diese Generation wird nicht vergehen, bis alles eintrifft.

33 Himmel und Erde werden vergehen,
aber meine Worte werden nicht vergehen.

- *Gib uns helle Augen für die Zeichen der Zeit*
- *Gib uns ein waches Herz für deine Nähe*
- *Gottes Reich ist uns deutlich nahe*
- *Besonders die Generation Jesu hat viel erlebt*
- *Auch nach dem Weltuntergang gelten deine Worte noch*

Samstag *Lk 21,34-36*

(Jesus sprach:)
34Nehmt euch in acht, daß Rausch und Trunkenheit und die
Sorgen des Alltags euch nicht verwirren und daß jener Tag
euch nicht plötzlich überrascht, 35so wie man in eine Falle
gerät; denn er wird über alle Bewohner der ganzen Erde
hereinbrechen. 36Wacht und betet allezeit, damit ihr allem,
was geschehen wird, entrinnen und vor den Menschensohn
hintreten könnt.

- *Du rätst zu steter Bereitschaft*
- *Konsum- und Profitstreben sollen uns nicht verwirren*
- *Du mahnst zu Wachsamkeit und Gebet*
- *Laß uns dem kommenden Unheil entrinnen*
- *Vor dich hintreten dürfen – unsere freudige Erwartung*

4.

Der weihnachtliche Festkreis

Adventszeit

Montag *Mt 8,5-10.11*

5Als Jesus nach Kafarnaum kam, trat ein Hauptmann an ihn
heran und bat ihn: 6Herr, mein Diener liegt gelähmt zu Hause
und hat große Schmerzen. 7Jesus sagte zu ihm: Ich will kom-
men und ihn gesund machen.
8Da antwortete der Hauptmann: Herr, ich bin es nicht wert,
daß du mein Haus betrittst; sprich nur ein Wort, dann wird
mein Diener gesund.
9Auch ich muß Befehlen gehorchen, und ich habe selber
Soldaten unter mir; sage ich nun zu einem: Geh!, so geht er,
und zu einem andern: Komm!, so kommt er, und zu meinem
Diener: Tu das!, so tut er es.
10Jesus war erstaunt, als er das hörte, und sagte zu denen, die
ihm nachfolgten: Amen, das sage ich euch: Einen solchen
Glauben habe ich in Israel noch bei niemand gefunden.

11Ich sage euch:
Viele werden von Osten und Westen kommen
und mit Abraham, Isaak und Jakob im Himmelreich zu Tisch sitzen.

- *Das universale Mahl der Endzeit kommt in Sicht*
- *Die angesagte Völkerwallfahrt hat begonnen*
- *Die Stunde der Heiden ist da*
- *Deine Gnade wirkt nah und fern*
- *Allein der Glaube an dich kann retten*

Dienstag *Lk 10,21.22[23-24]*

21In dieser Stunde rief Jesus, vom Heiligen Geist erfüllt, voll Freude aus:

Ich preise dich, Vater,
Herr des Himmels und der Erde,
weil du all das den Weisen und Klugen verborgen,
den Unmündigen aber offenbart hast.
Ja, Vater, so hat es dir gefallen.

22Mir ist von meinem Vater alles übergeben worden;
niemand weiß, wer der Sohn ist, nur der Vater,
und niemand weiß, wer der Vater ist, nur der Sohn
und der, dem es der Sohn offenbaren will.

- *Von Ewigkeit preist du im Heiligen Geist voller Freude den Vater*
- *Nur du kennst den Vater und kannst ihn offenbaren*
- *Dir ward alle Gewalt gegeben im Himmel wie auf Erden*
- *Nur der Vater durchdringt das Geheimnis deiner Sohnschaft*
- *Du erkennst das Gnadenwirken des Vaters in den Geringen*

Mittwoch *Mt 15,29-31[32-37]*

29Jesus zog weiter und kam an den See von Galiläa. Er stieg
auf einen Berg und setzte sich. 30Da kamen viele Menschen
und brachten Lahme, Krüppel, Blinde, Stumme und viele an-
dere Kranke zu ihm; sie legten sie vor ihn hin, und er heilte
sie. 31Als die Menschen sahen, daß Stumme plötzlich redeten,
Krüppel gesund wurden, Lahme gehen und Blinde sehen
konnten, waren sie erstaunt und priesen den Gott Israels.

- *Der Berg ist deine Lehrkanzel*
- *Du lehrst durch Zeichenhandlungen*
- *Deine Heilungen sind Vorgaben vom Heil der Endzeit*
- *Dein Tun ist erstaunlich*
- *Gepriesen werde der Vater aufgrund deines Tuns im Heiligen Geist*

Donnerstag *Mt 7,[21]24-27*

Jesus sagte:
24 Wer diese meine Worte hört und danach handelt,
ist wie ein kluger Mann,
der sein Haus auf Fels baute.
25 Als nun ein Wolkenbruch kam
und die Wassermassen heranfluteten,
als die Stürme tobten
und an dem Haus rüttelten,
da stürzte es nicht ein;
denn es war auf Fels gebaut.
26 Wer aber meine Worte hört und nicht danach handelt,
ist wie ein unvernünftiger Mann,
der sein Haus auf Sand baute.
27 Als nun ein Wolkenbruch kam
und die Wassermassen heranfluteten,
als die Stürme tobten
und an dem Haus rüttelten,
da stürzte es ein
und wurde völlig zerstört.

- *Nur du sagst den Willen des Vaters*
- *Deine Worte werden nicht vergehen*
- *Dein Wort ist fester Baugrund*
- *Wer dein Wort befolgt, hat auf Fels gebaut*
- *Nur Täter des Wortes werden gerettet*

Freitag *Mt 9,27-31*

27 Als Jesus weiterging, folgten ihm zwei Blinde und schrien:
Hab Erbarmen mit uns, Sohn Davids!
28 Nachdem er ins Haus gegangen war, kamen die Blinden zu
ihm. Er sagte ihnen: Glaubt ihr, daß ich euch helfen kann? Sie
antworteten: Ja, Herr. 29 Darauf berührte er ihre Augen und
sagte: Wie ihr geglaubt habt, so soll es geschehen.
30 Da wurden ihre Augen geöffnet. Jesus aber befahl ihnen:
Nehmt euch in acht! Niemand darf es erfahren. 31 Doch sie
gingen weg und erzählten von ihm in der ganzen Gegend.

- *Du bist der erwartete Davidssohn*
- *Hab Erbarmen mit mir, Sohn Davids*
- *Herr, ich glaube, daß du mir helfen kannst*
- *Herr, du kannst mich sehend machen*
- *Laß mich von dir Zeugnis geben dürfen*

Samstag *Mt 9,35.36.37-38;10,1.5a.6-8*

35Jesus zog durch alle Städte und Dörfer, lehrte in ihren Syn-
agogen, verkündete das Evangelium vom Reich und heilte
alle Krankheiten und Leiden.
36Als er die vielen Menschen sah, hatte er Mitleid mit ihnen,
denn sie waren müde und erschöpft wie Schafe, die keinen
Hirten haben.
37Da sagte er zu seinen Jüngern:
Die Ernte ist groß,
aber es gibt nur wenig Arbeiter.
38Bittet also den Herrn der Ernte,
Arbeiter für seine Ernte auszusenden.

1Dann rief er seine zwölf Jünger zu sich und gab ihnen die
Vollmacht, die unreinen Geister auszutreiben und alle Krank-
heiten und Leiden zu heilen.

5aEr gebot ihnen: …
6Geht zu den verlorenen Schafen des Hauses Israel.
7Geht und verkündet:
Das Himmelreich ist nahe.
8Heilt Kranke, weckt Tote auf, macht Aussätzige rein,
treibt Dämonen aus!
Umsonst habt ihr empfangen,
umsonst sollt ihr geben.

- *Du verkündest das Reich und wirkst Heilstaten*
- *Du, guter Hirt, hast Mitleid mit der Herde*
- *Du siehst die große Ernte Gottes kommen*
- *Du rufst nach Helfern*
- *Deinen Sendlingen gibst du Heilsvollmacht und Heilungsmacht*

Montag *Lk 5,17-26*

17Eines Tages, als Jesus wieder lehrte, saßen unter den Zuhö-
rern auch Pharisäer und Gesetzeslehrer; sie waren aus allen
Dörfern Galiläas und Judäas und aus Jerusalem gekommen.
Und die Kraft des Herrn drängte ihn dazu, zu heilen.
18Da brachten einige Männer einen Gelähmten auf einer
Tragbahre. Sie wollten ihn ins Haus bringen und vor Jesus
hinlegen. 19Weil es ihnen aber wegen der vielen Leute nicht
möglich war, ihn hineinzubringen, stiegen sie aufs Dach,
deckten die Ziegel ab und ließen ihn auf seiner Tragbahre in
die Mitte des Raumes hinunter, genau vor Jesus hin.
20Als er ihren Glauben sah, sagte er zu dem Mann: Deine
Sünden sind dir vergeben. 21Da dachten die Schriftgelehrten
und die Pharisäer: Wer ist das, daß er eine solche Gotteslästerung wagt? Wer außer Gott kann Sünden vergeben? 22Jesus
aber merkte, was sie dachten, und sagte zu ihnen: Was habt
ihr für Gedanken im Herzen? 23Was ist leichter, zu sagen:
Deine Sünden sind dir vergeben!, oder zu sagen: Steh auf und
geh umher? 24Ihr sollt aber erkennen, daß der Menschensohn
die Vollmacht hat, hier auf der Erde Sünden zu vergeben.
Und er sagte zu dem Gelähmten: Ich sage dir: Steh auf, nimm
deine Tragbahre, und geh nach Hause!
25Im gleichen Augenblick stand der Mann vor aller Augen
auf. Er nahm die Tragbahre, auf der er gelegen hatte, und
ging heim, Gott lobend und preisend. 26Da gerieten alle außer
sich; sie priesen Gott und sagten voller Furcht: Heute haben
wir etwas Unglaubliches gesehen.

- *Du wirkst in Gottes Kraft*
- *Ein Wort von dir – und Kranke werden gesund*
- *Die Gedanken der Menschen kennst du*
- *Vollmacht hast du, Sünden zu vergeben*
- *Wer dich erfährt, gerät außer sich*

Dienstag *Mt 18,12-13.14*

Jesus fragte seine Jünger:
12Was meint ihr? Wenn jemand hundert Schafe hat und ei-
nes von ihnen sich verirrt, läßt er dann nicht die neunund-
neunzig auf den Bergen zurück und sucht das verirrte?
13Und wenn er es findet – amen, ich sage euch: er freut sich
über dieses eine mehr als über die neunundneunzig, die sich
nicht verirrt haben.

14So will auch euer himmlischer Vater nicht,
daß einer von diesen Kleinen verlorengeht.

- *Die Umkehr der Sünder – ein großes Fest*
- *Du bist besorgt um die Schwachen und Geringen*
- *Du suchst das Verlorene*
- *Dein Einsatz für die Sünder: ein Gleichnis der Liebe Gottes*
- *Über meine Umkehr würdest du dich freuen*

Mittwoch *Mt 11,28-30*

(Jesus rief:)
28 Kommt alle zu mir,
die ihr euch plagt und schwere Lasten zu tragen habt.
Ich werde euch Ruhe verschaffen.
29 Nehmt mein Joch auf euch und lernt von mir;
denn ich bin gütig und von Herzen demütig;
so werdet ihr Ruhe finden für eure Seele.
30 Denn mein Joch drückt nicht,
und meine Last ist leicht.

- *Dein Herz ist weit und einladend*
- *Ein Ruheort bist du für alle Geplagten*
- *Sanftmütig bist du und demütig von Herzen*
- *Deine Gebote sind Frohe Botschaft*
- *In Ruhe und Frieden zeigst du dich gegenwärtig*

Donnerstag *Mt 11,11.12[13-15]*

(Jesus sagte zur Menge:)
11 Amen, das sage ich euch:
Unter allen Menschen
hat es keinen Größeren gegeben
als Johannes den Täufer;
doch der Kleinste im Himmelreich
ist größer als er.

12 Seit den Tagen Johannes' des Täufers bis heute
wird dem Himmelreich Gewalt angetan;
die Gewalttätigen reißen es an sich.

- *Du bist die Zeitenwende*
- *Du verkündest Gottes Reich und bringst es uns*
- *Nun ist Erfüllungszeit*
- *Unsere Kleinheit hast du aufgewertet*
- *Deine Botschaft erleidet viel Widerspruch*

Freitag *Mt 11,16-17.18-19a.19b*

16Mit wem soll ich diese Generation vergleichen?
Sie gleicht Kindern,
die auf dem Marktplatz sitzen
und andern Kindern zurufen:
17Wir haben für euch auf der Flöte [Hochzeitslieder] gespielt,
und ihr habt nicht getanzt;
wir haben Klagelieder gesungen,
und ihr habt euch nicht an die Brust geschlagen.

18Johannes ist gekommen,
er ißt nicht und trinkt nicht, und sie sagen:
Er ist von einem Dämon besessen.
19Der Menschensohn ist gekommen,
er ißt und trinkt; darauf sagen sie:
Dieser Fresser und Säufer,
dieser Freund der Zöllner und Sünder!

Und doch hat die Weisheit durch die Taten,
die sie bewirkt hat,
recht bekommen.

- *Der Bräutigam ist da, die Hochzeit beginnt*
- *Du hast mit uns gegessen und getrunken*
- *Du Freund der Zöllner und Sünder*
- *Von den Menschen verkannt*
- *Dein Wirken macht uns Gott verständlich*

Samstag *Mt 17,10-13*

10Die Jünger fragten Jesus: Warum sagen denn die Schriftgelehrten, zuerst müsse Elija kommen?
11Er gab zur Antwort: Ja, Elija kommt, und er wird alles wiederherstellen.

12Ich sage euch aber: Elija ist schon gekommen, doch sie haben ihn nicht erkannt, sondern mit ihm gemacht, was sie wollten. Ebenso wird auch der Menschensohn leiden müssen.
13Da verstanden die Jünger, daß er von Johannes dem Täufer sprach.

- *Es ist die letzte Stunde*
- *Der Bußruf des letzten Propheten Johannes scheiterte*
- *Verkannt und abgelehnt von den Menschen*
- *Du Fremdling auf Erden zwischen Futtertrog und Galgen*
- *Das Prophetenschicksal hast du auch für dich vor Augen*

Montag *Mt 21,23-27*

23Als Jesus in den Tempel ging und dort lehrte, kamen die
Hohenpriester und die Ältesten des Volkes zu ihm und frag-
ten: Mit welchem Recht tust du das alles? Wer hat dir dazu
die Vollmacht gegeben?
24Jesus antwortete ihnen: Auch ich will euch eine Frage stel-
len. Wenn ihr mir darauf antwortet, dann werde ich euch
sagen, mit welchem Recht ich das tue. 25Woher stammte
die Taufe des Johannes? Vom Himmel oder von den Men-
schen?
Da überlegten sie und sagten zueinander: Wenn wir antwor-
ten: Vom Himmel!, so wird er zu uns sagen: Warum habt ihr
ihm dann nicht geglaubt? 26Wenn wir aber antworten: Von
den Menschen!, dann müssen wir uns vor den Leuten fürch-
ten; denn alle halten Johannes für einen Propheten. 27Darum
antworteten sie Jesus: Wir wissen es nicht.
Da erwiderte er: Dann sage auch ich euch nicht, mit welchem
Recht ich das alles tue.

- *Du handelst und redest in der Vollmacht Gottes*
- *Für die Welt bist du eine Provokation*
- *Dein Reich ist nicht von dieser Welt*
- *Johannes war der Brautführer, du bist der Bräutigam*
- *Dem Unglauben gibst du keine Antwort*

Dienstag *Mt 21,28-31.32*

In jener Zeit sprach Jesus zu den Hohenpriestern und Ältesten des Volkes:

28 Was meint ihr?
Ein Mann hatte zwei Söhne. Er ging zum ersten und sagte:
Mein Sohn, geh und arbeite heute im Weinberg! 29 Er ant-
wortete: Ja, Herr!, ging aber nicht. 30 Da wandte er sich an
den zweiten Sohn und sagte ihm dasselbe. Dieser antwor-
tete: Ich will nicht. Später aber reute es ihn, und er ging
doch. 31 Wer von den beiden hat den Willen seines Vaters
erfüllt?

Sie antworteten: Der zweite.
Da sagte Jesus zu ihnen:
Amen, das sage ich euch:
Zöllner und Dirnen
gelangen eher in das Reich Gottes als ihr.

32 Denn Johannes ist gekommen, um euch den Weg der Gerechtigkeit zu zeigen, und ihr habt ihm nicht geglaubt; aber die Zöllner und die Dirnen haben ihm geglaubt. Ihr habt es gesehen, und doch habt ihr nicht bereut und ihm nicht geglaubt.

- *Dein großer Wunsch, daß der Wille des Vaters geschehe*
- *Deine Speise war es, den Willen des Vaters zu tun*
- *Das ist der Wille des Vaters: an den Sohn glauben*
- *Zöllner und Sünder fanden leichter zu Jesus als die Geseteseiferer*
- *Wie steht es um meine Weinbergsarbeit?*

Mittwoch *Lk 7,18b.19-23*

18bIn jener Zeit rief Johannes zwei von seinen Jüngern zu
sich, 19schickte sie zum Herrn und ließ ihn fragen: Bist du der,
der kommen soll, oder müssen wir auf einen andern warten?
20Als die beiden Männer zu Jesus kamen, sagten sie: Johan-
nes der Täufer hat uns zu dir geschickt und läßt dich fragen:
Bist du der, der kommen soll, oder müssen wir auf einen an-
dern warten?
21Damals heilte Jesus viele Menschen von ihren Krankheiten
und Leiden, befreite sie von bösen Geistern und schenkte vie-
len Blinden das Augenlicht. 22Er antwortete den beiden:
Geht und berichtet Johannes, was ihr gesehen und gehört
habt:

Blinde sehen wieder,
Lahme gehen,
und Aussätzige werden rein;
Taube hören,
Tote stehen auf,
und den Armen wird das Evangelium verkündet.

23Selig ist, wer an mir keinen Anstoß nimmt.

- *Du kommst nicht in der Herrlichkeitsgestalt des endzeitlich-überirdischen Heilbringers*
- *Gott erscheint noch nicht königlich in seiner Herrschaft, und die Weltzustände werden noch nicht paradiesisch*
- *Du jubelst, daß mit dir die Heilszeit angebrochen ist*
- *Im Lichte der Prophetie sind deine Taten und Worte als messianische erkennbar*
- *Selig die, die nicht Anstoß nehmen an Gottes Unsichtbarkeit und Untätigkeit in dieser unserer Welt*

Donnerstag *Lk 7,24-27.28[29-30]*

24Als die Boten des Johannes weggegangen waren, begann
Jesus zu der Menge über Johannes zu reden; er sagte:
Was habt ihr denn sehen wollen,
als ihr in die Wüste hinausgegangen seid?
Ein Schilfrohr, das im Winde schwankt?
25Oder was habt ihr sehen wollen,
als ihr hinausgegangen seid?
Einen Mann in feiner Kleidung?
Leute, die vornehm gekleidet sind und üppig leben,
findet man in den Palästen der Könige.
26Oder was habt ihr sehen wollen,
als ihr hinausgegangen seid?
Einen Propheten?
Ja, ich sage euch:
Ihr habt sogar noch mehr gesehen als einen Propheten.
27Er ist der, von dem es in der Schrift heißt:
Ich sende meinen Boten vor dir her;
er soll den Weg für dich bahnen.

28Ich sage euch:
Unter allen Menschen
gibt es keinen größeren als Johannes;
doch der Kleinste im Reich Gottes
ist größer als er.

- *Johannes war ein unbeirrbarer und unbestechlicher Prophet Gottes – und doch viel mehr als das*
- *Johannes war „der Größte" als der vorauseilende Herold, der das Kommen Gottes in seinem Königtum vermelden durfte*
- *Gottes heilbringende Herrschaft und sein herrscherliches Reich werden Ereignis in deinem Kommen*
- *Größer als der Größte sind wir, die in deinen Worten und deinem Wirken das Heil Gottes hören und sehen dürfen*
- *Der Kleinste unter uns ist nun großer als jener Größte*

Freitag *Joh 5,33-36*

Jesus sagte zu den Juden:
33Ihr habt zu Johannes geschickt, und er hat für die Wahrheit
Zeugnis abgelegt. 34Ich aber nehme von keinem Menschen
ein Zeugnis an, sondern ich sage dies nur, damit ihr gerettet
werdet.
35Jener war die Lampe, die brennt und leuchtet, und ihr woll-
tet euch eine Zeitlang an seinem Licht erfreuen.
36Ich aber habe ein gewichtigeres Zeugnis als das des Johan-
nes: Die Werke, die mein Vater mir übertragen hat, damit ich
sie zu Ende führe, diese Werke, die ich vollbringe, legen
Zeugnis dafür ab, daß mich der Vater gesandt hat.

- *Die Wahrheit Gottes – das bist du*
- *Du bist das Licht, heller als alle Lampen*
- *Wir erfreuen uns an deinem Licht*
- *Der Vater wirkt deine Werke*
- *Deine Werke legen Zeugnis für dich ab*

17.-24. Dezember

17. Dezember *Mt 1,1-17*

1 Stammbaum Jesu Christi, des Sohnes Davids, des Sohnes
Abrahams:
2 Abraham war der Vater von Isaak, Isaak von Jakob, Jakob
von Juda und seinen Brüdern.
3 Juda war der Vater von Perez und Serach; ihre Mutter war
Tamar. Perez war der Vater von Hezron, Hezron von Aram,
4 Aram von Amminadab, Amminadab von Nachschon, Nach-
schon von Salmon.
5 Salmon war der Vater von Boas; dessen Mutter war Rahab.
Boas war der Vater von Obed; dessen Mutter war Rut. Obed
war der Vater von Isai,
6 Isai der Vater des Königs David.
David war der Vater von Salomo, dessen Mutter die Frau des
Urija war. 7 Salomo war der Vater von Rehabeam, Rehabeam
von Abija, Abija von Asa, 8 Asa von Joschafat, Joschafat von
Joram, Joram von Usija. 9 Usija war der Vater von Jotam, Jo-
tam von Ahas, Ahas von Hiskija, 10 Hiskija von Manasse,
Manasse von Amos, Amos von Joschija.
11 Joschija war der Vater von Jojachin und seinen Brüdern;
das war zur Zeit der Babylonischen Gefangenschaft.
12 Nach der Babylonischen Gefangenschaft war Jojachin der
Vater von Schealtiel, Schealtiel von Serubbabel,
13 Serubbabel von Abihud, Abihud von Eljakim, Eljakim von
Azor. 14 Azor war der Vater von Zadok, Zadok von Achim,
Achim von Eliud, 15 Eliud von Eleasar, Eleasar von Mattan,
Mattan von Jakob.
16 Jakob war der Vater von Josef, dem Mann Marias; von ihr wur-
de Jesus geboren, der der Christus (der Messias) genannt wird.

17 Im ganzen sind es also von Abrahm bis David vierzehn Generationen, von David bis zur Babylonischen Gefangenschaft vierzehn Generationen und von der Babylonischen Gefangenschaft bis zu Christus vierzehn Generationen.

- *Du Sohn Abrahams und Sohn Davids dem Fleische nach*
- *Du, „Wurzel Davids", bist eher als Abraham*
- *Stammütter von dir (Tamar, Rahab, Rut, die Frau des Urija) waren außergewöhnlich erwählt*
- *Du bist der Christus, geboren aus der Jungfrau Maria*
- *Dein Kommen zeigt den Beginn der siebten Weltwoche, damit das nahe Ende an*

18. Dezember *Mt 1,18-24*

18Mit der Geburt Jesu Christi war es so: Maria, seine Mutter,
war mit Josef verlobt; noch bevor sie zusammengekommen
waren, zeigte sich, daß sie ein Kind erwartete – durch das Wir-
ken des Heiligen Geistes.
19Josef, ihr Mann, der gerecht war und sie nicht bloßstellen
wollte, beschloß, sich in aller Stille von ihr zu trennen.
20Während er noch darüber nachdachte, erschien ihm ein En-
gel des Herrn im Traum und sagte: Josef, Sohn Davids,
fürchte dich nicht, Maria als deine Frau zu dir zu nehmen;
denn das Kind, das sie erwartet, ist vom Heiligen Geist. 21Sie
wird einen Sohn gebären; ihm sollst du den Namen Jesus ge-
ben; denn er wird sein Volk von seinen Sünden erlösen.
22Dies alles ist geschehen, damit sich erfüllte, was der Herr
durch den Propheten gesagt hat:

23Seht, die Jungfrau wird ein Kind empfangen,
einen Sohn wird sie gebären,
und man wird ihm den Namen Immanuel geben,
das heißt übersetzt: Gott ist mit uns.

24Als Josef erwachte, tat er, was der Engel des Herrn ihm be-
fohlen hatte, und nahm seine Frau zu sich.

- *Sohn Gottes, empfangen vom Heiligen Geist*
- *Du Anfang der neuen Schöpfung*
- *Die Verheißungen an David erfüllen sich an dir*
- *Du wirst uns von unseren Sünden erlösen*
- *Du Immanuel, du Gott mit uns*

19. Dezember — *Lk 1,5-25*

5Zur Zeit des Herodes, des Königs von Judäa, lebte ein Prie-
ster namens Zacharias, der zur Priesterklasse Abija gehörte.
Seine Frau stammte aus dem Geschlecht Aarons; sie hieß
Elisabet. 6Beide lebten so, wie es in den Augen Gottes ge-
recht ist, und hielten sich in allem streng an die Gebote und
Vorschriften des Herrn. 7Sie hatten keine Kinder, denn Elisa-
bet war unfruchtbar, und beide waren schon in vorgerücktem
Alter.
8Eines Tages, als seine Priesterklasse wieder an der Reihe war
und er beim Gottesdienst mitzuwirken hatte, 9wurde, wie
nach der Priesterordnung üblich, das Los geworfen, und Za-
charias fiel die Aufgabe zu, im Tempel des Herrn das
Rauchopfer darzubringen. 10Während er nun zur festgelegten
Zeit das Opfer darbrachte, stand das ganze Volk draußen und
betete. 11Da erschien dem Zacharias ein Engel des Herrn; er
stand an der rechten Seite des Rauchopferaltars. 12Als Zacha-
rias ihn sah, erschrak er, und es befiel ihn Furcht. 13Der Engel
aber sagte zu ihm: Fürchte dich nicht, Zacharias! Dein Gebet
ist erhört worden. Deine Frau Elisabet wird dir einen Sohn
gebären; dem sollst du den Namen Johannes geben. 14Große
Freude wird dich erfüllen, und auch viele andere werden sich
über seine Geburt freuen. 15Denn er wird groß sein vor dem
Herrn. Wein und andere berauschende Getränke wird er
nicht trinken, und schon im Mutterleib wird er vom Heiligen
Geist erfüllt sein. 16Viele Israeliten wird er zum Herrn, ihrem
Gott, bekehren. 17Er wird mit dem Geist und mit der Kraft
des Elija dem Herrn vorangehen, um das Herz der Väter wie-
der den Kindern zuzuwenden und die Ungehorsamen zur Ge-
rechtigkeit zu führen und so das Volk für den Herrn bereit zu
machen.
18Zacharias sagte zu dem Engel: Woran soll ich erkennen, daß
das wahr ist? Ich bin ein alter Mann, und auch meine Frau ist
in vorgerücktem Alter. 19Der Engel erwiderte ihm: Ich bin
Gabriel, der vor Gott steht, und ich bin gesandt worden, um
mit dir zu reden und dir diese frohe Botschaft zu bringen.
20Aber weil du meinen Worten nicht geglaubt hast, die in Er-
füllung gehen, wenn die Zeit dafür da ist, sollst du stumm sein
und nicht mehr reden können, bis zu dem Tag, an dem all das
eintrifft.

21 Inzwischen wartete das Volk auf Zacharias und wunderte
sich, daß er so lange im Tempel blieb. 22 Als er dann heraus-
kam, konnte er nicht mit ihnen sprechen. Da merkten sie, daß
er im Tempel eine Erscheinung gehabt hatte. Er gab ihnen
nur Zeichen mit der Hand und blieb stumm. Als die Tage sei-
nes Dienstes (im Tempel) zu Ende waren, kehrte er nach
Hause zurück. 24 Bald darauf empfing seine Frau Elisabet ei-
nen Sohn und lebte fünf Monate lang zurückgezogen. Sie
sagte: 25 Der Herr hat mir geholfen; er hat in diesen Tagen
gnädig auf mich geschaut und mich von der Schande befreit,
mit der ich in den Augen der Menschen beladen war.

- *Du bist größer als der „große" Johannes*
- *Johannes, der Bote vor dir her*
- *Johannes war eine Lampe, du bist das Licht*
- *Vom Geist Gottes wunderbar gebildet*
- *Du bist der Aufgang aus der Höhe*

20. Dezember *Lk 1,26-38*

26 Im sechsten Monat wurde der Engel Gabriel von Gott in
eine Stadt in Galiläa namens Nazaret 27 zu einer Jungfrau ge-
sandt. Sie war mit einem Mann namens Josef verlobt, der aus
dem Haus David stammte. Der Name der Jungfrau war Ma-
ria.
28 Der Engel trat bei ihr ein und sagte: Sei gegrüßt, du Begna-
dete, der Herr ist mit dir. 29 Sie erschrak über die Anrede und
überlegte, was dieser Gruß zu bedeuten habe. 30 Da sagte der
Engel zu ihr: Fürchte dich nicht, Maria; denn du hast bei Gott
Gnade gefunden. 31 Du wirst ein Kind empfangen, einen Sohn
wirst du gebären: dem sollst du den Namen Jesus geben. 32 Er
wird groß sein und Sohn des Höchsten genannt werden. Gott,
der Herr, wird ihm den Thron seines Vaters David geben.
33 Er wird über das Haus Jakob in Ewigkeit herrschen, und
seine Herrschaft wird kein Ende haben.
34 Maria sagte zu dem Engel: Wie soll das geschehen, da ich
keinen Mann erkenne? 35 Der Engel antwortete ihr: Der Hei-
lige Geist wird über dich kommen, und die Kraft des Höch-
sten wird dich überschatten. Deshalb wird auch das Kind hei-
lig und Sohn Gottes genannt werden. 36 Auch Elisabet, deine
Verwandte, hat noch in ihrem Alter einen Sohn empfangen;
obwohl sie als unfruchtbar galt, ist sie jetzt schon im sechsten
Monat. 37 Denn für Gott ist nichts unmöglich.
38 Da sagte Maria: Ich bin die Magd des Herrn; mir geschehe,
wie du es gesagt hast. Danach verließ sie der Engel.

- *Sohn des Allerhöchsten bist du*
- *Deine Herrschaft wird kein Ende haben*
- *Mensch geworden durch Überschattung des Heiligen Geistes*
- *Der Heilige Gottes bist du*
- *Du Anfang eines neuen Menschengeschlechtes*

21. Dezember *Lk 1,39-45*

39Nach einigen Tagen machte sich Maria auf den Weg und
eilte in eine Stadt im Bergland von Judäa. 40Sie ging in das
Haus des Zacharias und begrüßte Elisabet. 41Als Elisabet den
Gruß Marias hörte, hüpfte das Kind in ihrem Leib. Da wurde
Elisabet vom Heiligen Geist erfüllt 42und rief mit lauter
Stimme: Gesegnet bist du mehr als alle anderen Frauen, und
gesegnet ist die Frucht deines Leibes. 43Wer bin ich, daß die
Mutter meines Herrn zu mir kommt? 44In dem Augenblick,
als ich deinen Gruß hörte, hüpfte das Kind vor Freude in mei-
nem Leib. 45Selig ist die, die geglaubt hat, daß sich erfüllt, was
der Herr ihr sagen ließ.

- *Deine jungfräuliche Mutter hat dich vom Heiligen Geist empfangen*
- *Vorgeburtlich hat deine Mutter dich zu Elisabet getragen*
- *In dir besucht uns das aufstrahlende Licht aus der Höhe*
- *Unser Herr und Heiland bist du*
- *Der Freund des Bräutigams freut sich über dein Kommen*

22. Dezember *Lk 1,46-55[56]*

46 In jener Zeit sagte Maria:
Meine Seele preist die Größe des Herrn,
47 und mein Geist jubelt über Gott, meinen Retter.
48 Denn auf die Niedrigkeit seiner Magd hat er geschaut.
Siehe, von nun an preisen mich selig alle Geschlechter.
49 Denn der Mächtige hat Großes an mir getan,
und sein Name ist heilig.
50 Er erbarmt sich von Geschlecht zu Geschlecht
über alle, die ihn fürchten.
51 Er vollbringt mit seinem Arm machtvolle Taten:
Er zerstreut, die im Herzen voll Hochmut sind;
52 er stürzt die Mächtigen vom Thron
und erhöht die Niedrigen.
53 Die Hungernden beschenkt er mit seinen Gaben
und läßt die Reichen leer ausgehen.
54 Er nimmt sich seines Knechtes Israel an
und denkt an sein Erbarmen,
55 das er unsern Vätern verheißen hat,
Abraham und seinen Nachkommen auf ewig.

- *Maria wurde dir als Mutter erwählt vor allen Zeiten*
- *Empfangen vom Heiligen Geist*
- *Du wähltest die Armut und Niedrigkeit*
- *Die Niedrigkeit wertest du auf, bist stark in Schwachheit*
- *Selig der Leib, der dich getragen*

23. Dezember (vgl. 24. Dezember) *Lk 1,[57-66]67.76-79*

67Zacharias wurde vom Heiligen Geist erfüllt und begann
prophetisch zu reden: ...

76Du, Kind, wirst Prophet des Höchsten heißen;
denn du wirst dem Herrn vorangehen und ihm den Weg bereiten.
77Du wirst sein Volk mit der Erfahrung des Heils beschenken
in der Vergebung der Sünden.
78Durch die barmherzige Liebe unseres Gottes
wird uns besuchen das aufstrahlende Licht aus der Höhe,
79um allen zu leuchten, die in Finsternis sitzen
und im Schatten des Todes,
und unsre Schritte zu lenken auf den Weg des Friedens.

- *Erfahrung des Heils wirst du uns schenken*
- *Am morgigen Tag wird vernichtet die Sünde der Welt*
- *Du bist das aufstrahlende Licht aus der Höhe*
- *Du leuchtest uns, die wir in Finsternis sind und Schatten des Todes*
- *Du wirst unsere Schritte lenken auf den Weg des Friedens*

24. Dezember *Lk 1,[57-66]67-75*

67Zacharias wurde vom Heiligen Geist erfüllt und begann prophetisch zu reden:
68Gepriesen sei der Herr, der Gott Israels!
Denn er hat sein Volk besucht und ihm Erlösung geschaffen;
69er hat uns einen starken Retter erweckt
im Hause seines Knechtes David.
70So hat er verheißen von alters her
durch den Mund seiner heiligen Propheten.
71Er hat uns errettet vor unseren Feinden
und aus der Hand aller, die uns hassen;
72er hat das Erbarmen mit den Vätern an uns vollendet
und an seinen heiligen Bund gedacht,
73an den Eid,
den er unserm Vater Abraham geschworen hat;
74er hat uns geschenkt,
daß wir, aus Feindeshand befreit, ihm furchtlos dienen
75in Heiligkeit und Gerechtigkeit vor seinem Angesicht all unsere Tage.

- *In dir besucht uns Gott*
- *Du starker Retter aus dem Hause Davids*
- *Du erlöst und befreist uns*
- *Alle Verheißungen erfüllen sich in dir*
- *Du schenkst uns Heiligkeit und Gerechtigkeit*

Weihnachtszeit

5. Tag (29. Dezember) *Lk 2,22-24.25-33.34-35*

22Es kam für die Eltern Jesu der Tag der vom Gesetz des
Mose vorgeschriebenen Reinigung. Sie brachten das Kind
nach Jerusalem hinauf, um es dem Herrn zu weihen, 23gemäß
dem Gesetz des Herrn, in dem es heißt: Jede männliche Erst-
geburt soll dem Herrn geweiht sein. 24Auch wollten sie ihr
Opfer darbringen, wie es das Gesetz des Herrn vorschreibt:
ein Paar Turteltauben oder zwei junge Tauben

25In Jerusalem lebte damals ein Mann namens Simeon. Er
war gerecht und fromm und wartete auf die Rettung Israels,
und der Heilige Geist ruhte auf ihm. 26Vom Heiligen Geist
war ihm offenbart worden, er werde den Tod nicht schauen,
ehe er den Messias des Herrn gesehen habe. 27Jetzt wurde er
vom Geist in den Tempel geführt; und als die Eltern Jesus
hereinbrachten, um zu erfüllen, was nach dem Gesetz üblich
war, 28nahm Simeon das Kind in seine Arme und pries Gott
mit den Worten:

29Nun läßt du, Herr, deinen Knecht,
wie du gesagt hast, in Frieden scheiden.
30Denn meine Augen haben das Heil gesehen,
31das du vor allen Völkern bereitet hast,
32ein Licht, das die Heiden erleuchtet,
und Herrlichkeit für dein Volk Israel.

33Sein Vater und seine Mutter staunten über die Worte, die
über Jesus gesagt wurden.
34Und Simeon segnete sie und sagte zu Maria, der Mutter
Jesu: Dieser ist dazu bestimmt, daß in Israel viele durch ihn zu
Fall kommen und viele aufgerichtet werden, und er wird ein
Zeichen sein, dem widersprochen wird. 35Dadurch sollen die
Gedanken vieler Menschen offenbar werden. Dir selbst aber
wird ein Schwert durch die Seele dringen.

- *Du Heiliger, dem Herrn geweiht*
- *Du Heil und Licht aller Völker*
- *Du bist die Herrlichkeit Israels*
- *Du Zeichen des Widerspruchs*
- *Was im Herzen des Menschen ist, liegt offen vor dir*

6. Tag (30. Dezember) *Lk 2,36-39.40*

36Damals lebte auch eine Prophetin namens Hanna, eine
Tochter Penuels, aus dem Stamm Ascher. Sie war hochbetagt.
Als junges Mädchen hatte sie geheiratet und sieben Jahre mit
ihrem Mann gelebt; 37nun war sie eine Witwe von vierun-
dachtzig Jahren. Sie hielt sich ständig im Tempel auf und
diente Gott bei Tag und Nacht mit Fasten und Beten. 38In
diesem Augenblick nun trat sie hinzu, pries Gott und sprach
über das Kind zu allen, die auf die Erlösung Jerusalems war-
teten.

39Als seine Eltern alles getan hatten, was das Gesetz des
Herrn vorschreibt, kehrten sie nach Galiläa in ihre Stadt Na-
zaret zurück.
40Das Kind wuchs heran und wurde kräftig; Gott erfüllte es
mit Weisheit, und seine Gnade ruhte auf ihm.

- *Du Träger aller Verheißungen*
- *Verborgen lebend in Nazaret*
- *Den Gesetzen menschlichen Reifens unterworfen*
- *Erfüllt mit Weisheit von Jugend auf*
- *Gottes Gnade ruhte auf dir von Anfang an*

7. Tag (31. Dezember) *Joh 1,1-5[6-8].9-13[14.15.16-18]*

I.

1Im Anfang war das Wort,
und das Wort war bei Gott,
und das Wort war Gott.
2Im Anfang war es bei Gott.
3Alles ist durch das Wort geworden,
und ohne das Wort wurde nichts,
was geworden ist.
4In ihm war das Leben,
und das Leben war das Licht der Menschen.
5Und das Licht leuchtet in der Finsternis,
und die Finsternis hat es nicht erfaßt …

- *Du bist das Wort, von jeher bei Gott und selber Gott*
- *Durch dich, das Wort, ist alles geworden*
- *In dir ist das Leben für alle und jeden*
- *Du bist das Licht, das jedem Menschen leuchtet*
- *Laß mich nicht blind sein für dein Licht*

II.

9Das wahre Licht, das jeden Menschen erleuchtet,
kam in die Welt.
10Er war in der Welt,
und die Welt ist durch ihn geworden,
aber die Welt erkannte ihn nicht.
11Er kam in sein Eigentum,
aber die Seinen nahmen ihn nicht auf.
12Allen aber, die ihn aufnahmen,
gab er Macht, Kinder Gottes zu werden,
allen, die an seinen Namen glauben,
13die nicht aus dem Blut,
nicht aus dem Willen des Mannes,
sondern aus Gott geboren sind.

- *Du wahres Licht kamst in die Welt*
- *Verkannt, nicht aufgenommen in deiner Schöpfung*
- *Mach mich aufnahmebereit und glaubend*
- *Gezeugt aus Gott, aus Wasser und Geist*
- *Wir heißen Kinder Gottes und sind es*

7. Tag (31. Dezember) *Joh 1,[1-5.6-8.9-13]14[15].16-18*

III.

14 Und das Wort ist Fleisch geworden
und hat unter uns gewohnt,
und wir haben seine Herrlichkeit gesehen,
die Herrlichkeit des einzigen Sohnes vom Vater,
voll Gnade und Wahrheit.
16 Aus seiner Fülle haben wir alle empfangen,
Gnade über Gnade.

17 Denn das Gesetz wurde durch Mose gegeben, die Gnade
und die Wahrheit kamen durch Jesus Christus. 18 Niemand
hat Gott je gesehen. Der Einzige, der Gott ist und am Her-
zen des Vaters ruht, er hat Kunde gebracht.

- *Du hast unter uns gewohnt*
- *Wir haben deine Herrlichkeit gesehen*
- *Du Leben und Licht, du Gnade und Wahrheit*
- *Aus deiner Fülle kommt Gnade um Gnade*
- *Nur du hast Gott geschaut und kannst uns Kunde geben von Gott*

2. Januar *Joh 1,19-28*

19 Dies ist das Zeugnis des Johannes: Als die Juden von Jeru-
salem aus Priester und Leviten zu ihm sandten mit der Frage:
Wer bist du?, 20 bekannte er und leugnete nicht; er bekannte:
Ich bin nicht der Messias. 21 Sie fragten ihn: Was bist du dann?
Bist du Elija? Und er sagte: Ich bin es nicht. Bist du der Pro-
phet? Er antwortete: Nein. 22 Da fragten sie ihn: Wer bist du?
Wir müssen denen, die uns gesandt haben, Auskunft geben.
Was sagst du über dich selbst? 23 Er sagte: Ich bin die Stimme,
die in der Wüste ruft: Ebnet den Weg für den Herrn!, wie der
Prophet Jesaja gesagt hat.
24 Unter den Abgesandten waren auch Pharisäer. 25 Sie fragten
Johannes: Warum taufst du dann, wenn du nicht der Messias
bist, nicht Elija und nicht der Prophet? 26 Er antwortete ihnen:
Ich taufe mit Wasser. Mitten unter euch steht der, den ihr
nicht kennt 27 und der nach mir kommt; ich bin es nicht wert,
ihm die Schuhe aufzuschnüren. 28 Dies geschah in Betanien,
auf der anderen Seite des Jordan, wo Johannes taufte.

- *Du bist ein Rufer in der Wüste*
- *Deinen Boten leihst du deine Stimme*
- *Wir erwarten deine Epiphanie*
- *Du willst den Weg bereiten und bist selbst der Weg*
- *Du stehst schon mitten unter uns*

3. Januar *Joh 1,29-34*

29 In jener Zeit sah Johannes der Täufer Jesus auf sich zukom-
men und sagte: Seht, das Lamm Gottes, das die Sünde der
Welt hinwegnimmt. 30 Er ist es, von dem ich gesagt habe: Nach
mir kommt ein Mann, der mir voraus ist, weil er vor mir war.
31 Auch ich kannte ihn nicht; aber ich bin gekommen und
taufe mit Wasser, um Israel mit ihm bekanntzumachen. 32 Und
Johannes bezeugte: Ich sah, daß der Geist vom Himmel her-
abkam wie eine Taube und auf ihm blieb. 33 Auch ich er-
kannte ihn nicht; aber er, der mich gesandt hat, mit Wasser zu
taufen, er hat mir gesagt: Auf wen du den Geist herabkom-
men siehst und auf wem er bleibt, der ist es, der mit dem Hei-
ligen Geist tauft. 34 Das habe ich gesehen, und ich bezeuge: Er
ist der Sohn Gottes.

- *Von jeher bist du und eher, allem und allen voraus*
- *Du bist der Erwählte Gottes*
- *Du bist das Gotteslamm, das die Weltsünde hinwegnimmt*
- *In dir ist die Fülle des Geistes*
- *Nur du kannst taufen mit Heiligem Geist*

4. Januar *Joh 1,35-39.40-42*

35In jener Zeit stand Johannes am Jordan, wo er taufte, und
zwei seiner Jünger standen bei ihm. 36Als Jesus vorüberging,
richtete Johannes seinen Blick auf ihn und sagte: Seht, das
Lamm Gottes! 37Die beiden Jünger hörten, was er sagte, und
folgten Jesus. 38Jesus aber wandte sich um, und als er sah, daß
sie ihm folgten, fragte er sie: Was wollt ihr? Sie sagten zu ihm:
Rabbi – das heißt übersetzt: Meister –, wo wohnst du? 39Er
antwortete: Kommt und seht! Da gingen sie mit ihm und sahen, wo er wohnte, und blieben jenen Tag bei ihm; es war um die zehnte Stunde.

40Andreas, der Bruder des Simon Petrus, war einer der beiden, die das Wort des Johannes gehört hatten und Jesus gefolgt waren. 41Dieser traf zuerst seinen Bruder Simon und
sagte zu ihm: Wir haben den Messias gefunden. Messias heißt
übersetzt: der Gesalbte (Christus). 42Er führte ihn zu Jesus.
Jesus blickte ihn an und sagte: Du bist Simon, der Sohn des Johannes, du sollst Kephas heißen. Kephas bedeutet: Fels (Petrus).

- *Wer dich sieht, sieht das Gotteslamm*
- *Du lädst ein, zu sehen, wo du wohnst*
- *Bei dir sein dürfen: eine unvergeßliche Stunde*
- *Dein Blick ruht auf mir*
- *Du kennst die Deinen, und die Deinen kennen dich*

5. Januar *Joh 1,43-51*

43In jener Zeit wollte Jesus nach Galiläa aufbrechen; da traf
er Philippus. Und Jesus sagte zu ihm: Folge mir nach! 44Phi-
lippus war aus Betsaida, dem Heimatort des Andreas und Pe-
trus. 45Philippus traf Natanael und sagte zu ihm: Wir haben
den gefunden, über den Mose im Gesetz und auch die Pro-
pheten geschrieben haben: Jesus aus Nazaret, den Sohn Jo-
sefs. 46Da sagte Natanael zu ihm: Aus Nazaret? Kann von
dort etwas Gutes kommen? Philippus antwortete: Komm und
sieh! 47Jesus sah Natanael auf sich zukommen und sagte über
ihn: Da kommt ein echter Israelit, ein Mann ohne Falschheit.
48Natanael fragte ihn: Woher kennst du mich? Jesus antwor-
tete ihm: Schon bevor dich Philippus rief, habe ich dich unter
dem Feigenbaum gesehen. 49Natanael antwortete ihm: Rabbi,
du bist der Sohn Gottes, du bist der König von Israel! Jesus
antwortete ihm: Du glaubst, weil ich dir sagte, daß ich dich
unter dem Feigenbaum sah? Du wirst noch Größeres sehen.
51Und er sprach zu ihm: Amen, amen, ich sage euch: Ihr wer-
det den Himmel geöffnet und die Engel Gottes auf- und nie-
dersteigen sehen über dem Menschensohn.

- *Du bist der Verheißene*
- *Könige und Propheten wollten sehen, was wir sehen*
- *Du Menschensohn – bist schon gekommen*
- *Du siehst mich und kennst mich*
- *Über dir ist der Himmel offen*

6. Januar (wenn Epiphanie an einem Sonntag gefeiert wird) *Mk 1,7-8.9-11*

7Johannes der Täufer verkündete: Nach mir kommt einer, der
ist stärker als ich; ich bin es nicht wert, mich zu bücken, um
ihm die Schuhe aufzuschnüren.
8Ich habe euch nur mit Wasser getauft, er aber wird euch mit
dem Heiligen Geist taufen.

9In jenen Tagen kam Jesus aus Nazaret in Galiläa und ließ
sich von Johannes im Jordan taufen. 10Und als er aus dem
Wasser stieg, sah er, daß der Himmel sich öffnete und der
Geist wie eine Taube auf ihn herabkam. 11Und eine Stimme
aus dem Himmel sprach: Du bist mein geliebter Sohn, an dir
habe ich Gefallen gefunden.

- *Du, der geliebte Sohn des Vaters*
- *Vom Vater erwählt*
- *Über dir ist der Himmel offen*
- *Vom Geist erfüllt*
- *Du willst uns mit Heiligem Geist taufen*

*7. Januar (wenn Epiphanie am Sonntag,
dem 8. Januar, gefeiert wird)* *Joh 2,1-11[12]*

1Am dritten Tag fand in Kana in Galiläa eine Hochzeit statt,
und die Mutter Jesu war dabei. 2Auch Jesus und seine Jünger
waren zur Hochzeit eingeladen. 3Als der Wein ausging, sagte
die Mutter Jesu zu ihm: Sie haben keinen Wein mehr. 4Jesus
erwiderte ihr: Was willst du von mir, Frau? Meine Stunde ist
noch nicht gekommen. 5Seine Mutter sagte zu den Dienern:
Was er euch sagt, das tut! 6Es standen dort sechs steinerne
Wasserkrüge, wie es der Reinigungsvorschrift der Juden entsprach; jeder faßte ungefähr hundert Liter. 7Jesus sagte zu
den Dienern: Füllt die Krüge mit Wasser! Und sie füllten sie
bis zum Rand. 8Er sagte zu ihnen: Schöpft jetzt, und bringt es
dem, der für das Festmahl verantwortlich ist. Sie brachten es
ihm. 9Er kostete das Wasser, das zu Wein geworden war. Er
wußte nicht, woher der Wein kam; die Diener aber, die das
Wasser geschöpft hatten, wußten es. Da ließ er den Bräutigam rufen
10und sagte zu ihm: Jeder setzt zuerst den guten
Wein vor und erst, wenn die Gäste zuviel getrunken haben,
den weniger guten. Du jedoch hast den guten Wein bis jetzt
zurückgehalten. 11So tat Jesus sein erstes Zeichen, in Kana in
Galiläa, und offenbarte seine Herrlichkeit, und seine Jünger
glaubten an ihn.

- *Es kommt die Stunde, und sie ist schon da*
- *Du ermöglichst eine Hochzeit – dein erstes Zeichen*
- *Aus Wasser wird der Wein der Heilszeit*
- *Du gibst den Geist ohne Maß*
- *Wir dürfen deine Herrlichkeit sehen, voll der Gnade und Wahrheit*

7. Januar (oder Montag nach Epiphanie) *Mt 4,12-16.17.23-25*

12Als Jesus hörte, daß man Johannes den Täufer ins Gefäng-
nis geworfen hatte, zog er sich nach Galiläa zurück. 13Er ver-
ließ Nazaret, um in Kafarnaum zu wohnen, das am See liegt,
im Gebiet von Sebulon und Naftali. 14Denn es sollte sich er-
füllen, was durch den Propheten Jesaja gesagt worden ist:

15Das Land Sebulon und das Land Naftali,
die Straße am Meer,
das Gebiet jenseits des Jordan,
das heidnische Galiläa:
16das Volk, das im Dunkel lebte,
hat ein helles Licht gesehen;
denen, die im Schattenreich des Todes wohnten,
ist ein Licht erschienen.

17Von da an begann Jesus zu verkünden:
Kehrt um!
Denn das Himmelreich ist nahe.

23Er zog in ganz Galiläa umher, lehrte in den Synagogen, ver-
kündete das Evangelium vom Reich und heilte im Volk alle
Krankheiten und Leiden. 24Und sein Ruf verbreitete sich in
ganz Syrien. Man brachte Kranke mit den verschiedensten
Gebrechen und Leiden zu ihm, Besessene, Mondsüchtige und
Gelähmte, und er heilte sie alle. 25Scharen von Menschen aus
Galiläa, der Dekapolis, aus Jerusalem und Judäa und aus dem
Gebiet jenseits des Jordan folgten ihm.

- *Im Dunkel sehen wir ein helles Licht*
- *Im Schattenreich des Todes ist ein Licht erschienen*
- *Das Himmelreich ist nahe – in deinem Wirken, deinen Worten, in dir*
- *Du heilst viele und willst alle heil machen*
- *Wer die Braut hat, der ist der Bräutigam*

8. Januar (oder Dienstag nach Epiphanie) — *Mk 6,34.35-44*

[34]In jener Zeit, als Jesus die vielen Menschen sah, hatte er
Mitleid mit ihnen; denn sie waren wie Schafe, die keinen Hir-
ten haben. Und er lehrte sie lange.

[35]Gegen Abend kamen seine Jünger zu ihm und sagten: Der
Ort ist abgelegen, und es ist schon spät. [36]Schick sie weg, da-
mit sie in die umliegenden Gehöfte und Dörfer gehen und
sich etwas zu essen kaufen können.
[37]Er erwiderte: Gebt ihr ihnen zu essen! Sie sagten zu ihm:
Sollen wir weggehen, für zweihundert Denare Brot kaufen
und es ihnen geben, damit sie zu essen haben? [38]Er sagte zu
ihnen: Wie viele Brote habt ihr? Geht und seht nach! Sie sa-
hen nach und berichteten: Fünf Brote, und außerdem zwei Fi-
sche. [39]Dann befahl er ihnen, den Leuten zu sagen, sie sollten
sich in Gruppen ins grüne Gras setzen. [40]Und sie setzten sich
in Gruppen zu hundert und zu fünfzig. [41]Darauf nahm er die
fünf Brote und die zwei Fische, blickte zum Himmel auf,
sprach den Lobpreis, brach die Brote und gab sie den Jün-
gern, damit sie sie an die Leute austeilten. Auch die zwei Fi-
sche ließ er unter allen verteilen. [42]Und alle aßen und wurden
satt.
[43]Als die Jünger die Reste der Brote und auch der Fische ein-
sammelten, wurden zwölf Körbe voll. [44]Es waren fünftausend
Männer, die von den Broten gegessen hatten.

- *Dein Mitleid zeigt uns das Mit-Leiden des Vaters*
- *Die Hungernden willst du durch uns speisen*
- *Du formierst deine Gemeinde in Tisch-Gemeinschaften*
- *Auch bei unseren Mahlfeiern sprichst du das Dankgebet und heilst uns*
- *Schon wird das ewige Mahl der Endzeit zeichenhaft Wirklichkeit*

9. Januar (oder Mittwoch nach Epiphanie) *Mk 6,45-51[52]*

45Nachdem Jesus die fünftausend Männer gespeist hatte, for-
derte er seine Jünger auf, ins Boot zu steigen und ans andere
Ufer nach Betsaida vorauszufahren. Er selbst wollte inzwi-
schen die Leute nach Hause schicken. 46Nachdem er sich von
ihnen verabschiedet hatte, ging er auf einen Berg, um zu be-
ten.
47Spät am Abend war das Boot mitten auf dem See, er aber
war allein an Land. 48Und er sah, wie sie sich beim Rudern
abmühten, denn sie hatten Gegenwind. In der vierten Nacht-
wache ging er auf dem See zu ihnen hin, wollte aber an ihnen
vorübergehen. 49Als sie ihn über den See gehen sahen, mein-
ten sie, es sei ein Gespenst, und schrien auf. 50Alle sahen ihn
und erschraken. Doch er begann mit ihnen zu reden und
sagte: Habt Vertrauen, ich bin es; fürchtet euch nicht! 51Dann
stieg er zu ihnen ins Boot, und der Wind legte sich. Sie aber
waren bestürzt und außer sich.

- *Auf dem Berge betend, dem Vater nah*
- *Du siehst die Gefahr der Deinen und gehst zu ihnen*
- *Du kommst wie von jenseits und gehst über gefährliche Wasser*
- *Dein Anblick erzeugt Furcht und beunruhigt*
- *Du bist im Boot der Kirche und glättest die stürmischen Wogen*

10. Januar (oder Donnerstag
nach Epiphanie) *Lk 4,[14-15]16-22a*

16 Jesus kam nach Nazaret, wo er aufgewachsen war, und ging,
wie gewohnt, am Sabbat in die Synagoge. Als er aufstand, um
aus der Schrift vorzulesen, 17 reichte man ihm das Buch des
Propheten Jesaja. Er schlug das Buch auf und fand die Stelle,
wo es heißt:

18 Der Geist des Herrn ruht auf mir;
denn der Herr hat mich gesalbt.
Er hat mich gesandt,
damit ich Armen eine gute Nachricht bringe;
damit ich den Gefangenen die Entlassung verkünde
und den Blinden das Augenlicht;
damit ich die Zerschlagenen in Freiheit setze
19 und ein Gnadenjahr des Herrn ausrufe.

20 Dann schloß er das Buch, gab es dem Synagogendiener und
setzte sich. Die Augen aller in der Synagoge waren auf ihn ge-
richtet. 21 Da begann er, ihnen darzulegen: Heute hat sich das
Schriftwort, das ihr eben gehört habt, erfüllt.
22 Seine Rede fand bei allen Beifall; sie staunten darüber, wie
begnadet er redete.

- *Von dem die Schrift spricht, der liest die Schrift*
- *Der Geist des Herrn ruht auf dir*
- *Du bist gesandt mit der Frohbotschaft für die Armen*
- *Ein Gnadenjahr des Herrn hast du ausgerufen*
- *Jedes Schriftwort erfüllt sich in dir*

11. Januar (oder Freitag nach Epiphanie) *Lk 5,12-16*

12Als Jesus in einer der Städte war, kam ein Mann, der am
ganzen Körper Aussatz hatte. Sobald er Jesus sah, warf er sich
vor ihm zu Boden und bat ihn: Herr, wenn du willst, kannst du
machen, daß ich rein werde. 13Da streckte Jesus die Hand aus,
berührte ihn und sagte: Ich will es – werde rein! Im gleichen
Augenblick verschwand der Aussatz.
14Jesus befahl ihm: Erzähl niemand davon, sondern geh, zeig
dich dem Priester und bring das Reinigungsopfer dar, wie es
Mose angeordnet hat. Das soll für sie ein Beweis (deiner Hei-
lung) sein.
15Sein Ruf verbreitete sich immer mehr, so daß die Menschen
von überall herbeiströmten. Sie alle wollten ihn hören und
von ihren Krankheiten geheilt werden. 16Doch er zog sich an
einen einsamen Ort zurück, um zu beten.

- *Herr, wenn du willst, kannst du mich rein machen*
- *Du berührst Aussätzige*
- *Dem Gesetz des Mose warst du gehorsam*
- *Überall stehst du in gutem Ruf*
- *Du liebst die Einsamkeit und das Gebet*

12. Januar (oder Samstag nach Epiphanie) *Joh 3,22-30*

22Jesus ging mit seinen Jüngern nach Judäa. Dort hielt er sich
mit ihnen auf und taufte. 23Aber auch Johannes taufte da-
mals, und zwar in Änon bei Salim, weil dort viel Wasser war;
und die Leute kamen und ließen sich taufen. 24Johannes war
nämlich noch nicht ins Gefängnis geworfen worden.
25Da kam es zwischen den Jüngern des Johannes und einem
Juden zum Streit über die Frage der Reinigung. 26Sie gingen
zu Johannes und sagten zu ihm: Rabbi, der Mann, der auf der
anderen Seite des Jordan bei dir war und für den du Zeugnis
abgelegt hast, der tauft jetzt, und alle laufen zu ihm.
27Johannes antwortete: Kein Mensch kann sich etwas neh-
men, wenn es ihm nicht vom Himmel gegeben ist. 28Ihr selbst
könnt mir bezeugen, daß ich gesagt habe: Ich bin nicht der
Messias, sondern nur ein Gesandter, der ihm vorausgeht.
29Wer die Braut hat, ist der Bräutigam; der Freund des Bräu-
tigams aber, der dabei steht und ihn hört, freut sich über die
Stimme des Bräutigams. Diese Freude ist nun für mich Wirk-
lichkeit geworden. 30Er muß wachsen, ich aber muß kleiner
werden.

- *Die der Vater dir gab, kommen zu dir*
- *Der Himmel gab dir viel Erfolg*
- *Der erwartete Messias bist du*
- *Du bist der Bräutigam*
- *Wir freuen uns über deine Stimme*

Nachbemerkungen des Herausgebers

Abschließend sei es dem Herausgeber dieses Büchleins erlaubt, einige pastorale *Anregungen*[1] beizufügen.

1. Das Jesusgebet kann auch im *Gemeindedienst* vielfach eine Gebetshilfe sein. Hier eingesetzt, wird es manchen Beter dann ermutigen, es auch privat zu üben:

- Einem *Prediger* und auch einem *Katecheten* wird es helfen, wenn er seinen Schrifttext für sich in der vorgeschlagenen Weise vorbereitend mit mehreren „Gesätzen" ins Jesusgebet genommen hat.

- Eine *Predigt* bzw. *Katechese* kann auch mit dem (so erweiterten) Jesusgebet meditierend beschlossen werden. Besonders werktags in *„Messen in kleinem Kreis"* kann ein Evangelium – mit Hilfe des Jesusgebetes, dieses um Sätze aus dem Evangelium erweitert – besinnlich in eine gemeinsame *Meditation* überführt werden.

- Im Gemeindegottesdienst können nach einer Predigt sehr leicht Schwerpunkte derselben in Fürbittform in das Jesusgebet eingeflochten werden. Dieses kann auf solche Weise zum *Fürbittgebet* der Gemeinde werden.

- Bei Eucharistiefeiern der Gemeinde, besonders bei solchen in kleinem Kreis, könnte das (um Aussagen des Evangeliums erweiterte) Jesusgebet mit mehrfachen Anrufungen, je durch eine kleine Stille abgehoben, als *Meditation zur Kommunion* (vor oder auch nach dem Empfang) vorgetragen werden.

- *Nachmittagsandachten* könnten zu gemeinsamer Meditation werden (was sie im Ursprung ja auch sein wollten): Eine solche sollte wohl mit einer Schriftlesung beginnen, die mit einigen meditativen Worten aufgeschlüsselt sein möchte. Danach empfiehlt sich ein „Rosenkranzgebet" mit je 10 x 5 Gesätzen (die den Schrifttext meditativ aufgreifen). Als Modell könnte dienen der „Rosenkranz der Liebe" (s. o. S. 20f.), vielleicht mit passenden Liedstrophen nach jedem Gesätz. Manchmal kann es angebracht sein, die „meditativen Aufschlüsselungen" nicht nur nach der Lesung zu beten, sondern hier und da auch noch mit einigen

Sätzen vor jedem der fünf Gesätze desselben „vorzumeditieren“ (was nicht zu „Exegesen“ ausarten darf).

- Es erwies sich als helfend, wenn Teilnehmer eines *Bibelkreises* vor Beginn desselben vorbereitend je einzeln für sich einige Minuten versuchten, dem Text einige Gebetssätze abzugewinnen. Das gemeinsame Meditationsgespräch wird davon profitieren. Ein derartiger Bibelvers kann dann beschlossen werden mit dem Jesusgebet, in das jeder Teilnehmer reihum ein Gebetssätzchen eingibt.

- *Familienkreise, Pfarr- und Jugendgruppen,* die die Gewohnheit haben, mit einer Schriftlesung zu beginnen, könnten diese mit dem Jesusgebet, um fünf Gebetssätze erweitert, beschließen.

„Das Jesusgebet sowie überhaupt das innere Beten (die tägliche „Schriftlesung“ mit „Innerem Gebet“) wird am ehesten da in Übung kommen und lebendig bleiben, wo es vom gemeinsamen Beten in kleinen Gruppen oder im Gemeindegottesdienst immer wieder neu gespeist wird. Darum scheinen uns die vorstehend vorgetragenen Möglichkeiten helfend, wenn Anfänger im Jesusgebet, in Geistlicher Schriftlesung und Innerem Gebet Erfahrung sammeln sollen.

2. Der Vorschlag des vorliegenden Bändchens, Geistliche Schriftlesung und Inneres Gebet zusammenzuführen, hat seine Vorgeschichte:

Schon 1953 erschien von H. Schürmann ein Beitrag: „Das immerwährende Christusgebet“[2], der mehrfach nachgedruckt wurde. Aus allen Evangelien der Sonn- und Festtage wurde hier bereits ein Gebetssätzchen ins *„Christusgebet“* genommen. Als Gebetszettel war diese Aufstellung in mehreren Nachdrucken verbreitet.[3] Der damaligen Zusammenstellung lag noch die altchristliche einjährige Perikopenordnung zugrunde; sie brachte das „Christusgebet“ der *lectio brevis* der Prim des vorkonziliaren Stundengebetes ins Gespräch.[4] Nach Veröffentlichung der dreijährigen Sonntagsperikopenordnung[5] wurde das „Christusgebet“ neu auf diese umgeschrieben.[6]

In dem Bändchen „Rosenkranz und Jesusgebet. Anleitung zum inneren Beten“[7] fanden diese Versuche hin zu dem sachgerechteren Titel: „Das immerwährende *Jesusgebet* im Kirchenjahr“[8]. Die jahrhundertealte Praxis der Ostkirche überzeugt: Der Name „Jesus“ kann durch christologische Titel wohl ergänzt, nicht aber ersetzt werden.

In einem weitverbreiteten Gebetszettel „Rosenkranz der Liebe“[9] wurde die Perikope Joh 21,15-19 in 3 x 5 Ge-Sätze des dreifachen Rosenkranzgebetes gebracht. Auch hier ist aus dem „Christusgebet“ das „Jesusgebet“ geworden.

Der programmatische Beitrag des Autors „Geistliche Schriftlesung und Inneres Gebet in der Obhut des Jesusgebetes“[10] fand als Nachdruck des Bulletins Dei Verbum Nr. 25/4 (1992)[11] weltweite Verbreitung. Dieser Aufsatz skizzierte das Programm, das die vorliegende Veröffentlichung nunmehr ausführt.

Nach den vorgenannten „Vorarbeiten“ (und unter Benutzung derselben!) schlüsselt das vorliegende Bändchen nunmehr jeweils das Tagesevangelium der liturgischen Werktagsperikopenordnung auf durch fünf Gebetssätze, die in das Jesusgebet genommen werden können. Gebe Gott, daß dieses Büchlein Schwestern und Brüdern, die im Leben mit Gott geistlich reifen möchten, den Mut gibt, es mit dem vorgeschlagenen „Jahr der Jesusbegegnung“ zu wagen. – Die hier vorgelegten Anregungen möchten darüber hinaus aber allen Christen bei ihrer Geistlichen Schriftlesung und beim Inneren Gebet behilflich sein.

Um mit einem Zitat von N. Baumert[12] zu schließen: „Das eigentlich Interessante ist der heute wirkende Jesus; die Schrift ist seine Identitätskarte, gewissermaßen sein Passport. Wenn mir der Passport wichtiger wird als die Person, habe ich die Wirklichkeit verfehlt. Wie also kann die Schrift zum Organ des heute sprechenden und handelnden Christus werden? … Dadurch, daß das Zeugnis heutiger Menschen in die Auslegung integriert wird.“ – Für die Kirche und die Christen, die sich anschicken, ins dritte Jahrtausend zu gehen, wird es entscheidend wichtig sein, daß sich in den Seelen der einzelnen und in den Gruppen und Gemeinden der geistliche Wasserspiegel hebt.

Paul Christian

Anmerkungen

1 Anmerkungsweise darf nebenher gefragt werden, ob der Versuch, die Werktags-Leseordnung von Dubletten und Parallelen zu entlasten, die Perikopen zu kürzen, in sachgerechte Abschnitte zu gliedern und sachgerechter abzugrenzen, vielleicht auch der weltweit gewünschten *kirchlichen Reform* der *liturgischen Leseordnung* Anregungen geben kann.

2 In: Katechetische Blätter 78 (1953) 358-361; eine Vorbemerkung der Redaktion schrieb dort einführend: „Es sei bemerkt, daß die genannten Gebetssätze für die Sonntage des Kirchenjahres zugleich Schlüsselsätze sind für die Homilie über die Perikope dieser Tage." Siehe dazu o. S. 378

3 Essen 1953; Dortmund 1954; Leipzig 1955, 1956 und 1961; München 1957 und 1960. – Vermutlich durch die Nachdrucke in den Diözesangesangbüchern: Laudate (Meißen; in 12 Aufl.) und in: *E. J. Lengeling,* Gottesdienst. Werkbuch zum Laudate, Münster (1955) [4]1964, gelangte das Christusgebet in das „Gotteslob Nr. 6,2, dort neben das „Jesusgebet" Nr. 6,1, welche Unterscheidung ihre Probleme hat; s. o. S. 379f.

4 Die nachkonziliare Ordnung bringt dieses in der Laudes und der Vesper.

5 Zum Ordo Lectionum Missae (= OLM), Vatikan (1969) [2]1981, vgl. die Dissertation von *E. Nübold,* Entstehung und Bewertung der neuen Perikopenordnung des Römischen Ritus für die Meßfeier an Sonn- und Feiertagen, Paderborn 1986.

6 In drei Heften für die Lesejahre A/B/C: A (Leipzig 1978/Leutesdorf 1980); B (Leipzig 1978/Leutesdorf 1978); C (Leipzig 1979/Leutesdorf 1979).

7 Freiburg (1986) [2]1989, 43-145.

8 Vgl. ausdrücklich dann in den nachgedruckten Gebetstexten von: *R. Spath,* Auf dich vertraue ich, Freiburg 1991, 22.

9 Vgl. den u. Anm. 10 genannten Beitrag, S. 423-425.

10 In: *J. J. Degenhardt u. a.* (Hg.), Die Freude an Gott – unsere Kraft (FS Otto Bernhard Knoch), Stuttgart 1991, 417-425.

11 Dt. Ausgabe S. 4-6; engl. S. 7-8.13; franz. S. 4-6; span. S. 7-8.13.

12 Vgl. Lebendige Seelsorge 36 (1985) H. 3, S. 167.

Nachweis:
Die Sonn- und Festtagsevangelien an Werktagen

Manch einer wird in dem vorliegenden Bändchen – S. 24-377 – Schriftlesungen und Gebetsanregungen für die Sonn- und Festtage im Kirchenjahr vermissen. Da die kirchliche Leseordnung für diese unabhängig von der Werktagsordnung erarbeitet ist, findet sich der Großteil der Evangelien der Sonn- und Festtage auch in der Werktagsleseordnung – hier dann als identische Dublette (=), als variierende („vgl.") oder als aufgeteilte (+). Nachstehend werden wir Hinweise geben, wo in unserer Vorlage für die meisten Sonn- und Festtage Lese- und Gebetsanregungen gefunden werden können.

Lesejahr A

Advents- und Weihnachtszeit

1. Adventssonntag
   Mt 24,37-44 vgl. 248

4. Adventssonntag
   Mt 1,18-24 = 353

Weihnachten
   Am Heiligen Abend
   Mt 1,1-25 vgl. 351*f.*
   Mt 1,18-25 vgl. 353

   Am Tag
   Joh 1,1-18 vgl. 364*f.*
   Joh 1,1-5.9-14 vgl. 364

2. Sonntag nach Weihnachten
   Joh 1,1-18 vgl. 364*f.*
   Joh 1,1-5.9-14 vgl. 364

Die Österliche Bußzeit / Die Osterzeit

Palmsonntag
   Mt 26,14-27,66 vgl. 127
   Mt 27,11-54

Gründonnerstag (Chrisam-Messe)	
Lk 4,16-21	= 375, vgl. 253
Ostersonntag	
Osternacht	
Mt 28,1-10	vgl. 130
Am Tag	
Joh 20,1-18	vgl. 129
oder:	
Mt 28,1-10	vgl. 130
Ostermontag	
Mt 28,8-15	vgl. 130
3. Sonntag der Osterzeit	
Joh 21,1-14	vgl. 132
4. Sonntag der Osterzeit	
Joh 10,1-10	vgl. 148
5. Sonntag der Osterzeit	
Joh 14,1-12	vgl. 152 + 153
7. Sonntag der Osterzeit	
Joh 17,1-11a	= 167 + 168
Pfingstmontag	
Joh 15,26-16,3.12-15	vgl. 160 + 162

Die Sonntage im Jahreskreis

2. Sonntag	
Joh 1,29-34	= 367
3. Sonntag	
Mt 4,12-23	vgl. 372
Mt 4,12-17	vgl. 372
4. Sonntag	
Mt 5,1-12a	vgl. 176
5. Sonntag	
Mt 5,13-16	= 177
6. Sonntag	
Mt 5,17-37	vgl. 109 + 178 + 179 + 98 + 180 + 181
Mt 5,20-22a.27-28.33-34a	vgl. 179 + 180 + 181
7. Sonntag	
Mt 5,38-48	vgl. 182 + 99

8. Sonntag	
Mt 6,24-34	vgl. 188*f*.
9. Sonntag	
Mt 7,21-27	= 193 + 337
10. Sonntag	
Mt 9,9-13	vgl. 200
11. Sonntag	
Mt 9,36-10,8	vgl. 339
12. Sonntag	
Mt 10,26-33	vgl. 207
14. Sonntag	
Mt 11,25-30	= 210 + 211, vgl. 342
15. Sonntag	
Mt 13,1-23	vgl. 216 + 217 + 218
Mt 13,1-9	vgl. 216
16. Sonntag	
Mt 13,24-43	vgl. 219 + 220 + 221
Mt 13,24-30	= 219
17. Sonntag	
Mt 13,44-52	= 222 + 223
Mt 13,44-46	= 222
18. Sonntag	
Mt 14,13-21	vgl. 226
19. Sonntag	
Mt 14,22-33	= 227
20. Sonntag	
Mt 15,21-28	= 228
21. Sonntag	
Mt 16,13-20	vgl. 229
23. Sonntag	
Mt 18,15-20	= 234
24. Sonntag	
Mt 18,21-35	= 235 + 108
25. Sonntag	
Mt 20,1-16a	vgl. 240

26. Sonntag	
Mt 21,28-32	= 347
27. Sonntag	
Mt 21,33-44	vgl. 104
28. Sonntag	
Mt 22,1-14	vgl. 241
30. Sonntag	
Mt 22,34-40	vgl. 242
31. Sonntag	
Mt 23,1-12	vgl. 243 + 101
32. Sonntag	
Mt 25,1-13	vgl. 249
33. Sonntag	
Mt 25,14-30	vgl. 250*f*.
34. Sonntag	
Mt 25,31-46	= 93

Hochfeste und Herrenfeste im Jahreskreis

Dreifaltigkeitssonntag	
Joh 3,16-18	vgl. 136
Fronleichnam	
Joh 6,51-58	vgl. 145
Heiligstes Herz Jesu	
Mt 11,25-30	= 210 + 211

Lesejahr B

Advents- und Weihnachtszeit

2. Adventssonntag	
Mk 1,1-8	vgl. 370
4. Adventssonntag	
Lk 1,26-38	= 356
Weihnachten	
Am Heiligen Abend	
Mt 1,1-25	vgl. 351*f*.
Mt 1,18-25	= 353

Am Tag	
Joh 1,1-18	vgl. 364*f.*
Fest der Heiligen Familie	
Lk 2,22-40	= 362 + 363
2. Sonntag nach Weihnachten	
Joh 1,1-18	vgl. 364*f.*
Taufe des Herrn	
Mk 1,7-11	= 370

Die Österliche Bußzeit / Die Osterzeit

1. Fastensonntag	
Mk 1,12-15	vgl. 28
2. Fastensonntag	
Mk 9,2-10	vgl. 66
4. Fastensonntag	
Joh 3,14-21	vgl. 136
Gründonnerstag	
Lk 4,16-21 (Chrisam-Messe)	= 375, vgl. 253
Ostersonntag	
Am Tag	
Joh 20,1-18	vgl. 129
3. Sonntag der Osterzeit	
Lk 24,35-48	vgl. 131
4. Sonntag	
Joh 10,11-18	vgl. 147
5. Sonntag der Osterzeit	
Joh 15,1-8	= 156
6. Sonntag der Osterzeit	
Joh 15,9-17	= 157 + 158
Pfingsten	
Am Tag	
Joh 15,26-27;16,12-15	= 160 + 162
Pfingstmontag	
Lk 10,21-24	vgl. 335

Die Sonntage im Jahreskreis

2. Sonntag	
Joh 1,35-42	= 368
3. Sonntag	
Mk 1,14-20	= 28
4. Sonntag	
Mk 1,21-28	= 29
5. Sonntag	
Mk 1,29-39	vgl. 30
6. Sonntag	
Mk 1,40-45	= 31
7. Sonntag	
Mk 2,1-12	= 32
8. Sonntag	
Mk 2,18-22	vgl. 34
9. Sonntag	
Mk 2,23-3,6	vgl. 35 + 36
Mk 2,23-28	vgl. 35
10. Sonntag	
Mk 3,20-35	= 39 + 40 + 41
11. Sonntag	
Mk 4,26-34	vgl. 44
12. Sonntag	
Mk 4,35-41	= 45
13. Sonntag	
Mk 5,21-43	vgl. 48 + 49
Mk 5,21-24.35b-43	vgl. 48
14. Sonntag	
Mk 6,1b-6	= 50
15. Sonntag	
Mk 6,7-13	vgl. 51
16. Sonntag	
Mk 6,30-34	= 54
17. Sonntag	
Joh 6,1-15	= 138
18. Sonntag	
Joh 6,24-35	vgl. 140 + 141

19. Sonntag	
Joh 6,41-51	vgl. 143 + 144
20. Sonntag	
Joh 6,51-58	vgl. 145
21. Sonntag	
Joh 6,60-69	vgl. 146
22. Sonntag	
Mk 7,1-8.14-15.21-23	vgl. 56 + 57
23. Sonntag	
Mk 7,31-37	= 59
24. Sonntag	
Mk 8,27-35	vgl. 64 + 65
25. Sonntag	
Mk 9,30-37	vgl. 69
26. Sonntag	
Mk 9,38-43.45.47-48	vgl. 70 + 71
27. Sonntag	
Mk 10,2-16	vgl. 72 + 73
Mk 10,2-12	= 72
28. Sonntag	
Mk 10,17-30	vgl. 74 + 75
Mk 10,17-27	vgl. 74
29. Sonntag	
Mk 10,35-45	vgl. 76
Mk 10,42-45	= 76
30. Sonntag	
Mk 10,46-52	= 77
31. Sonntag	
Mk 12,28b-34	vgl. 83
32. Sonntag	
Mk 12,38-44	vgl. 85

Lesejahr C

Advents- und Weihnachtszeit

1. Adventssonntag	
Lk 21,25-28.34-36	vgl. 330 + 332

4. Adventssonntag
Lk 1,39-45 = 357

Weihnachten
Am Heiligen Abend
Mt 1,1-25 vgl. 351
Mt 1,18-25 = 353

Am Tag
Joh 1,1-18 vgl. 364*f*.
Joh 1,1-5.9-14 vgl. 364

2. Sonntag nach Weihnachten
Joh 1,1-18 vgl. 364*f*.
Joh 1,1-5.9-14 vgl. 364

Die Österliche Bußzeit / Die Osterzeit

3. Fastensonntag
Lk 13,1-9 = 301

4. Fastensonntag
Lk 15,1-3.11-32 = 105

5. Fastensonntag
Joh 8,1-11 = 119

Gründonnerstag (Chrisam-Messe)
Lk 4,16-21 = 375, vgl. 253

Ostermontag
Mt 28,8-15 vgl. 130

3. Sonntag der Osterzeit
Joh 21,1-19 vgl. 132 + 173
Joh 21,1-4 vgl. 132

4. Sonntag der Osterzeit
Joh 10,27-30 vgl. 149

5. Sonntag der Osterzeit
Joh 13,31-33a.34-35 vgl. 126

6. Sonntag der Osterzeit
Joh 14,24-29 vgl. 154 + 155

Christi Himmelfahrt
Lk 24,46-53 vgl. 131

7. Sonntag der Osterzeit
Joh 17,20-26 = 171 + 172

17. Sonntag	
Lk 11,1-13	vgl. 286 + 287
18. Sonntag	
Lk 12,13-21	= 296
19. Sonntag	
Lk 12,32-48	vgl. 297 + 298
Lk 12,35-40	vgl. 297
20. Sonntag	
Lk 12,49-53	vgl. 299
21. Sonntag	
Lk 13,22-30	vgl. 304
22. Sonntag	
Lk 14,1.7-14	vgl. 307 + 308
23. Sonntag	
Lk 14,25-33	= 310
24. Sonntag	
Lk 15,1-32	= 311, vgl. 105
Lk 15,1-10	= 311
25. Sonntag	
Lk 16,1-13	= 312 + 313
Lk 16,10-13	vgl. 313
26. Sonntag	
Lk 16,19-31	= 103
27. Sonntag	
Lk 17,5-10	= 314 + 315
28. Sonntag	
Lk 17,11-19	= 316
29. Sonntag	
Lk 18,1-8	vgl. 319
30. Sonntag	
Lk 18,9-14	vgl. 112
31. Sonntag	
Lk 19,1-10	= 321
32. Sonntag	
Lk 20,27-38	vgl. 326

33. Sonntag
Lk 21,5-19 vgl. 328 + 329

Hochfeste und Herrenfeste im Jahreskreis

Dreifaltigkeitssonntag
Joh 16,12-15 = 162

Heiligstes Herz Jesu
Lk 15,3-7 vgl. 311

Lesejahr A-C

Die Feste des Herrn und der Heiligen

Darstellung des Herrn (2. Februar)
Lk 2,22-40 = 362 + 363
Lk 2,22-32 vgl. 362

Hl. Josef, Bräutigam der Gottesmutter Maria (19. März)
Mt 1,16.18-21.24a vgl. 353

Verkündigung des Herrn (25. März)
Lk 1,26-38 = 356

Hl. Petrus und hl. Paulus, Apostel (29. Juni)
Mt 16,13-19 vgl. 229

Verklärung des Herrn (6. August)
Mk 9,2-10 (Lesejahr B) vgl. 66

Mariä Aufnahme in den Himmel (15. August)
Lk 1,39-56 = 357 + 358

Kreuzerhöhung (14. September)
Joh 3,13-17 vgl. 135

Allerheiligen (1. November)
Mt 5,1-12a vgl. 176

Hochfest der ohne Erbsünde empfangenen Jungfrau und Gottesmutter Maria (8. Dezember)
Lk 1,26-38 = 356

Stellenregister
(Die Lese- und Meditationstexte)

Matthäus

Johannes